曹薰铉、李昌镐精讲围棋系列

精讲围棋棋形

棋形急所

曹薰铉围棋研究室——编著

化学工业出版社
·北京·

图书在版编目（CIP）数据

精讲围棋棋形. 棋形急所 / 曹薰铉围棋研究室编著.
—北京：化学工业出版社，2019.1（2024.11 重印）
ISBN 978-7-122-33215-8

Ⅰ.①精… Ⅱ.①曹… Ⅲ.①围棋-对局（棋类运动）
Ⅳ.①G891.3

中国版本图书馆CIP数据核字（2018）第240902号

责任编辑：史 懿 杨松淼　　装帧设计：刘丽华
责任校对：王鹏飞

出版发行：化学工业出版社（北京市东城区青年湖南街13号 邮政编码100011）
印　　装：涿州市般润文化传播有限公司
710mm×1000mm　1/16　印张14¾　字数247千字　2024年11月北京第1版第6次印刷

购书咨询：010-64518888　售后服务：010-64518899
网　　址：http://www.cip.com.cn
凡购买本书，如有缺损质量问题，本社销售中心负责调换。

定　　价：59.80元　

前言

围棋是中国的国粹，它能启发智力，开拓思维，是一项非常有益的修身养性的娱乐活动。成人通过学习围棋，可以培养自己良好的心境和大局观；儿童通过学习围棋，可以培养耐心，提高注意力，锻炼独立思考能力，挖掘思维潜能，学习围棋对课业学习有十分明显的帮助。

那么如何学习围棋？如何学好围棋？什么样的围棋书才能更有针对性地提升棋艺水平？

韩国棋手曹薰铉、李昌镐不仅是韩国围棋的代表人物，在国际棋界也有举足轻重的地位。我们经与曹薰铉、李昌镐本人直接接洽，使得本系列书得以顺利出版。

本系列书包括定式、布局、棋形、中盘、对局、官子、死活、手筋共 8 个主题，集曹薰铉、李昌镐成长经验和众多棋手的智慧于一体，使用了韩国职业棋手的大量一手资料，其难度贯穿了围棋入门、提高、实战和入段等各个阶段，内容覆盖了实战围棋各个方面，是非常系统且透彻的围棋自学读物。

《精讲围棋棋形．棋形急所》着重培养围棋爱好者的学习兴趣和思维方式，重视行棋感觉的培养，注重练习，强调实战。

本书由陈启承担资料翻译、整理工作，由石心平、范孙操负责稿件审校，并得到曹薰铉、李昌镐围棋研究室众多成员的大力协助，在此对他们的辛勤劳动表示诚挚的感谢。

衷心希望广大围棋爱好者能通过学习本书迅速提高棋力，并由此享受围棋带来的快乐。

编著者

2018 年 10 月

目录

上篇

问题1～60

问题1

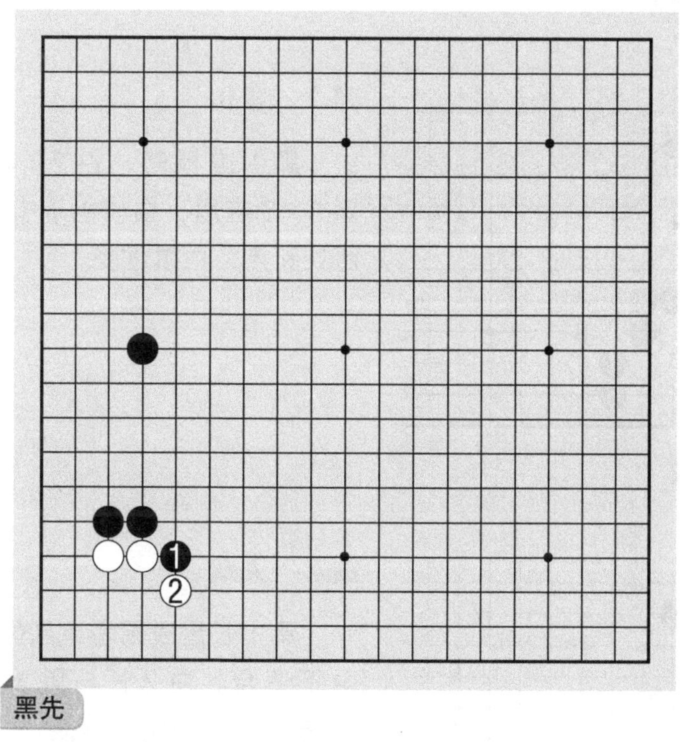

黑先

黑1扳二子头是急所，白2扳时，黑棋的下一手棋非常关键。请问黑棋应如何选择？

问题 1 解答

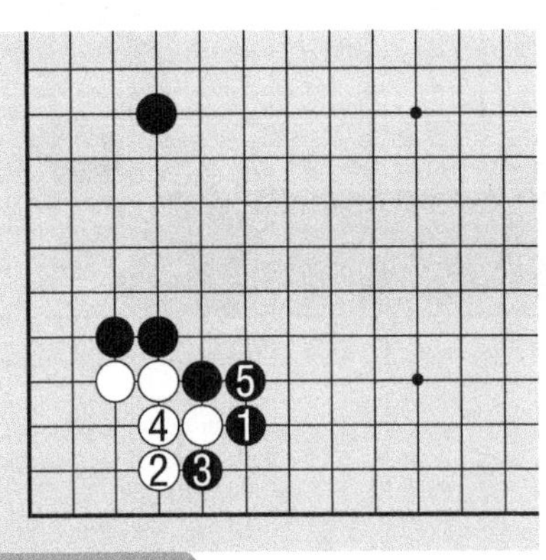

图 1　正解

图 1　正解

黑 1 连扳是正确的下法，白 2 虎时，黑 3 打吃，黑 5 粘，黑棋可确立厚势。

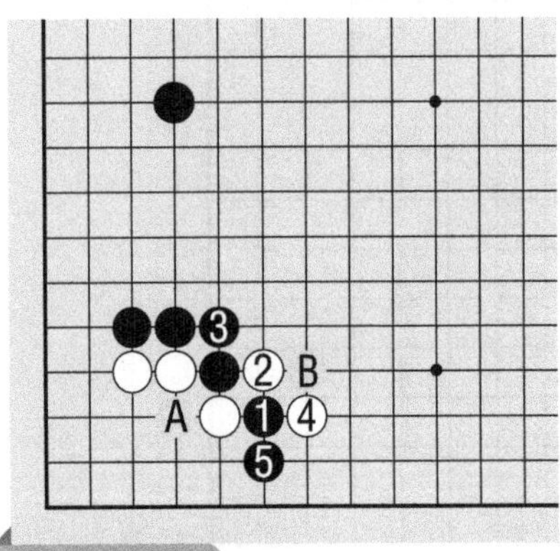

图 2　变化

图 2　变化

黑 1 连扳时，白 2、4 打吃无理，黑 3、5 应后，白棋由于有 A 位和 B 位两处断点，白棋难受。

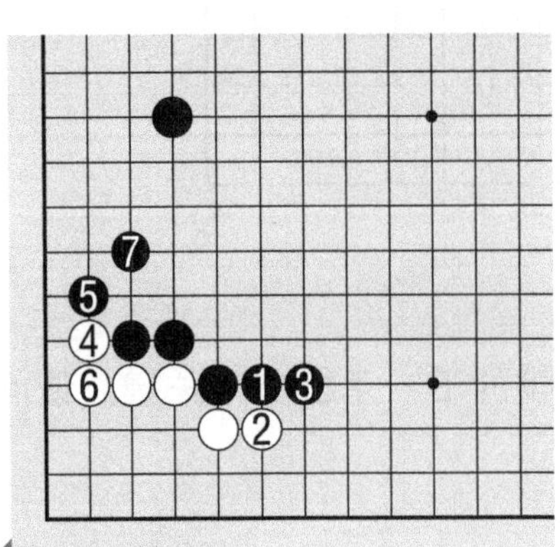

图 3　失败

图 3　失败

黑 1 长是最易考虑到的，但在本图中不适合。白 2 长与黑 3 交换后，白 4、6 扳粘，白角活得很大。

问题 2

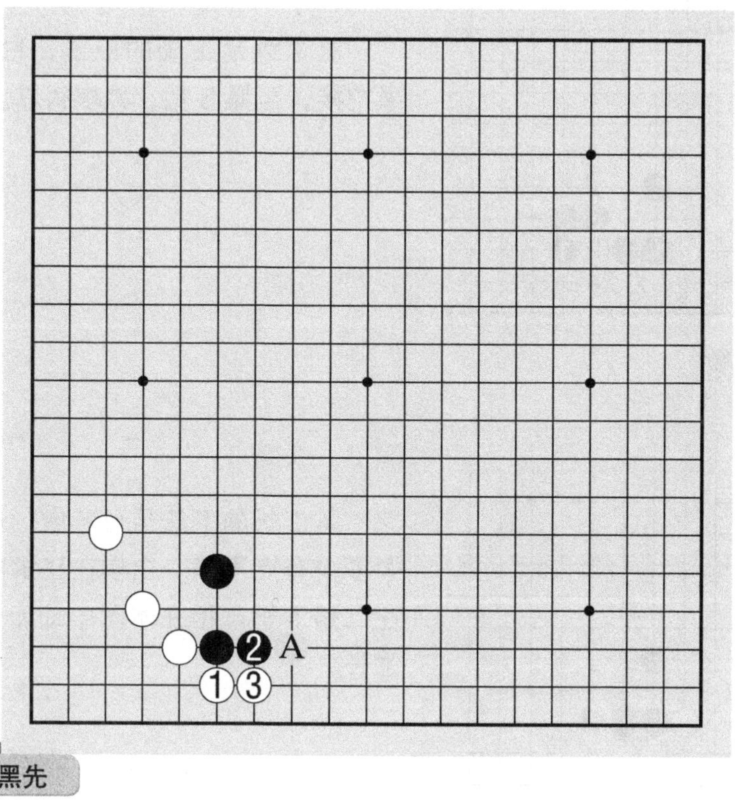

黑先

白 1 扳时，黑 2 长必然，此时白 3 爬时，黑棋应如何选择？A 位被白棋扳头，黑肯定无法忍受。

问题 2 解答

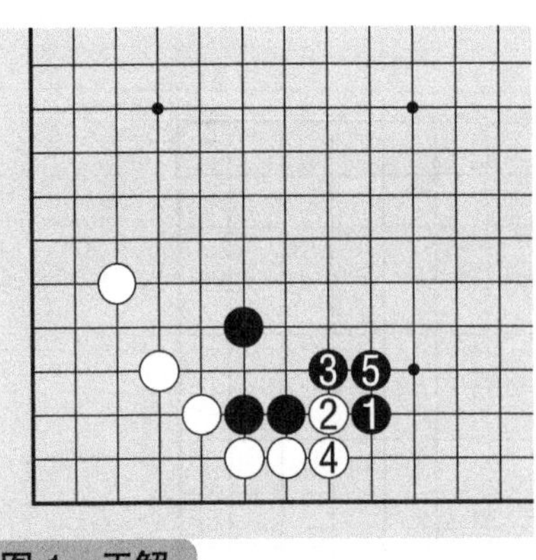

图 1　正解

图 1　正解

黑 1 跳是正确的应法，白 2、4 如果挖接，至黑 5 粘，黑棋很厚。

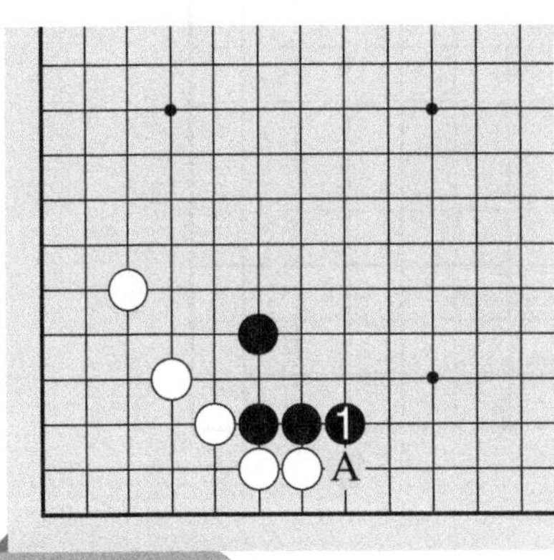

图 2　失败 1

图 2　失败 1

黑 1 长的下法虽可考虑，但在本题中多少有点不满。白棋在正解图中还须在二路下子，但在本图中却无须再在 A 位长。

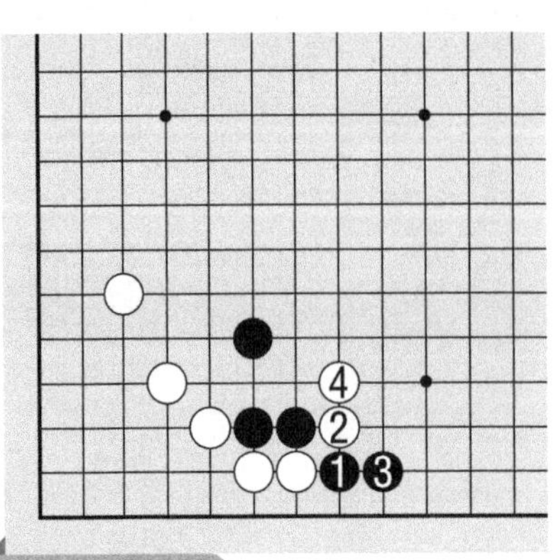

图 3　失败 2

图 3　失败 2

黑 1 扳是最坏的选择，此时白 2 断严厉，黑棋被分割后，非常难受。

问题 3

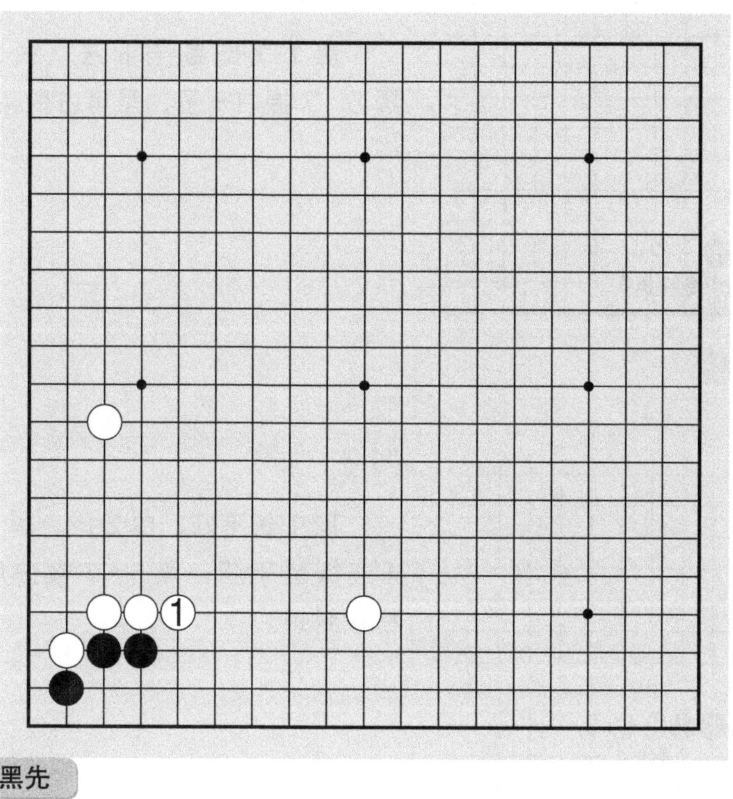

黑先

白1长，当然很厚，但多少有点不尽如人意。黑棋此时应如何向边上发展？其最佳下法是什么？

问题3解答

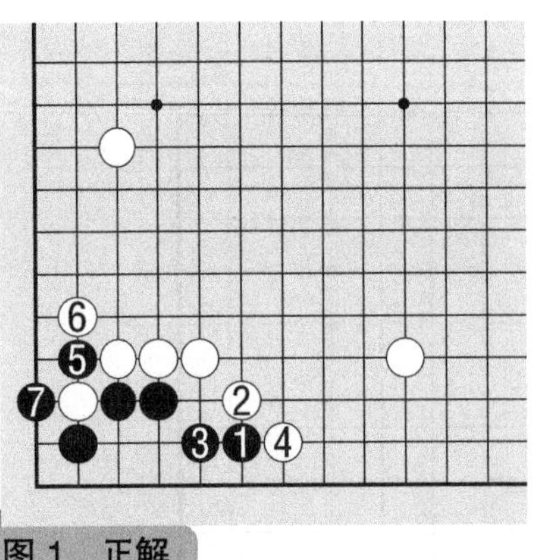
图1　正解

图1　正解

黑1飞是最佳下法，白2、4时，黑5、7提白一子，黑可占取实地。

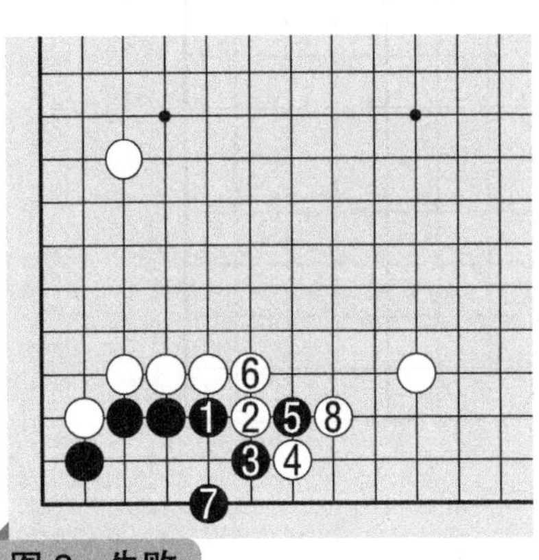
图2　失败

图2　失败

黑1长不好，白2扳，黑3扳，白4连扳是手筋，黑5、7被迫后退，黑棋被封锁。

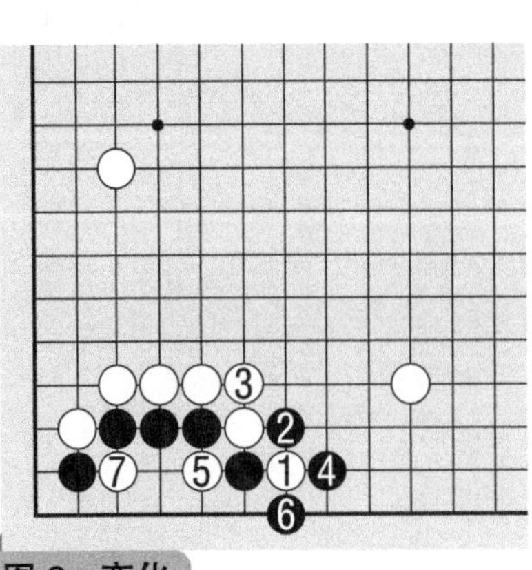
图3　变化

图3　变化

白1连扳时，黑2、4虽可打拔白一子，但白5、7吃住黑三子，黑实地大损。

问题 4

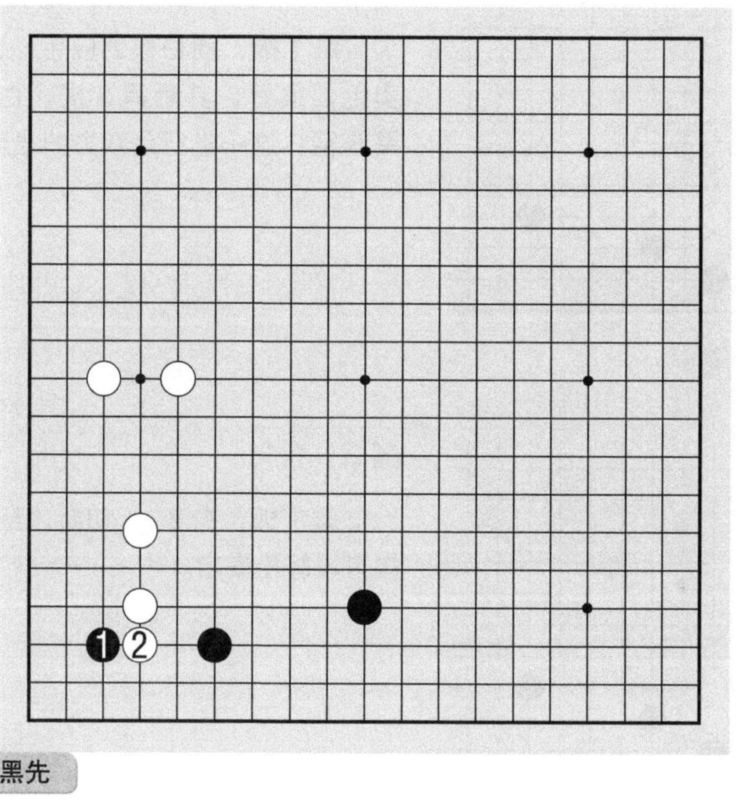

黑先

黑 1 点三三进角时，白 2 切断黑棋间的联络，其后黑棋应在角上做活。那么请问黑棋应如何做活?

问题 4 解答

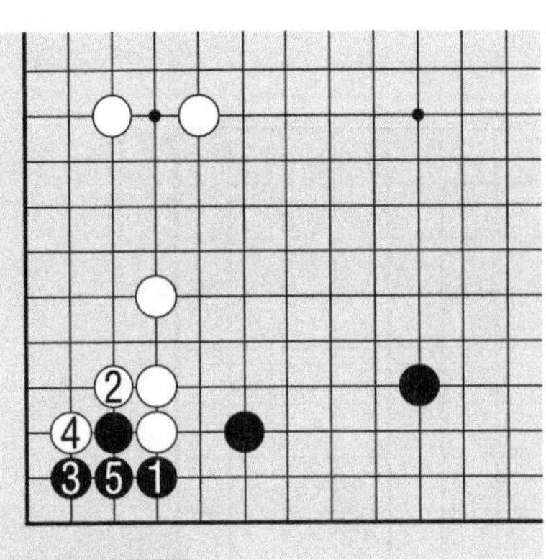

图 1　变化

图 1　正解

黑 1 扳，问白棋的应手，白 2 挡取实地，很好，其后黑 3 虎，白 4 打吃，黑 5 粘，这一进行是双方的最佳下法。

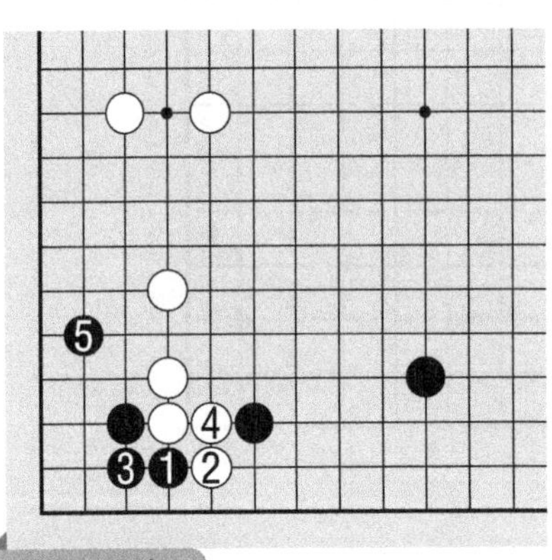

图 2　正解

图 2　变化

黑 1 扳，白 2、4 切断，至黑 5，黑棋可以轻松安定。

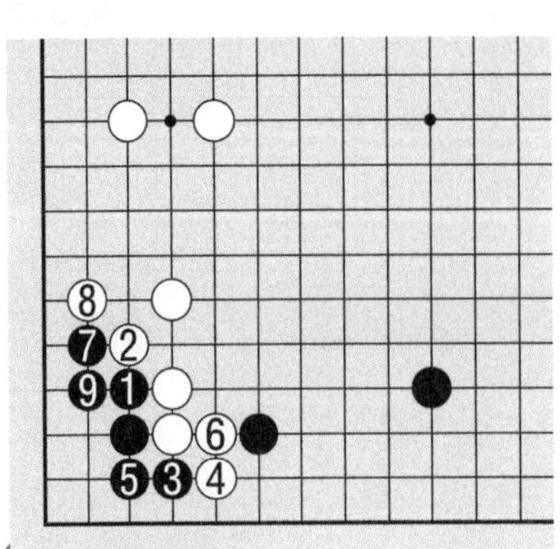

图 3　失败

图 3　失败

黑 1 长，白 2 挡时，黑 3、5 扳粘次序错误。白 6 粘后，黑 7、9 虽可扳粘做活，但黑棋向边上出头的道路被封锁了。

问题5

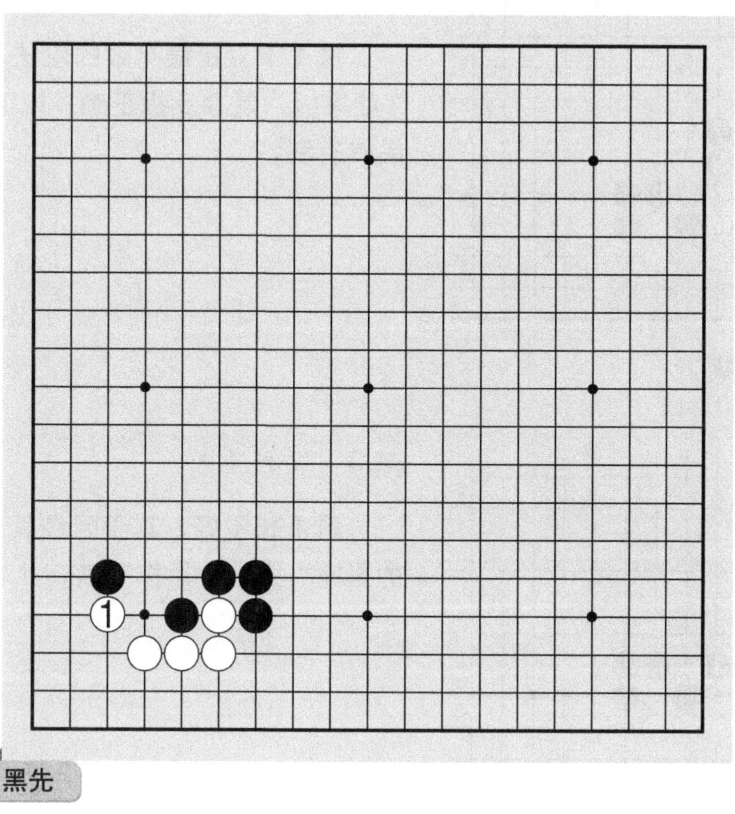

黑先

白1尖顶，黑棋当然不能让白棋扳出。那么请问黑棋最有效的下法是什么?

问题5解答

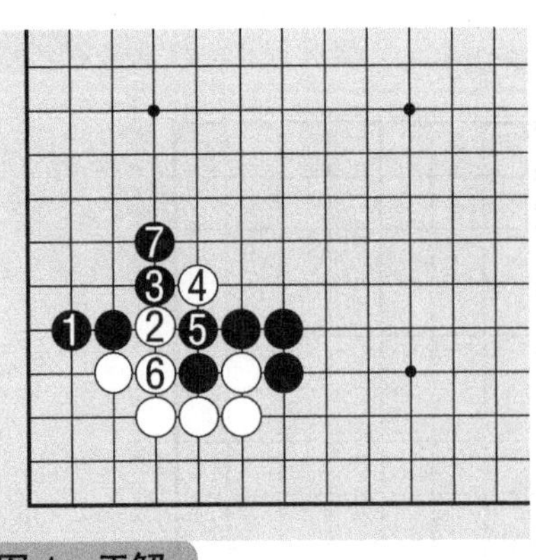

图1 正解

图1 正解

黑1下立是最有效的应法，其后白2如果扳，黑3反扳正确，以下至黑7，黑棋有利。

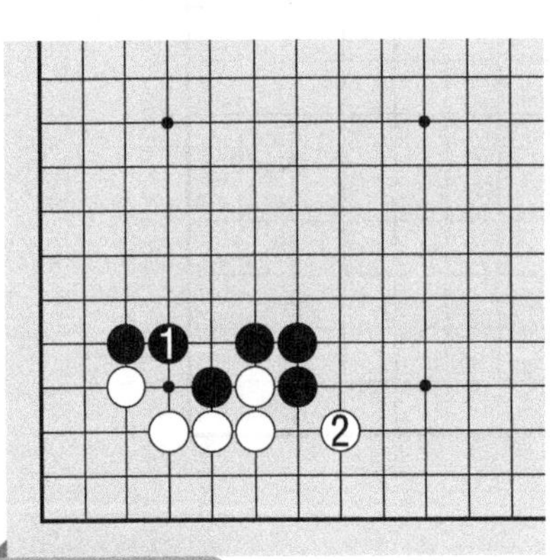

图2 失败1

图2 失败1

黑1长不好，其原因是黑1对角地的影响力太小，黑棋不满。

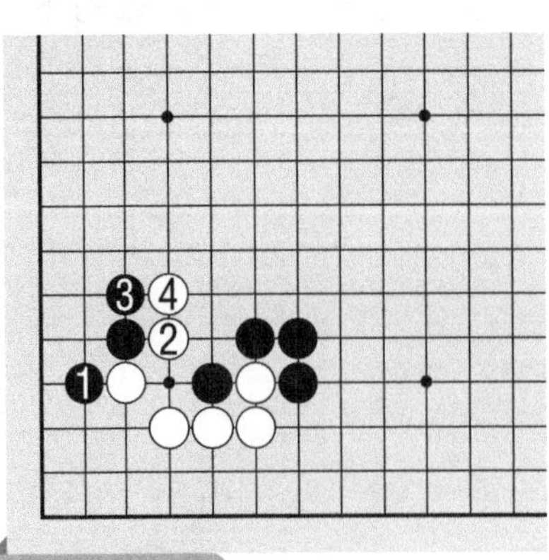

图3 失败2

图3 失败2

黑1扳是最坏的下法，此时白2扳出，其后白4长很好，由于被左右分开，黑棋不好。

问题 6

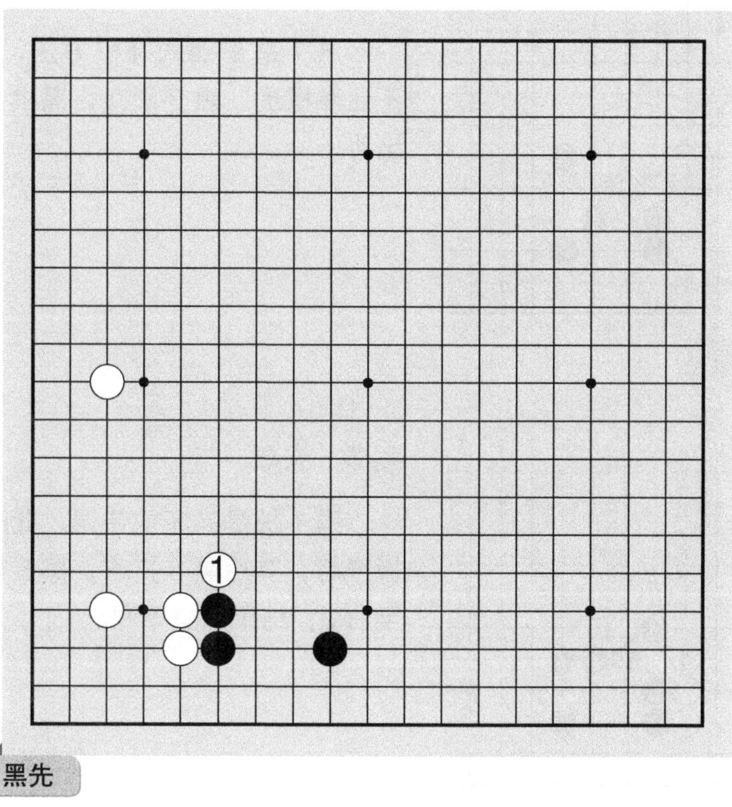

黑先

白 1 扳头，类似白 1 这样的急所，黑白双方都会去争夺。在本题中，白棋不下在这里，黑棋肯定会下在 1 位。那么请问黑棋现在应如何下？

问题6解答

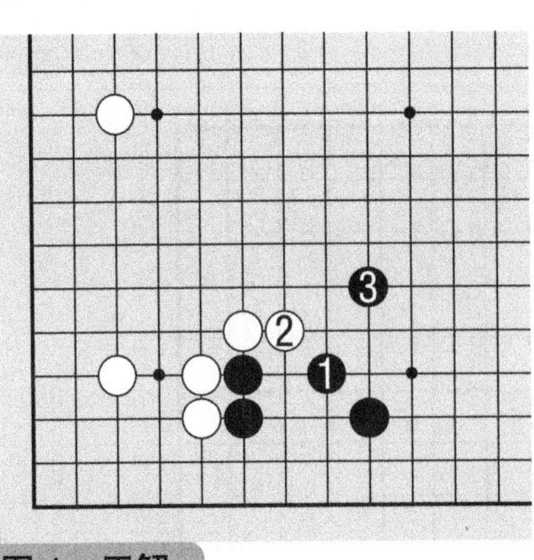
图1　正解

图1　正解

黑1是正确的补棋方法，白2长，不让黑棋虎，黑3则飞，黑棋可向中腹出头。

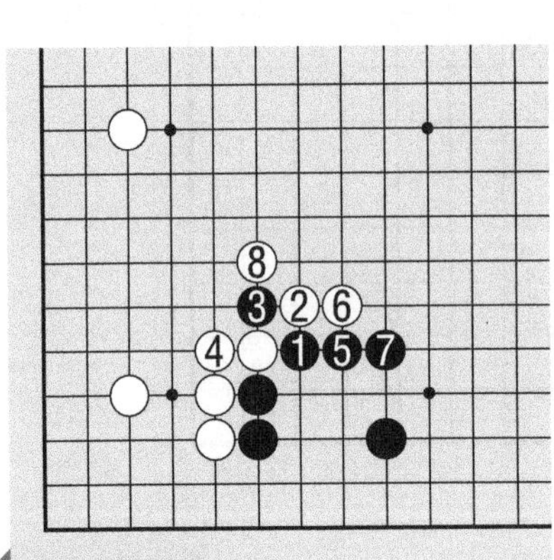
图2　失败

图2　失败

黑1扳是易犯的错误，此时白2连扳严厉，其后黑3打吃，黑5长，以下至白8，结果黑棋不利。

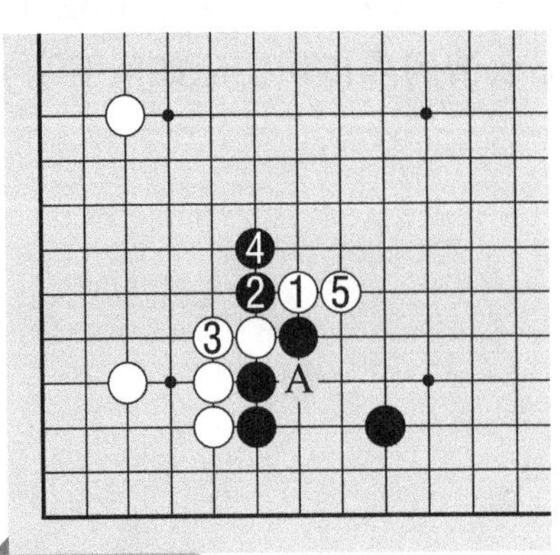

图3　变化

图3　变化

白1连扳时，黑2打吃后黑4长是无谋的下法，白5长后，由于有A位的断点，黑棋作战不利。

问题 7

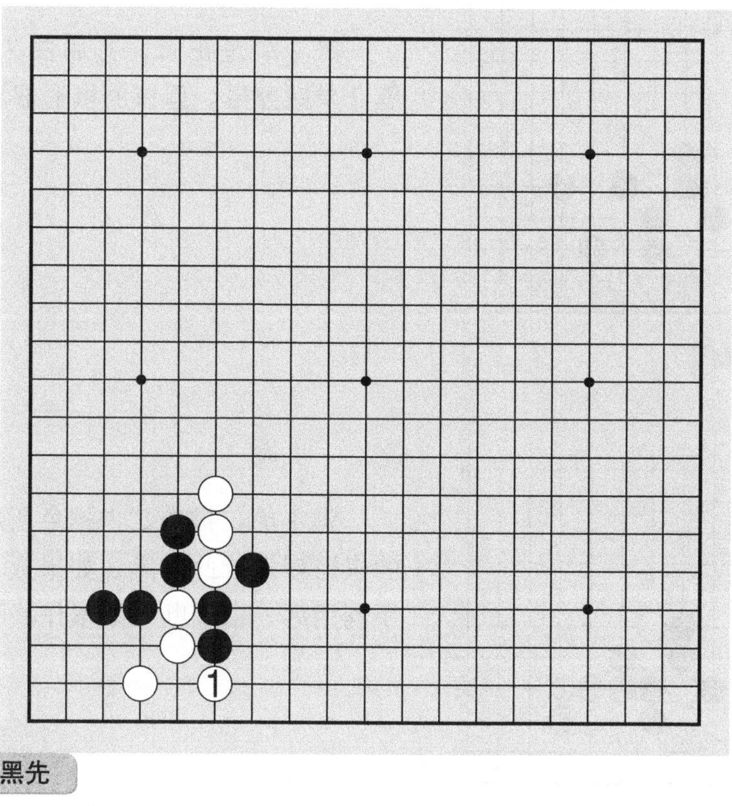

黑先

白 1 虎，其后黑棋的下一手棋非常关键，请问黑棋应如何选择?

问题 7 解答

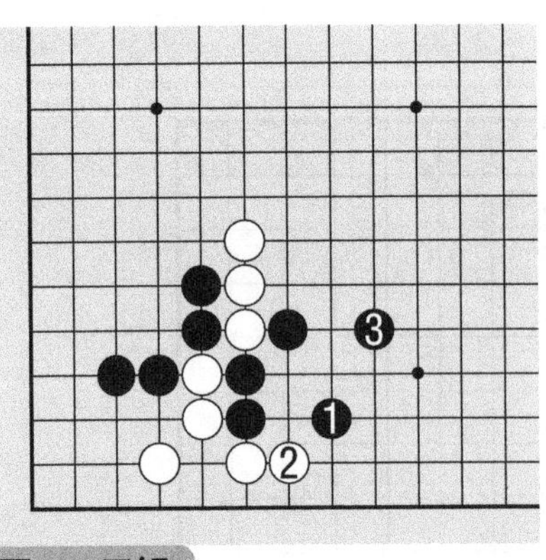

图 1　正解

图 1　正解

黑 1 跳是正解，其后白 2 如果长，黑 3 单跳整形，黑棋的棋形很具弹性。

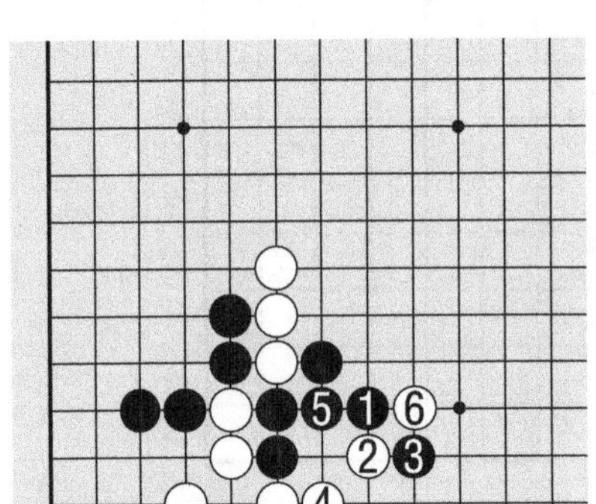

图 2　失败 1

图 2　失败 1

黑 1 虎，被白 2 占据急所后，黑棋的棋形崩溃。此时黑 3 如果扳，白 4 先手利用后，白 6 断，黑棋作战不利。

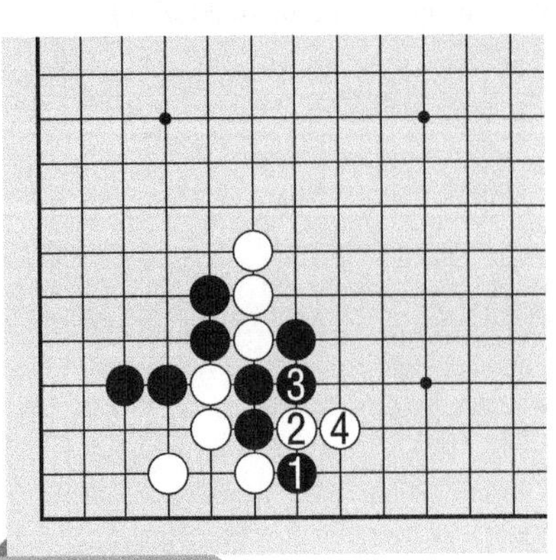

图 3　失败 2

图 3　失败 2

黑 1 挡不好，白 2 打吃后，白 4 长，黑棋已无应手。

问题 8

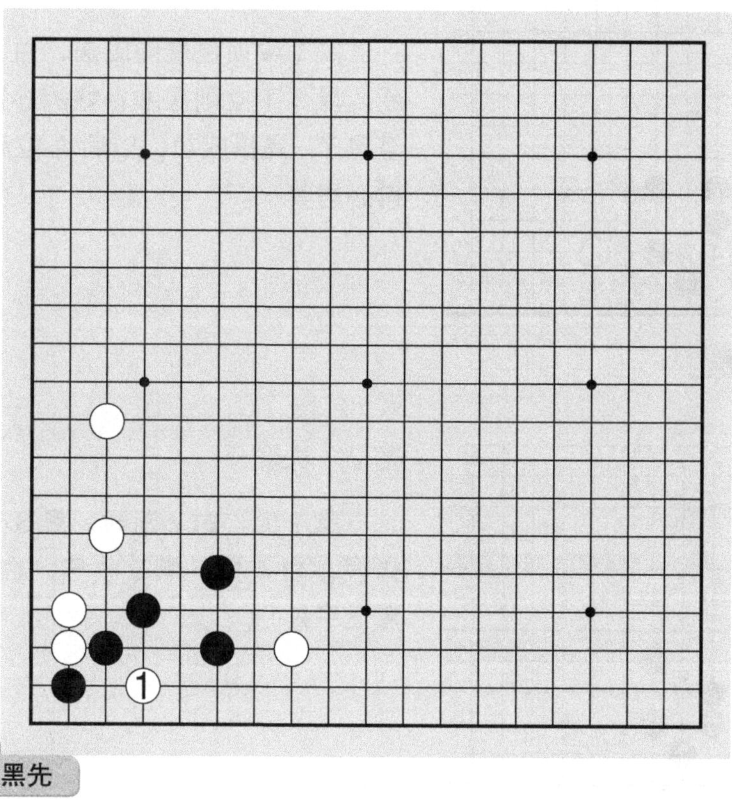

黑先

白 1 点，其意是破坏黑棋的根据地，对黑棋整体实施攻击。黑棋现在应该如何下?

问题 8 解答

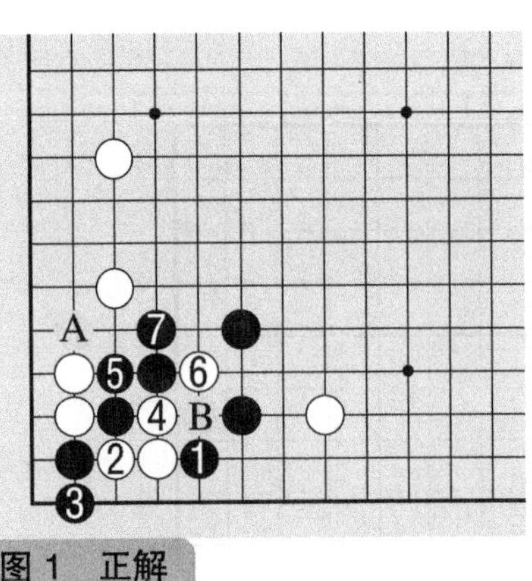

图 1　正解

图 1　正解

黑 1 尖顶是最佳应法，白 2 如果切断，黑 3 下立则是准备好的妙手，以下至黑 7，黑棋成功，以后 A 位和 B 位黑棋必居其一。

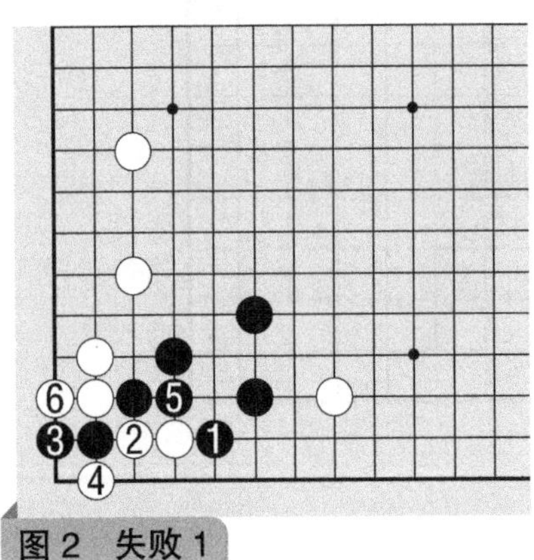
图 2　失败 1

图 2　失败 1

黑 1 尖，白 2 断时，黑 3 下立方向错误，白 4 扳，黑 5 收气，白 6 打吃，黑二子被吃。

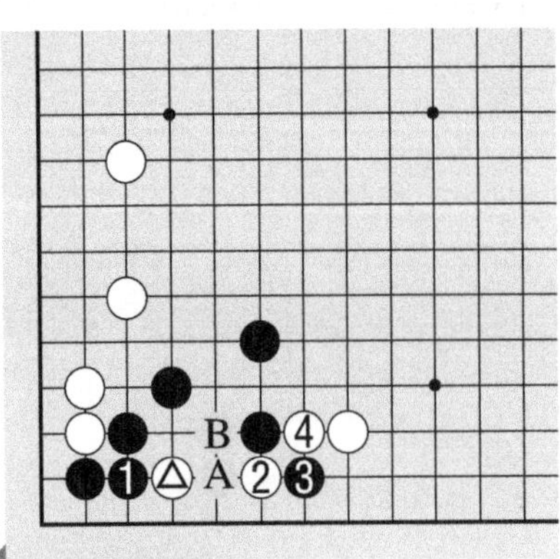

图 3　失败 2

图 3　失败 2

白△点时，黑 1 粘不好，此时白 2 托、4 断是常用手筋，以后黑 A 打吃时，白 B 可以反打。

问题 9 ▶▶

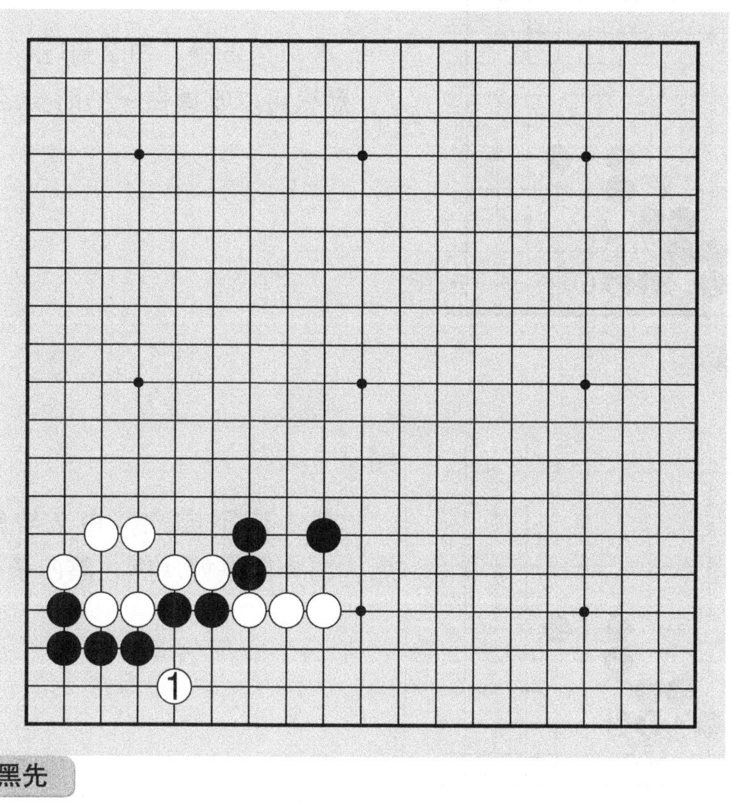

黑先

白 1 点时，黑棋必须补断点，请问黑棋应如何下？

问题 9 解答

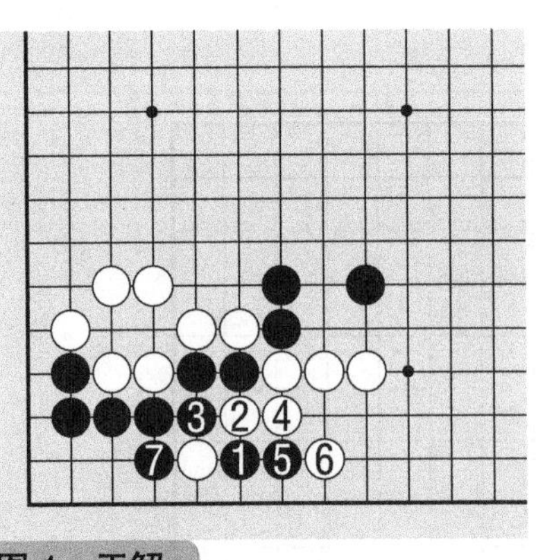

图 1　正解

图 1　正解

黑 1 搭正确，白 2 打吃，以下至黑 7，黑棋可以吃掉白一子而安定。

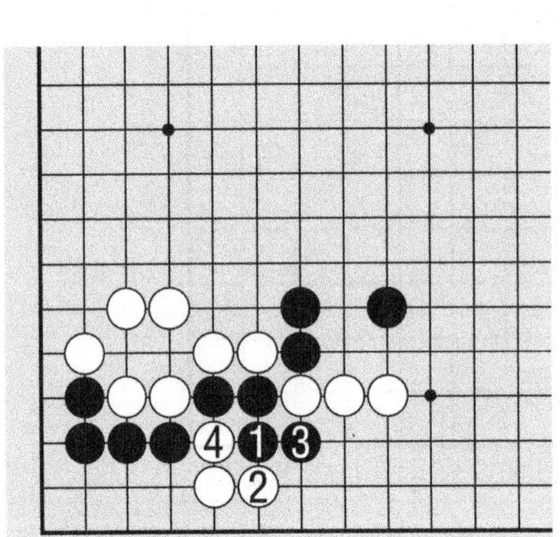

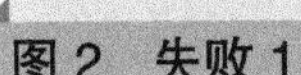

图 2　失败 1

图 2　失败 1

黑 1 弯不成立，白 2 与黑 3 交换后，白 4 断是好次序，黑四子被吃。

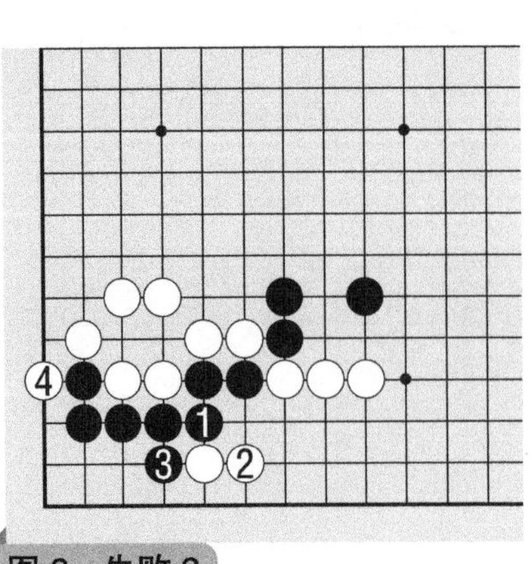

图 3　失败 2

图 3　失败 2

黑 1 粘更不好，白 2 退，黑 3 挡，白 4 扳，整块黑棋不活。

问题 10

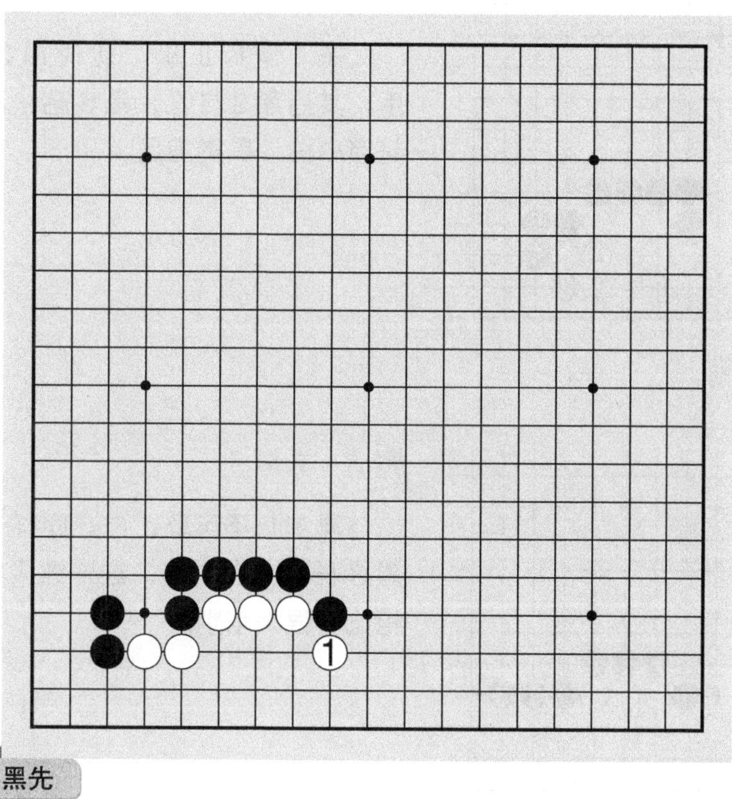

黑先

白 1 扳试图向边上发展，黑棋应如何利用白棋的弱点？其最有效的下法是什么？

问题 10 解答

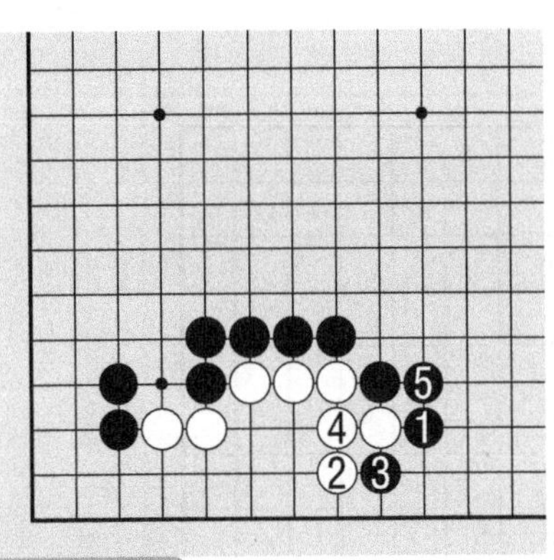
图 1 正解

图 1 正解

黑 1 连扳正确，此时白 2 虎是本手，其后黑 3 打吃，黑 5 粘，从而可以封锁白棋，黑棋满足。

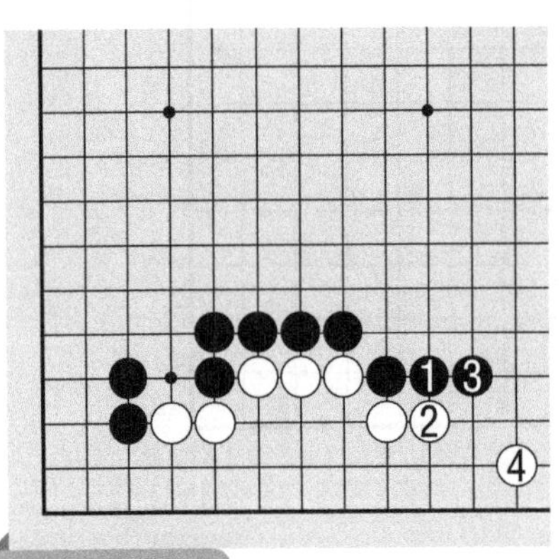
图 2 失败 1

图 2 失败 1

黑 1 长不可取，白 2 同样长，此后黑 3 长时，白 4 飞，这一结果与正解图相比有很大差别。

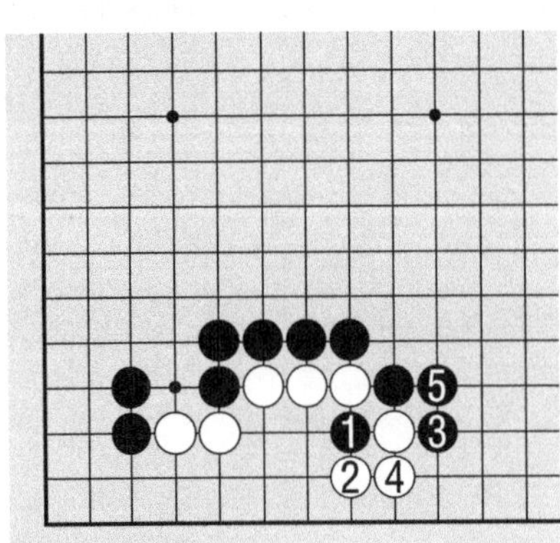
图 3 失败 2

图 3 失败 2

黑 1 断，白 2 打吃，黑 3 反打后，虽可封住白棋，但至黑 5，二路仍漏风，黑棋不满。

问题 11

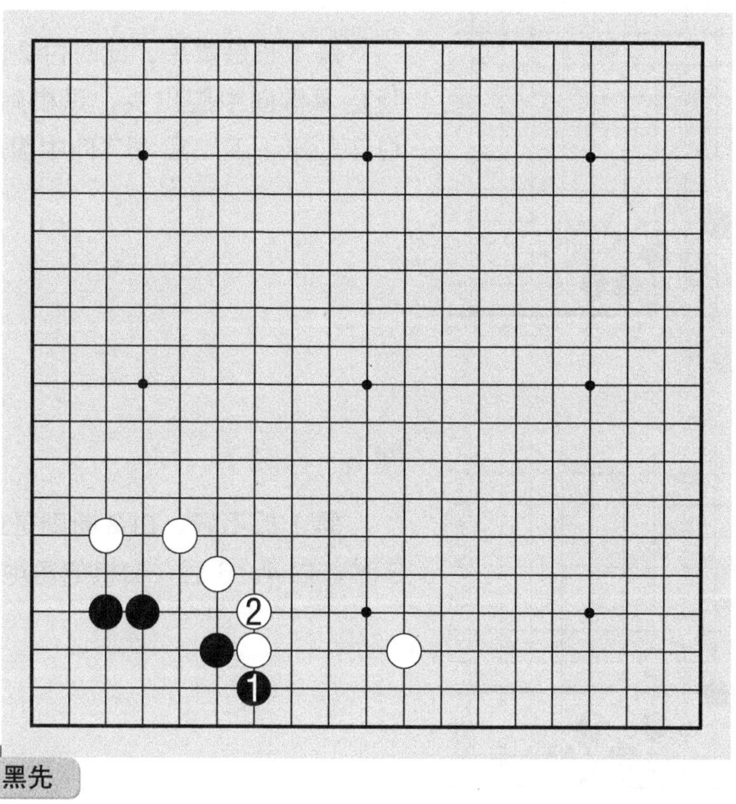

黑先

黑 1 扳时，白 2 补棋，黑棋现在的棋形不完整，必须补一手棋。请问黑棋最有效的补法是什么？

问题 11 解答

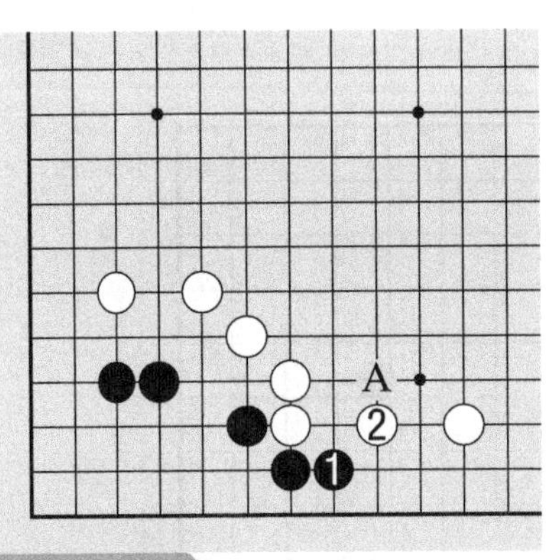

图 1　正解

图 1　正解

黑 1 长是本手，此时白 2 如果单跳阻止黑棋向中腹出头，黑棋则可脱先。白 2 如果不下，黑 A 飞向中腹是好点。

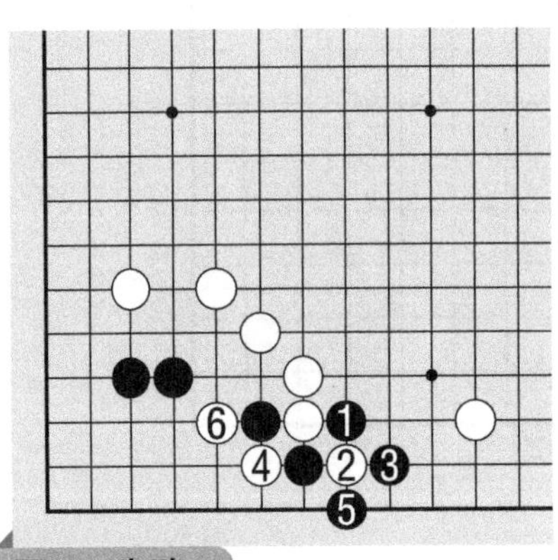
图 2　失败 1

图 2　失败 1

黑 1 扳不好，白 2 断则是好棋，黑 3 时，白 4、6 后，白棋的角地很大。

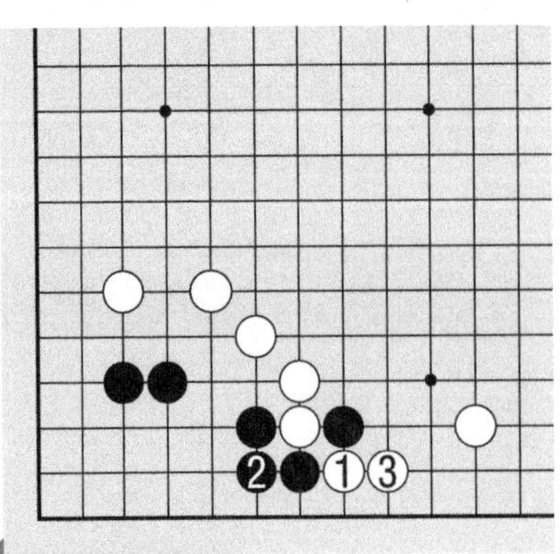
图 3　失败 2

图 3　失败 2

白 1 断时，黑 2 若粘，白 3 长后，黑一子被吃，黑棋不满。

问题 12

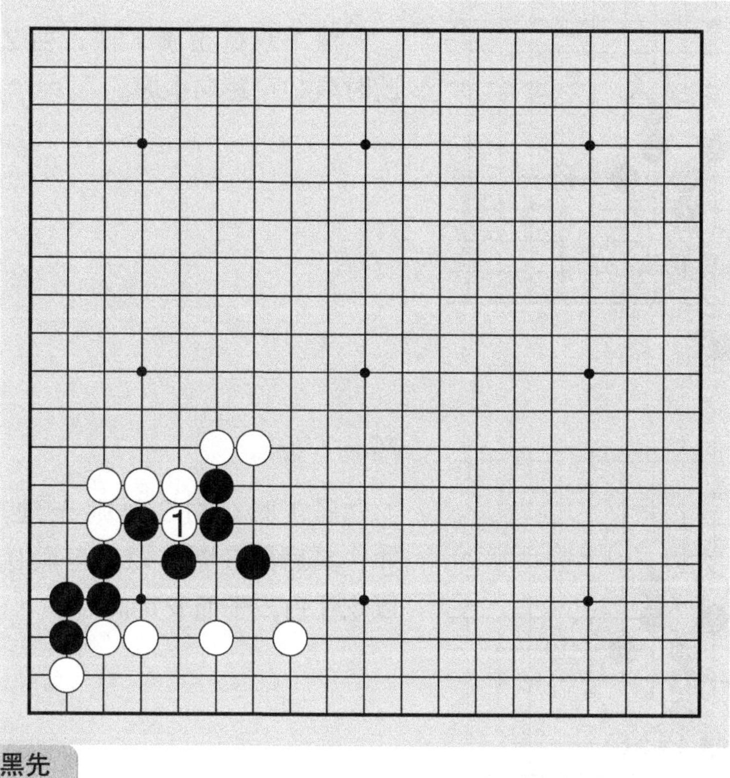

黑先

白 1 打吃，黑棋必须应，那么请问黑棋应如何有效地补断?

问题 12 解答

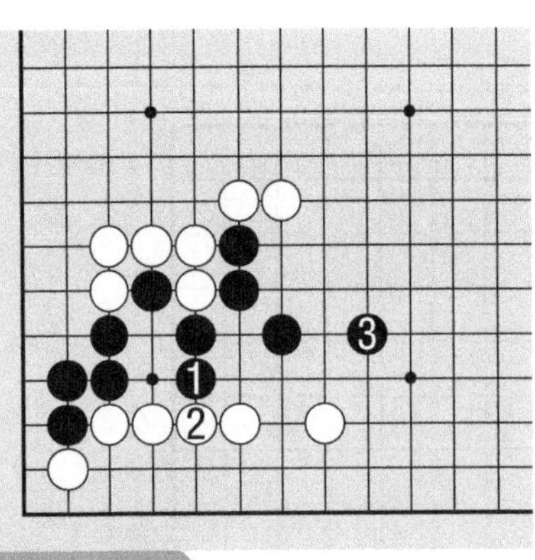

图 1　正解

图 1　正解

黑 1 双是正确下法，白 2 必补断，此时黑 3 可跳向中腹。

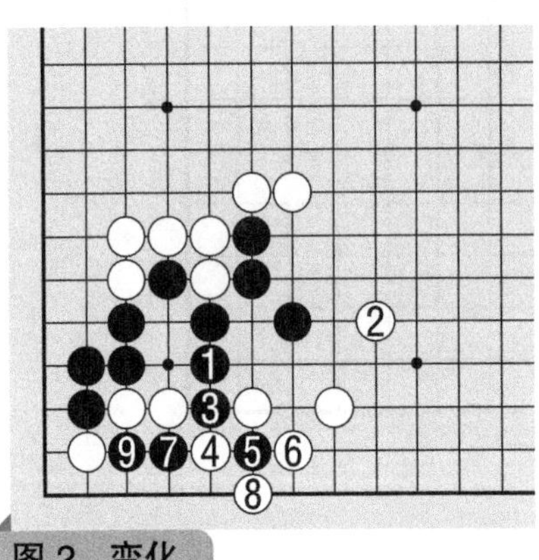
图 2　变化

图 2　变化

黑 1 时，白 2 封则无理，黑 3 可冲，其后黑 5 断，以下至黑 9，黑棋可以吃住白二子而安定。

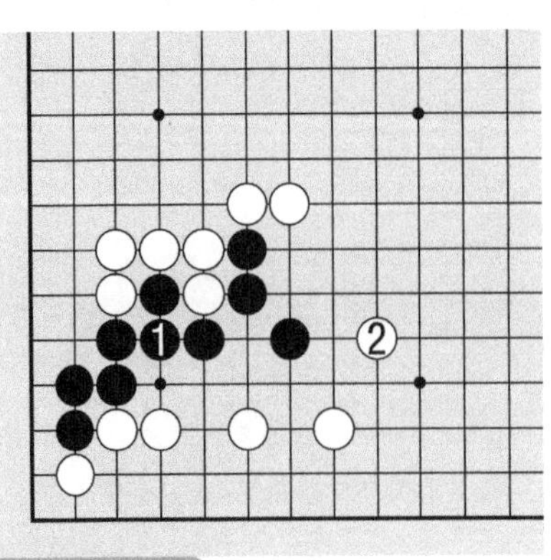
图 3　失败

图 3　失败

黑 1 粘不好，白 2 飞封，黑棋整块大龙有危险。

问题 13

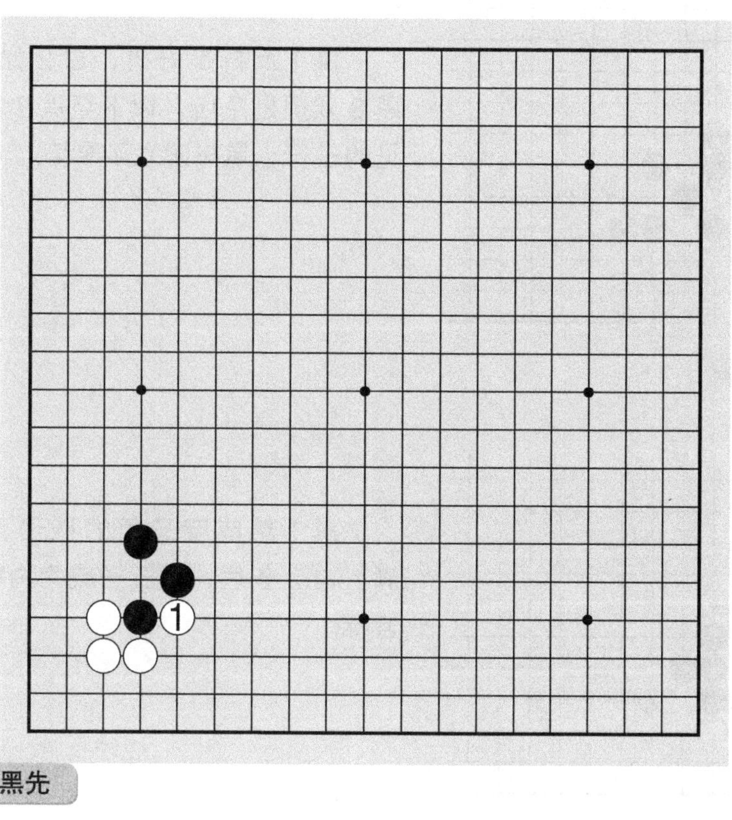

黑先

白 1 打吃时，黑棋是否应该粘？请问黑棋应如何下？

问题 13 解答

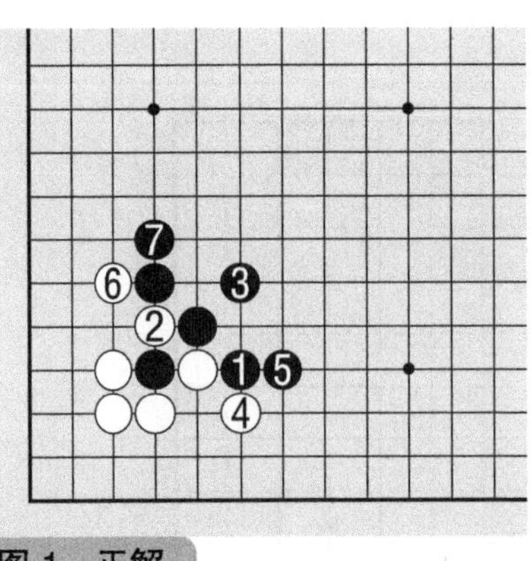

图 1 正解

黑 1 反打是好棋，白 2 如果提子，黑 3 双虎是急所，以下至黑 7 均是可预见的进行，黑棋确立了厚势。

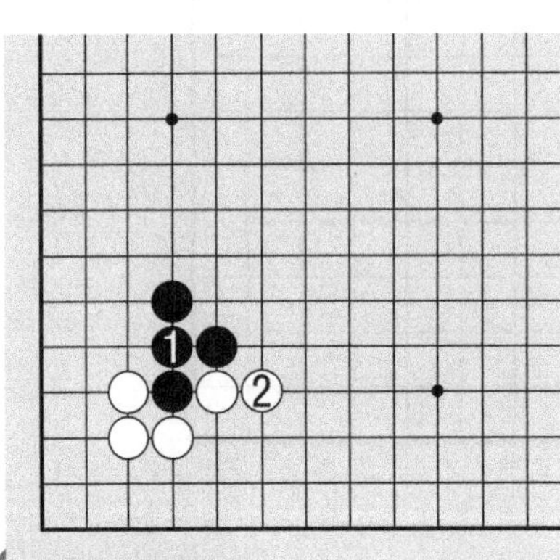

图 2 失败 1

黑 1 粘成空三角的愚形，黑棋不满。白 2 长后，黑三子成为白棋攻击的目标。

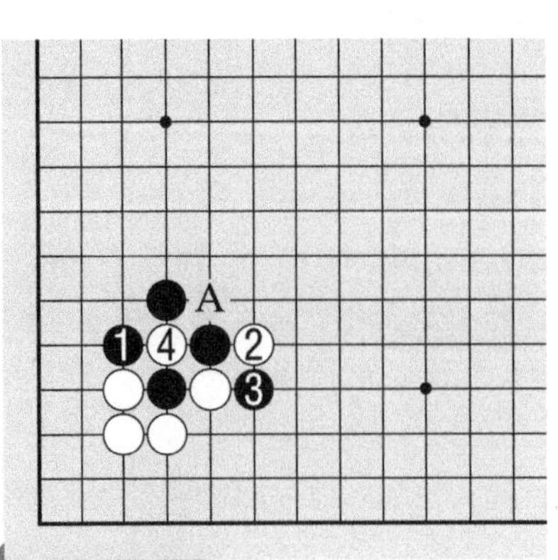

图 3 失败 2

黑 1 做劫，一般情况下是无理手，以下黑 3、白 4，双方下成打劫。一旦白棋在 A 位连提，黑棋立即崩溃。

问题 14

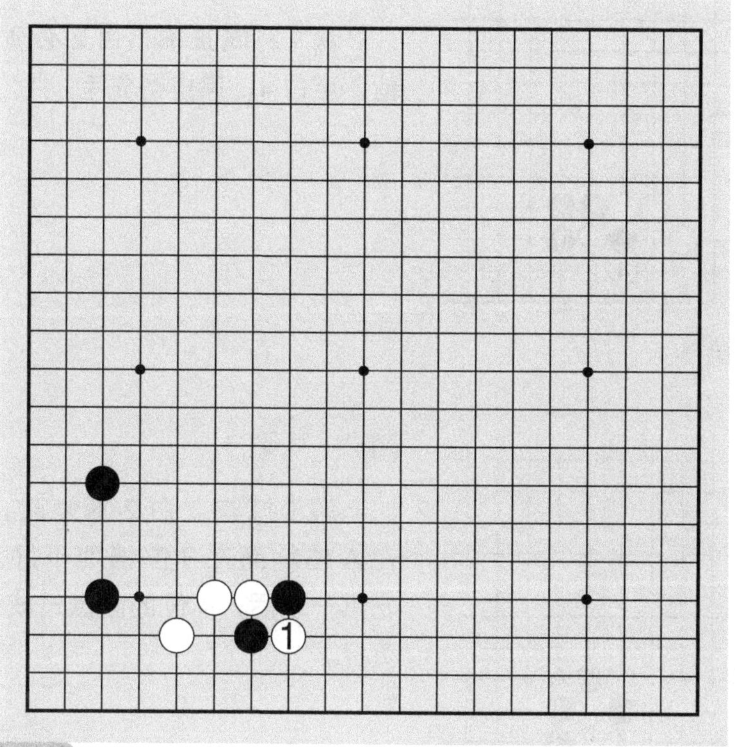

黑先

白 1 断时，由于周围的白棋强，黑棋不可能吃住白 1 这个子。那么请问黑棋如何利用白棋的弱点来整形?

问题 14 解答

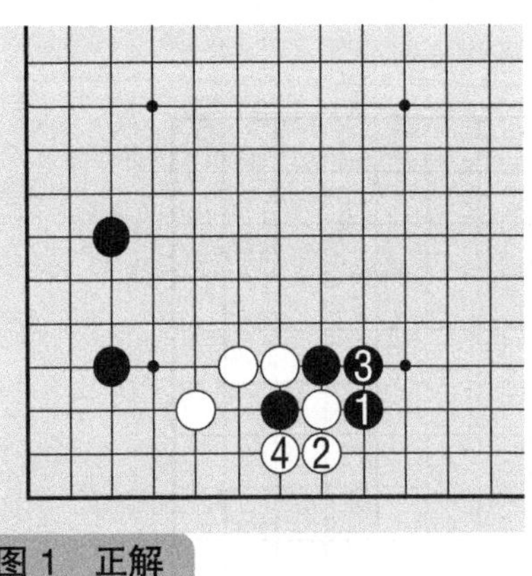

图 1 正解

图 1 正解

黑 1 打吃正确，白 2 必须长，黑 3 粘，至白 4，黑棋得先手。

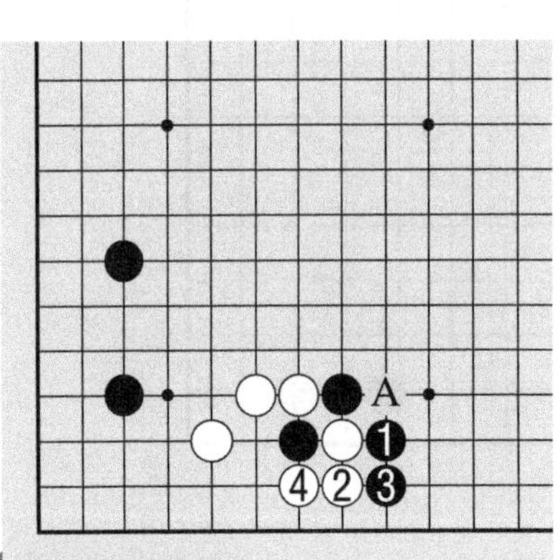

图 2 失败 1

图 2 失败 1

黑 1 打吃，白 2 下立时，黑棋不在 A 位粘而在 3 位挡则不好，白 4 打吃黑一子后，A 位的断点已成为黑棋的负担。

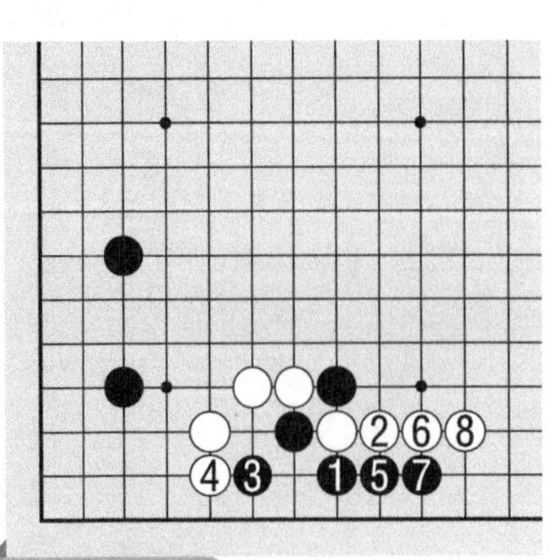

图 3 失败 2

图 3 失败 2

黑 1 打吃后黑 3 虎无理，以下至白 8 均是预想的进行，结果黑大坏。

问题 15

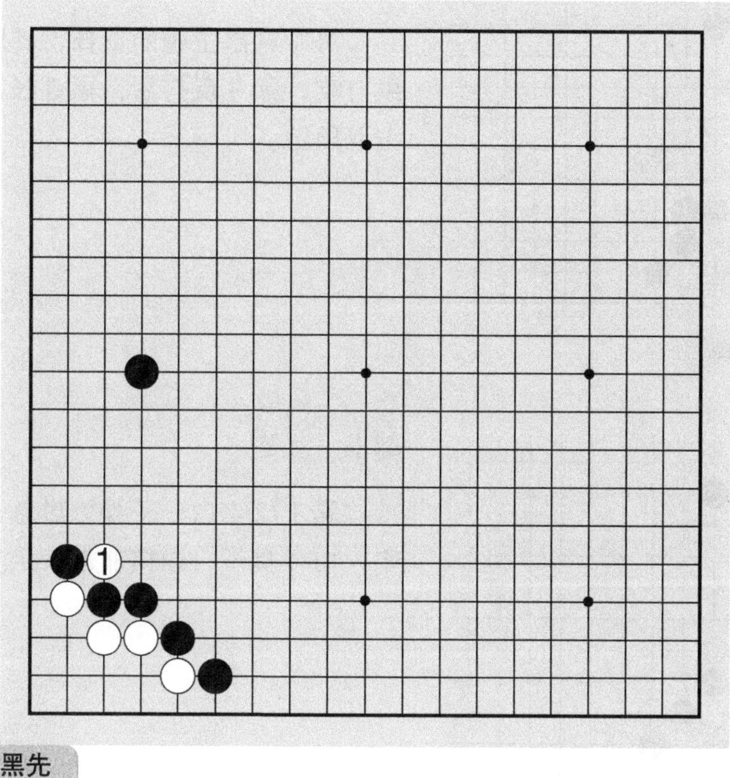

黑先

白 1 断时，双方各自都有很多断点，因此下一手棋都不易下。请问黑棋应该如何下?

问题 15 解答

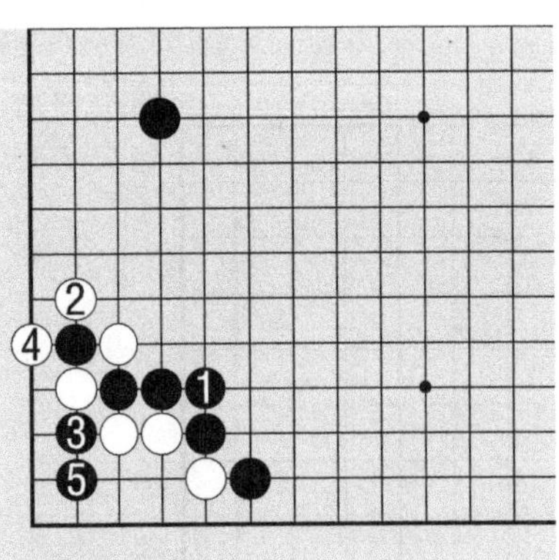
图 1　正解

图 1　正解

黑 1 粘是正确的选择，其后白 2 如果打吃，黑 3 反打后，黑 5 长，黑棋可占取角地。

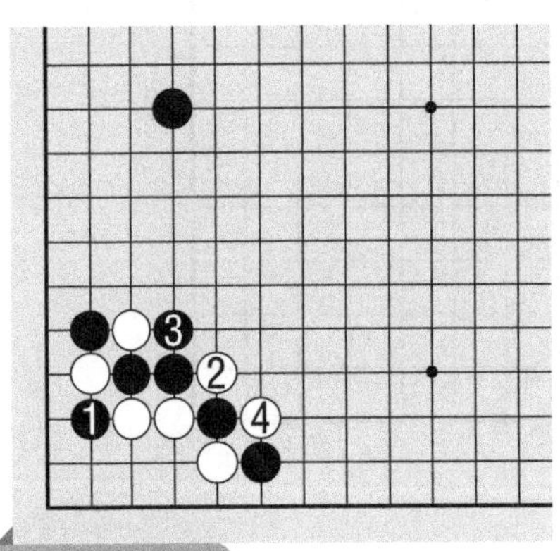
图 2　失败 1

图 2　失败 1

黑 1 打吃白一子操之过急，白 2 双吃，白 4 提子，白棋非常满足。

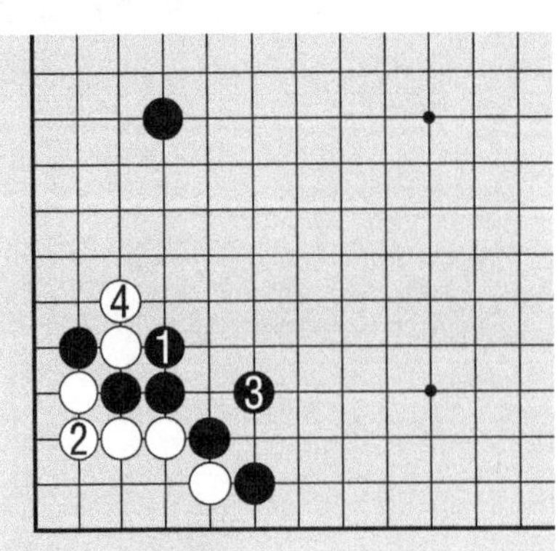
图 3　失败 2

图 3　失败 2

黑 1 打吃，白 2 粘，黑 3 虎，虽然也是一种下法，但由于白 4 可以长，结果黑棋不好。

问题 16

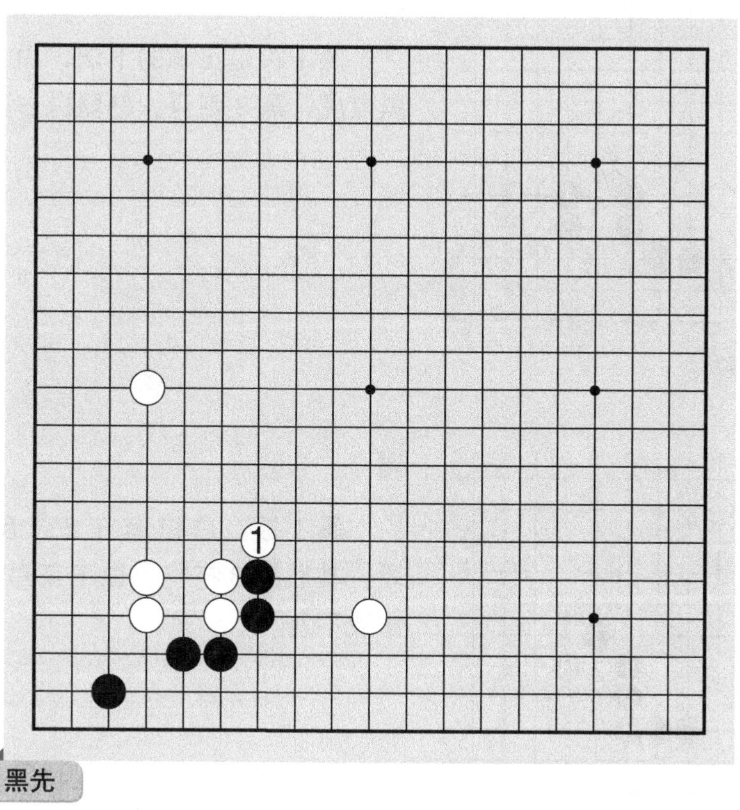

黑先

白 1 扳头，黑棋在决定下一手棋时应充分考虑到自身的断点。请问黑棋应如何选择?

问题 16 解答

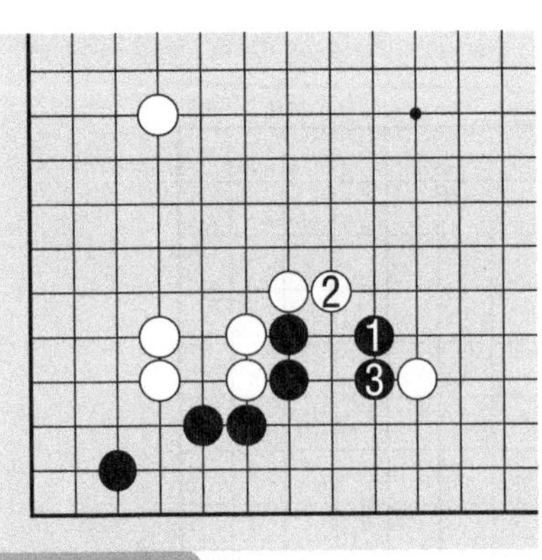

图 1　正解

图 1　正解

黑 1 跳是正确的下法，白 2 长不让黑棋虎，黑 3 则双，削弱白一子。

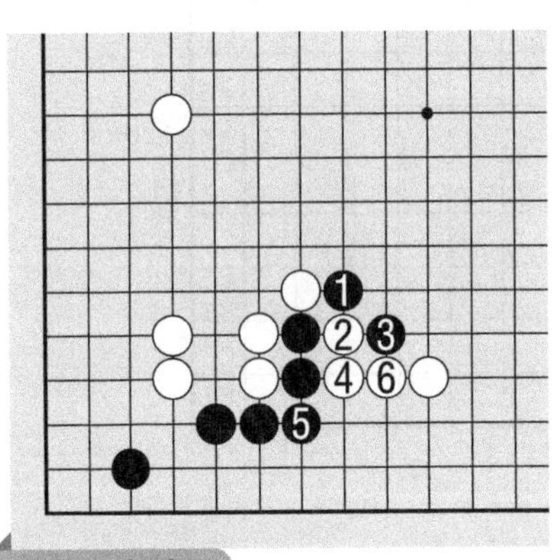
图 2　失败 1

图 2　失败 1

黑 1 扳，白棋有在 2 位反击的手段，其后黑 3 打吃，以下至白 6，黑棋作战不利。

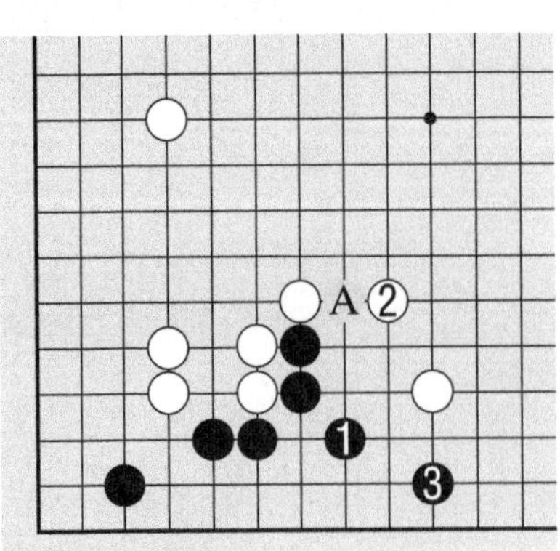
图 3　失败 2

图 3　失败 2

黑 1 虎则过缓，白 2 跳是好棋，黑棋被封锁。如果白 2 不下，黑 A 扳是好点。

问题 17

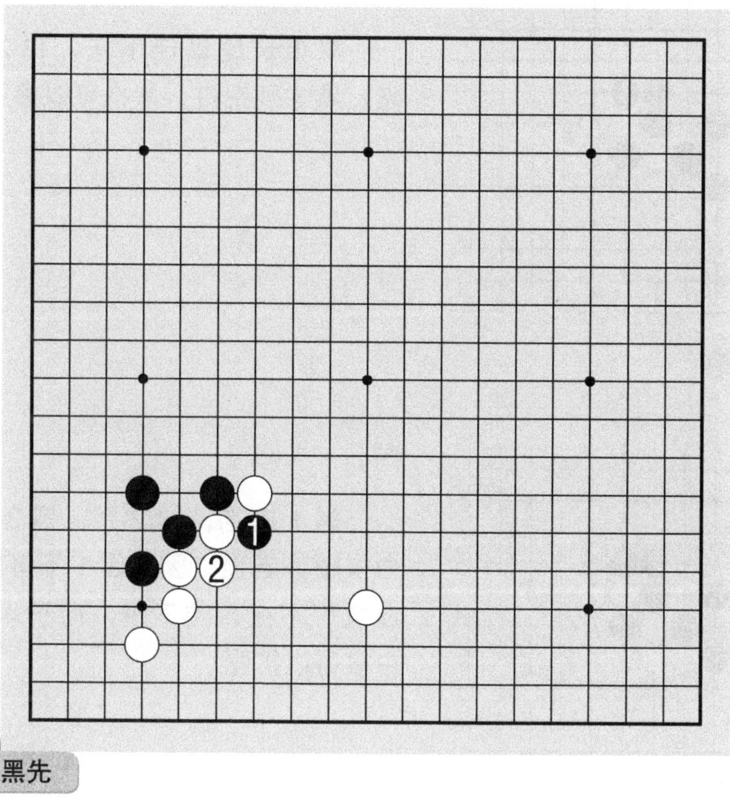

黑先

黑 1 打吃时，白 2 粘，其后黑棋的下一手棋非常关键。请问黑棋应如何下?

问题 17 解答

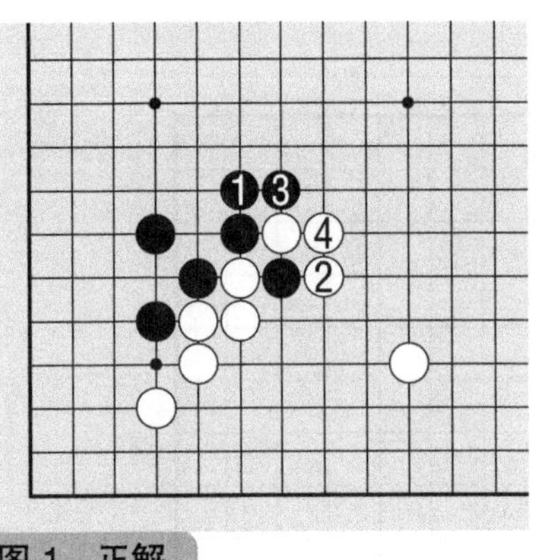

图 1 正解

图 1 正解

黑 1 长是最佳下法，白 2 如果打吃，黑 3 则拐打，黑棋可以整形。

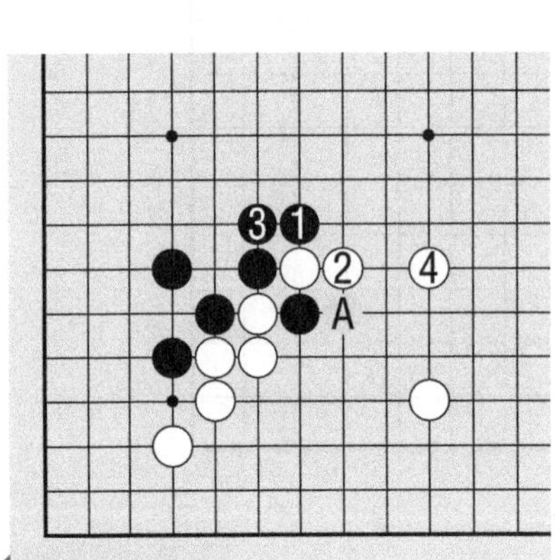

图 2 失败 1

图 2 失败 1

黑 1 打吃，白 2 后，黑 3 只好粘，白棋顺势走强，因而黑 1 不可取。之后白棋可不在 A 位下棋，而于 4 位跳补，白棋得以扩张。

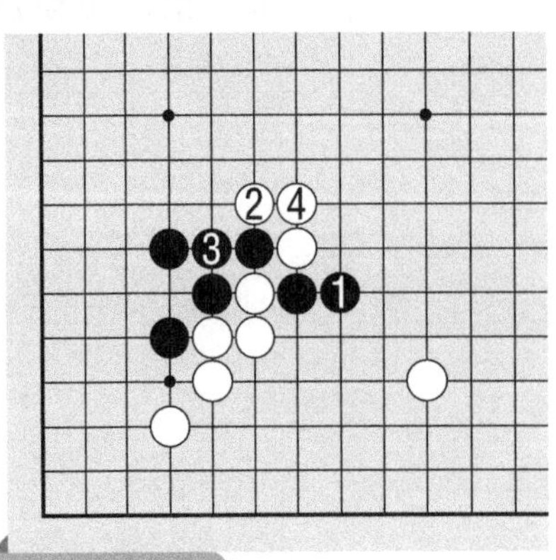

图 3 失败 2

图 3 失败 2

黑 1 长则无理，白 2 打吃后，白 4 粘，黑棋作战不利。

问题 18

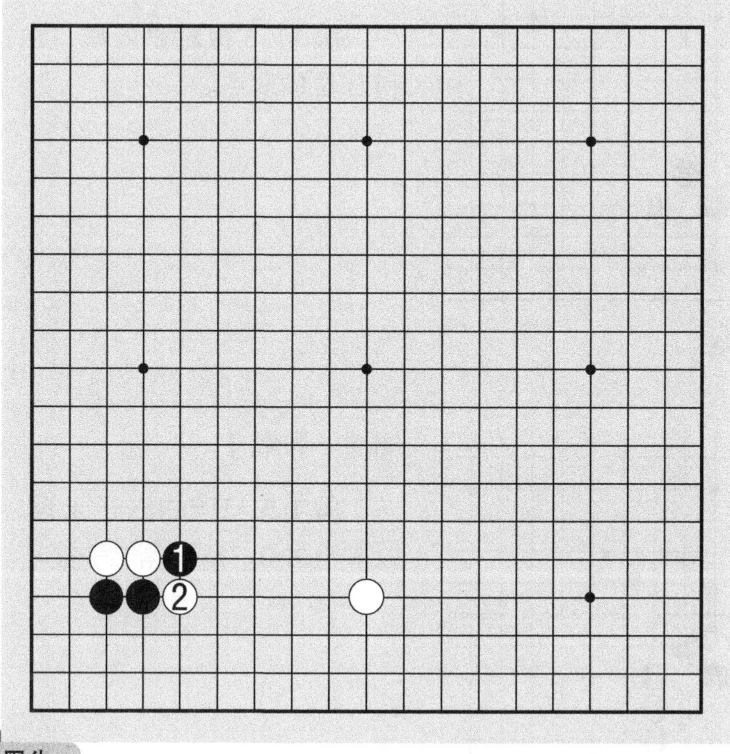

黑先

黑 1 扳头，白 2 断，双方形成互扳互断的局面。请问黑棋此时应如何下？

问题 18 解答

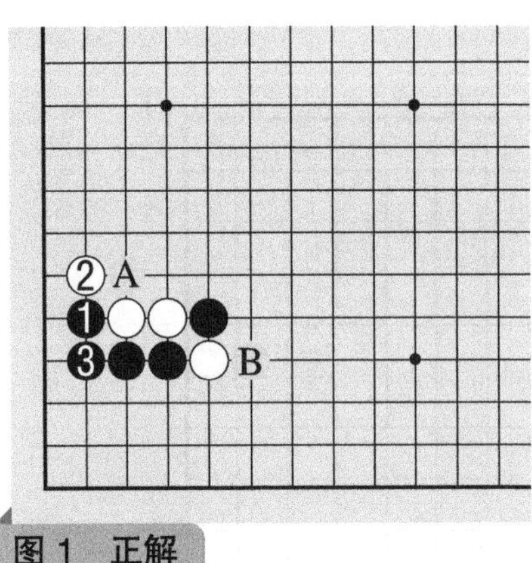

图 1　正解

图 1　正解

黑 1、3 扳粘是好棋，白棋有 A 位和 B 位的弱点。

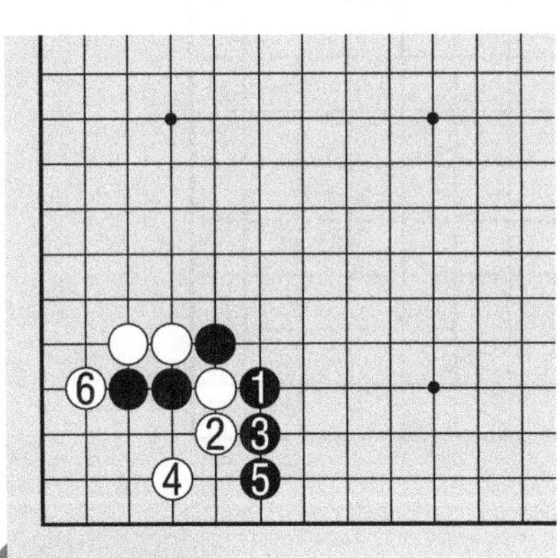

图 2　失败 1

图 2　失败 1

黑 1 先打吃白一子无理，白 2 长，以下至白 6，角上黑二子被吃。

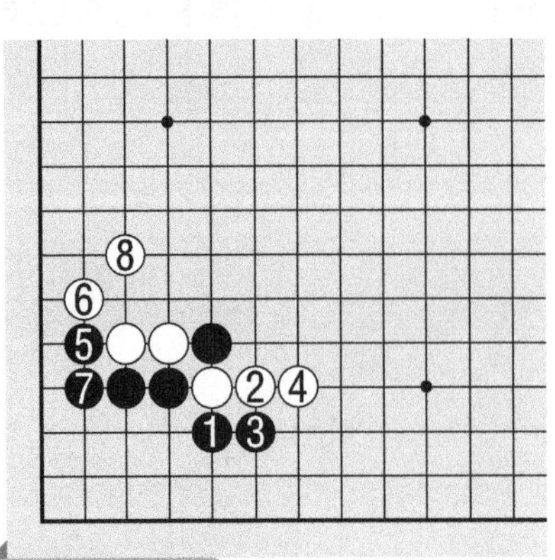

图 3　失败 2

图 3　失败 2

黑 1 打吃后黑 3 长不好，以下进行至白 8，黑棋虽可活角，但让白棋获取了强大的外势。

问题 19

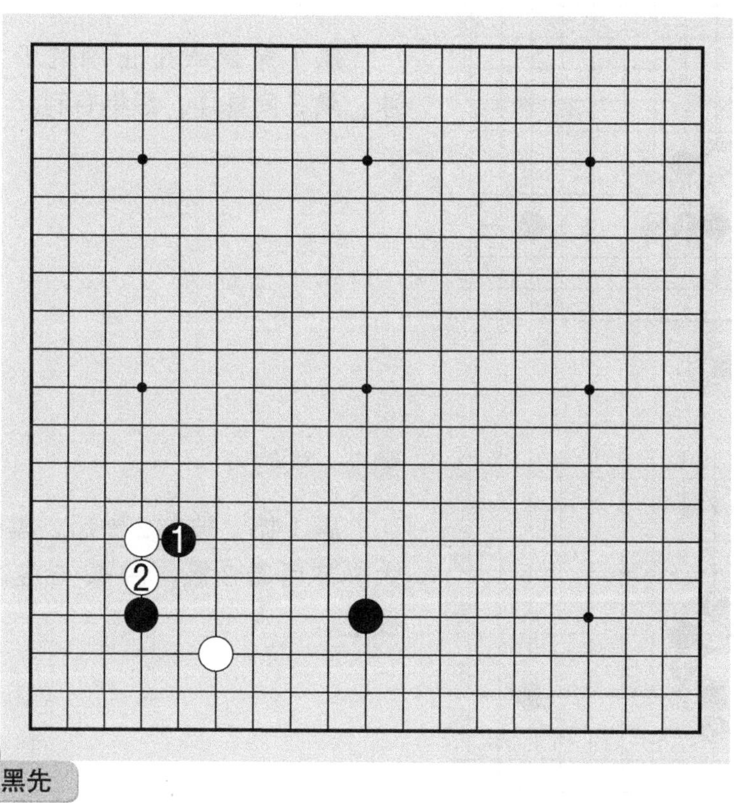

黑先

黑 1 靠，白 2 项看似很有力，实际上是无理手。针对这一下法，黑棋如何应付?

问题 19 解答

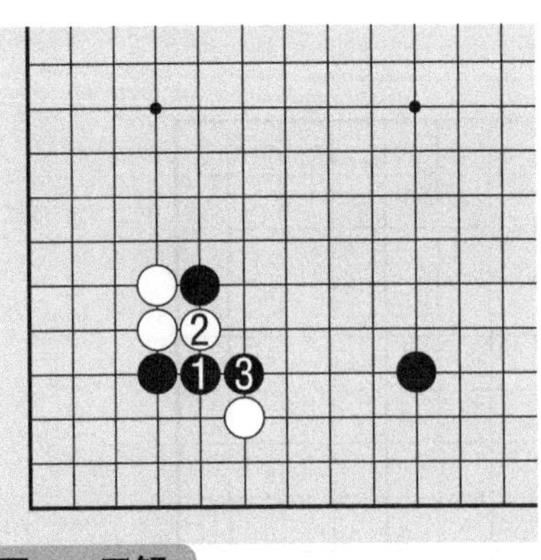

图 1　正解

图 1　正解

黑 1 穿象眼是正确的下法，白 2 冲，黑 3 同样冲，黑棋有利。

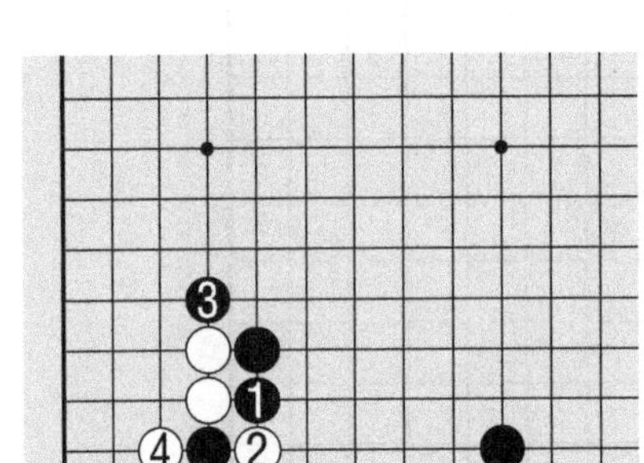

图 2　失败 1

图 2　失败 1

黑 1 挡，被白 2 断后，黑棋麻烦很大。其后黑 3 扳，白 4、6 应，黑二子被吃。

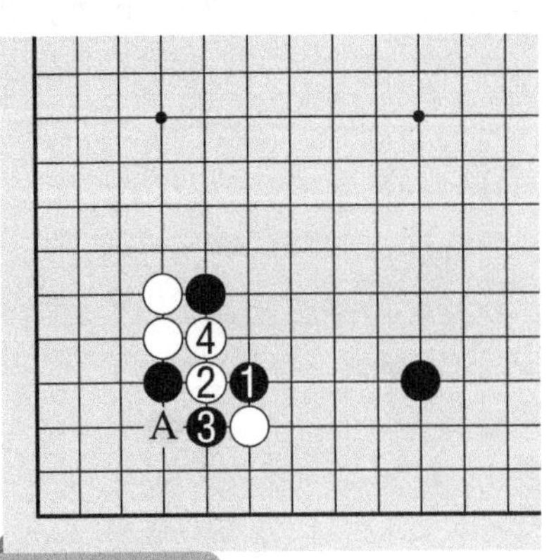

图 3　失败 2

图 3　失败 2

黑 1 靠也不好，白 2、4 挖断，黑棋由于有 A 位的断点，以后不好下。

问题 20

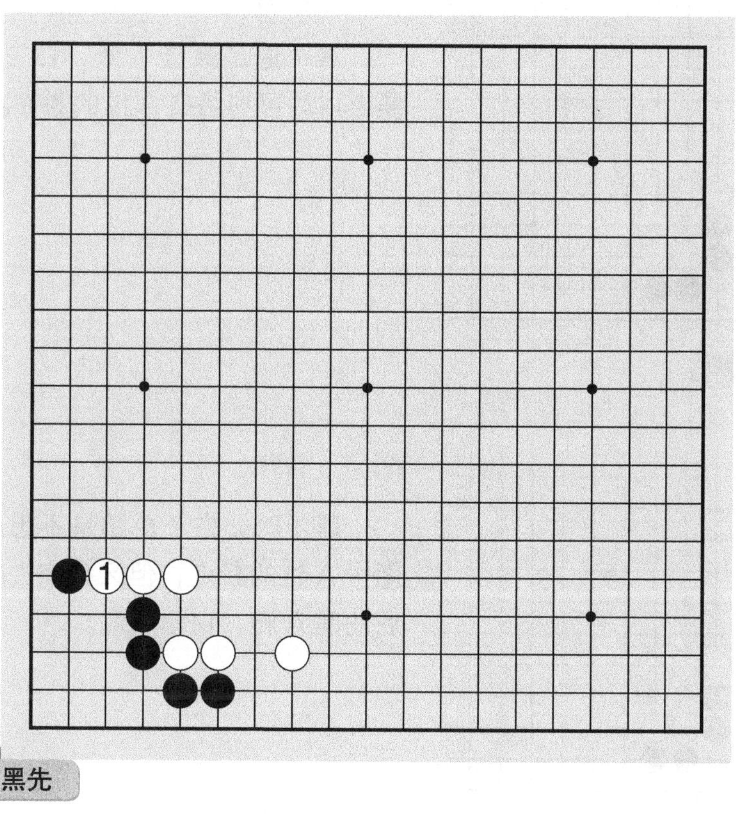

黑先

白 1 顶，黑棋面对目前形势应该如何下？

问题 20 解答

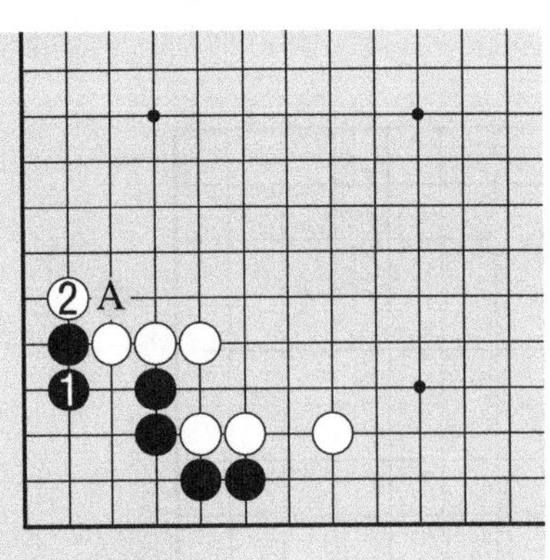

图 1　正解

图 1　正解

黑 1 退是最佳下法，白 2 如果扳，黑棋以后可利用白 A 位的断点。

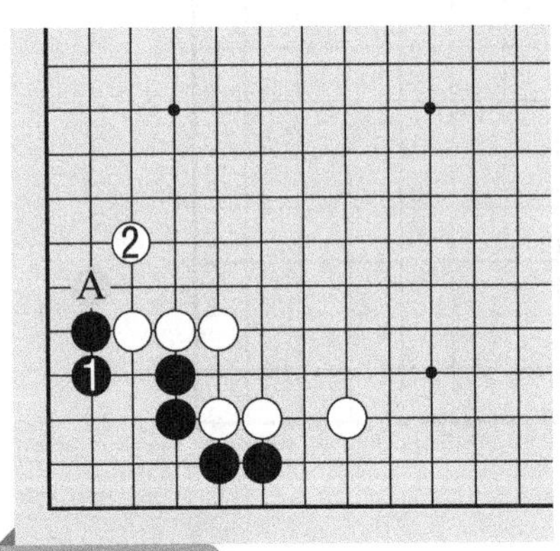

图 2　变化

图 2　变化

黑 1 时，白 2 单跳是不想造成正解图中 A 位的断点，但又会产生本图中以后的黑 A 爬，白棋不满。

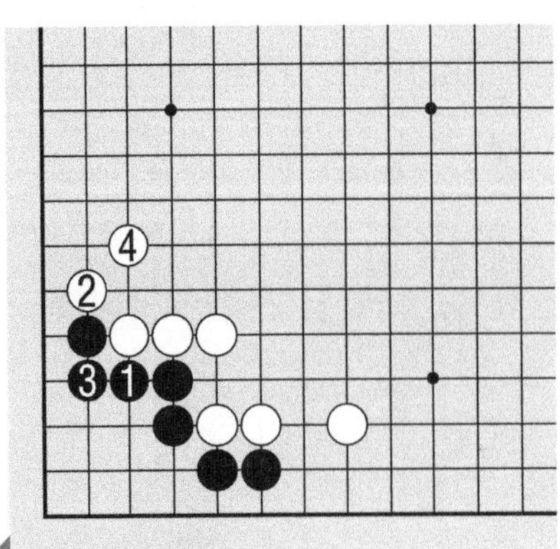
图 3　失败

图 3　失败

黑 1 挡不好，白 2 扳时，黑 3 需要粘，其后白 4 如果虎，白棋就不存在正解图中 A 位的弱点了。

问题 21 ▶▶

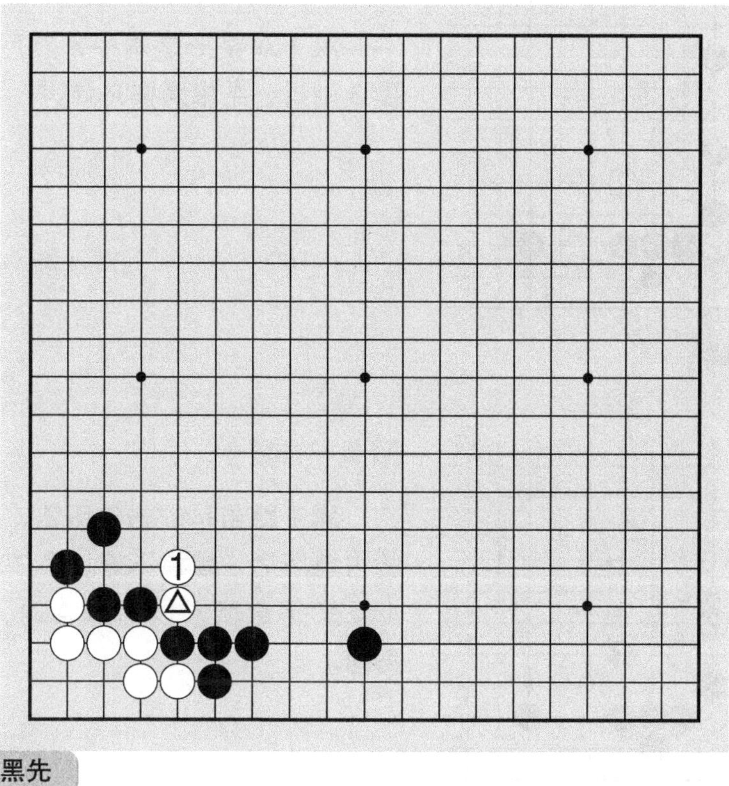

黑先

白 1 长，出动㊂一子。目前黑棋左侧四子比较弱，那么请问黑棋应如何补棋?

问题 21 解答

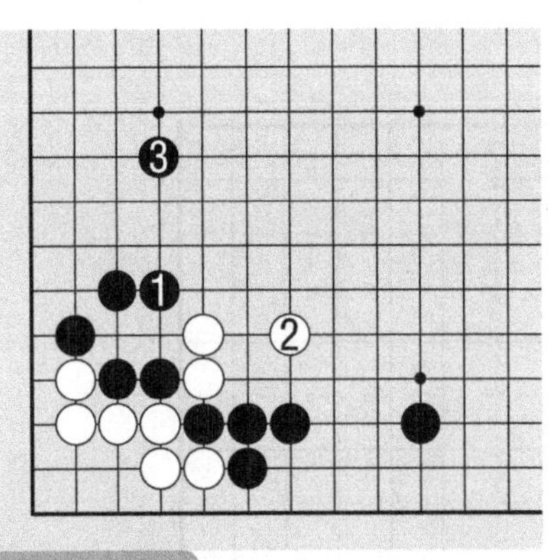

图 1　正解

图 1　正解

黑 1 双整形是本手，其后白 2 跳，黑 3 则拆，结果黑棋充分。

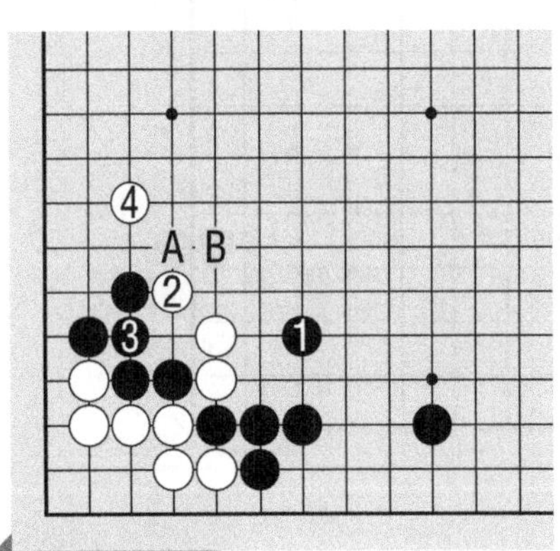

图 2　失败 1

图 2　失败 1

黑 1 跳虽是攻击性手法，但被白 2 抢占急所后，黑棋不好。黑 3 粘时，白 4 逼又是急所，以后黑 A 时，白 B 应即可。

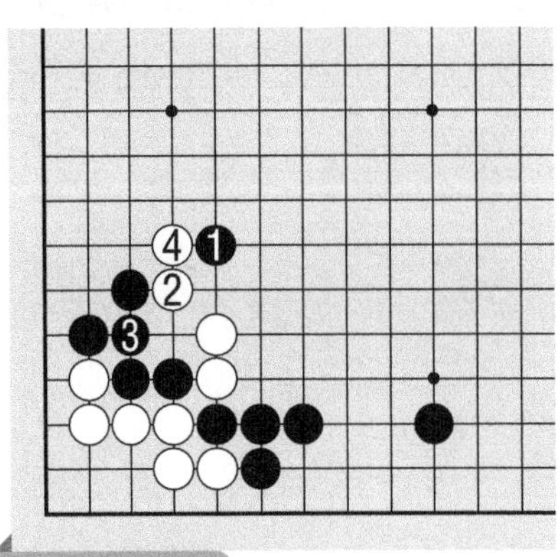

图 3　失败 2

图 3　失败 2

黑 1 飞同样不是急所，白 2 尖，黑 3 时，白 4 突破，黑棋形崩溃。

问题 22

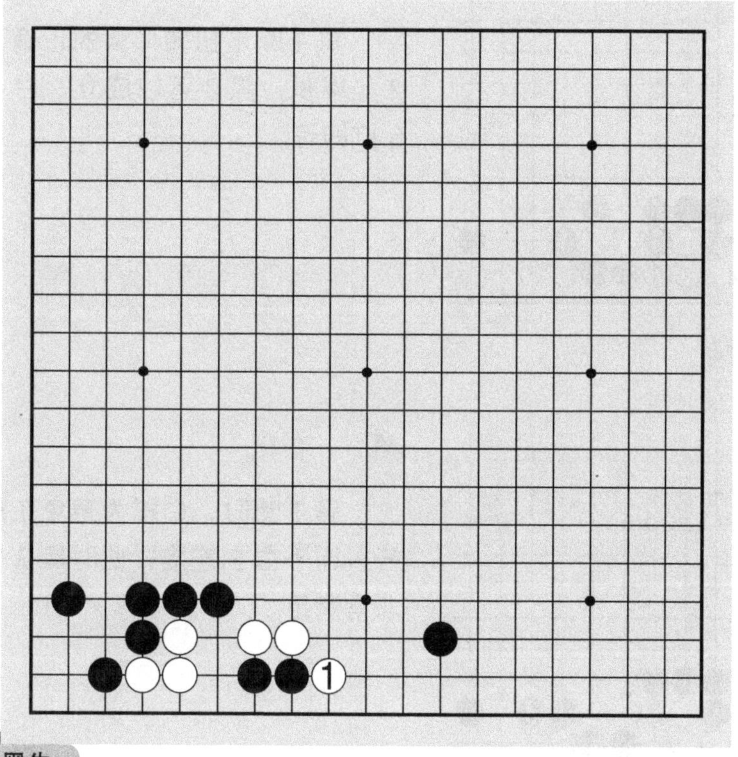

黑先

白 1 扳时，黑二子看似危险，但只要黑棋次序正确，完全可以扭转局势。请问黑棋应如何下？

问题 22 解答

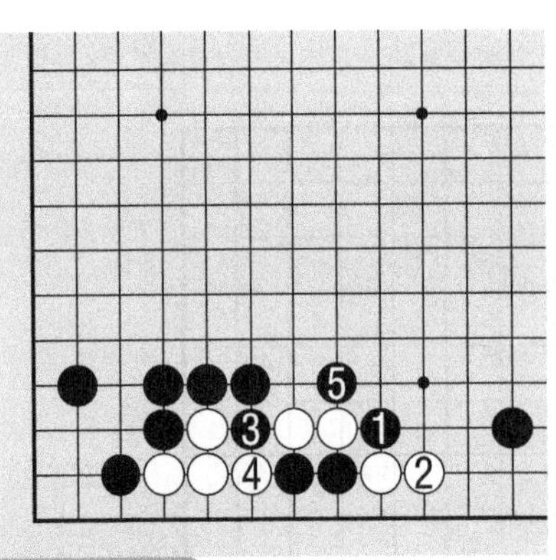
图 1　正解

图 1　正解

黑 1 断是扭转形势的正确下法，白 2 如果长，黑 3 可以成立，白 4 时，黑 5 打即可。

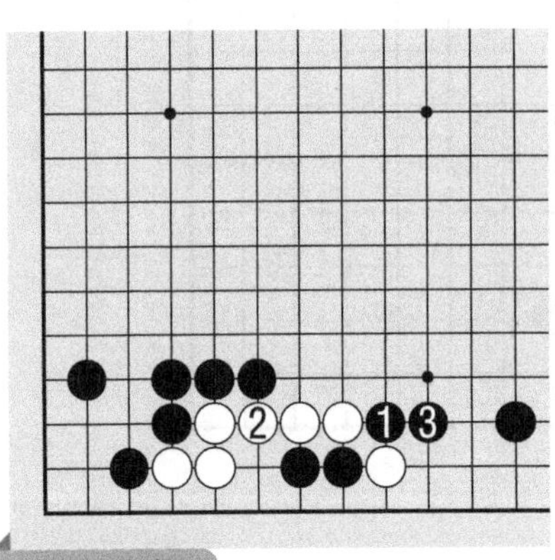
图 2　变化

图 2　变化

黑 1 断时，白棋为避免正解图的进行，而于白 2 连接，此时黑 3 长，黑棋非常满足。

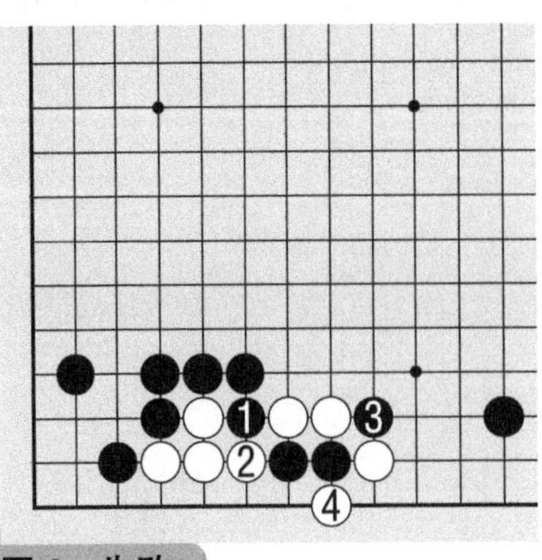
图 3　失败

图 3　失败

黑 1 先冲次序错误，白 2 后，黑 3 再断时，白 4 打，黑二子被吃。

问题 23

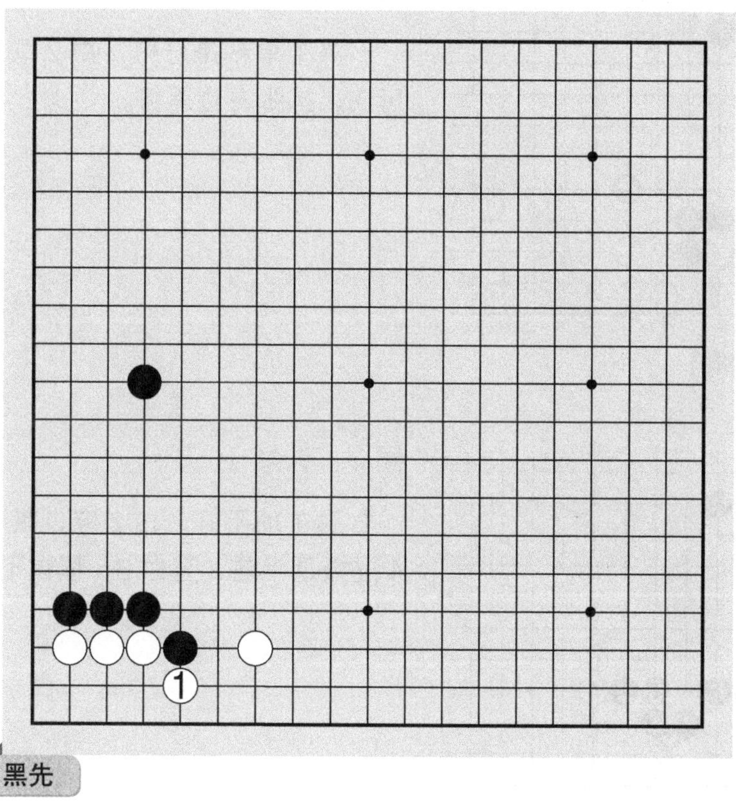

白 1 扳时，黑棋欲在此定形，请问黑棋应如何下？

问题 23 解答

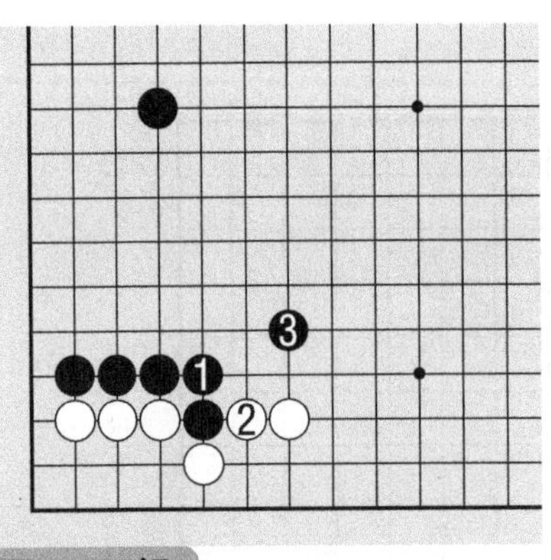

图 1　正解

图 1　正解

黑 1 单粘是好棋，白 2 联络，黑 3 可飞，扩张左边黑势。

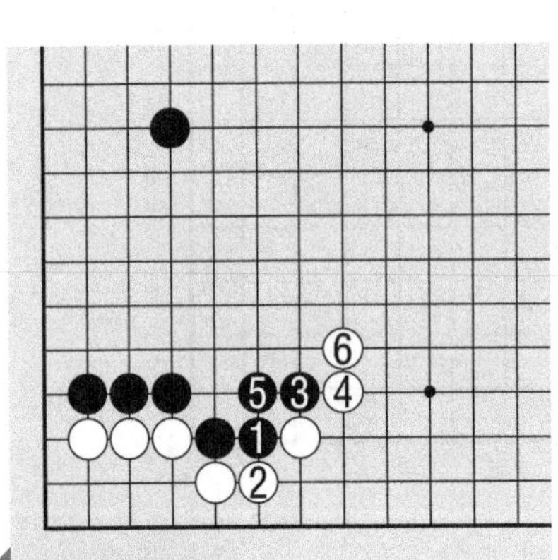

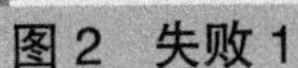

图 2　失败 1

图 2　失败 1

黑 1 顶不好，白 2 应，黑 3 扳，白 4 连扳是手筋，至白 6，黑棋不利。

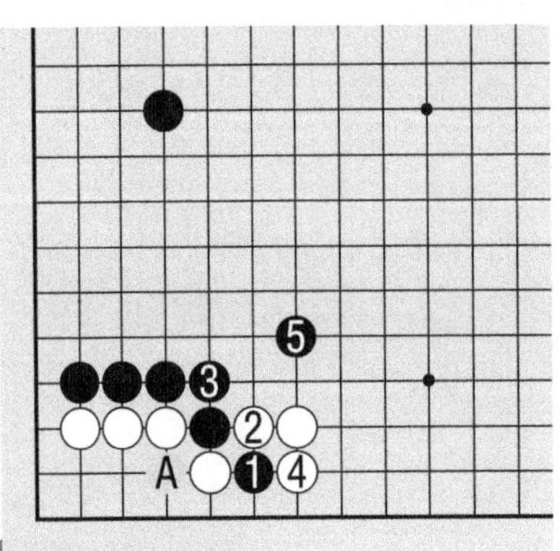

图 3　失败 2

图 3　失败 2

黑 1 扳，白 2 断打，黑 3 粘，至黑 5，黑棋白送一子，当然不好。以后黑棋不过是利用 A 位的先手，在官子上捞点小便宜。

问题 24

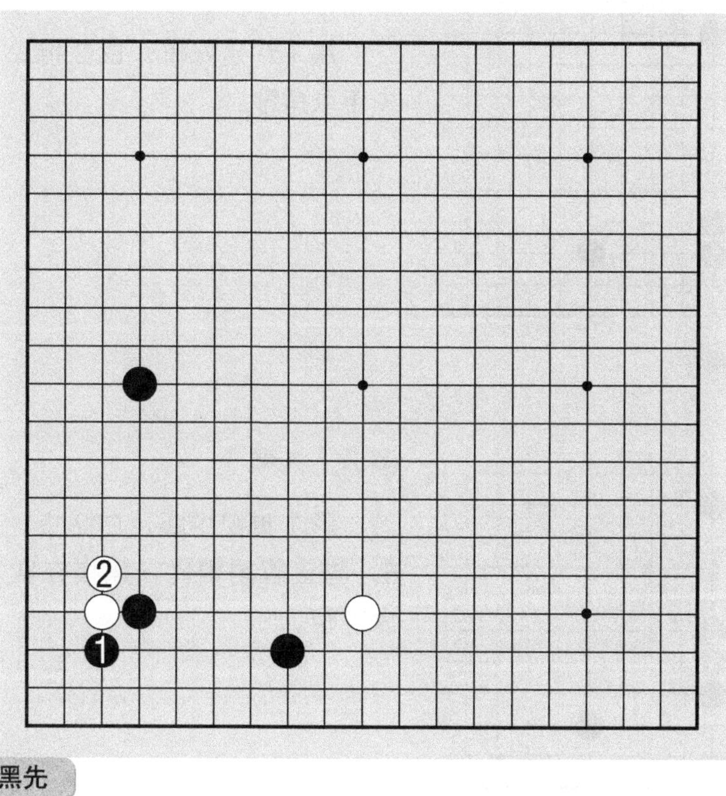

黑先

黑 1 扳，白 2 退时，黑棋欲在攻击白二子的同时捞取实地。请问黑棋应如何下？

问题 24 解答

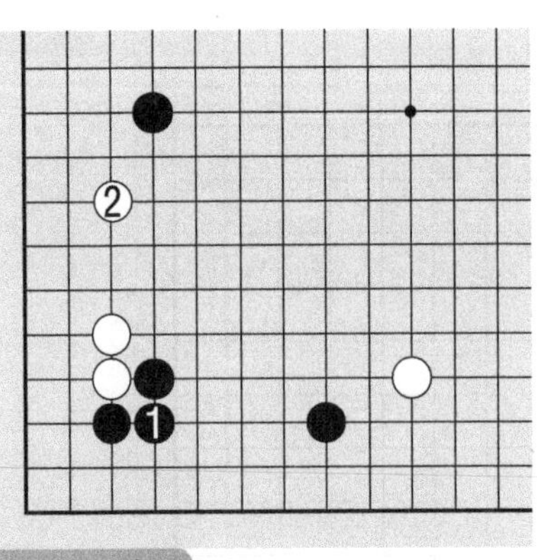

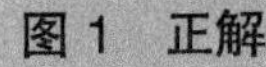

图 1 正解

图 1　正解

黑 1 粘是好棋，白 2 拆二，黑棋可先手取角地。

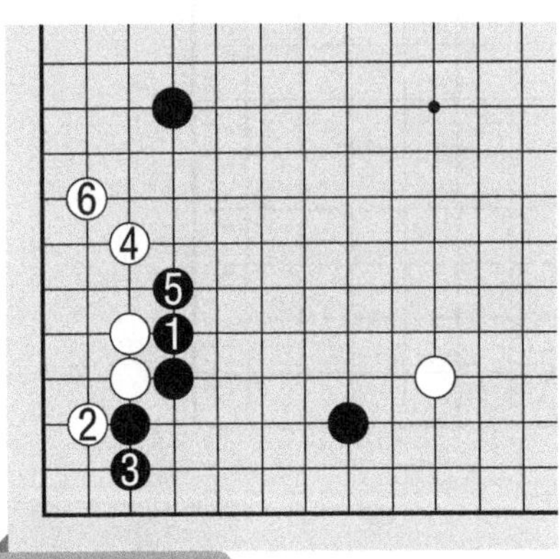

图 2 失败 1

图 2　失败 1

黑 1 重视中腹，白 2 扳，以下至白 6，与正解图相比，黑棋在实地上有很大差距。

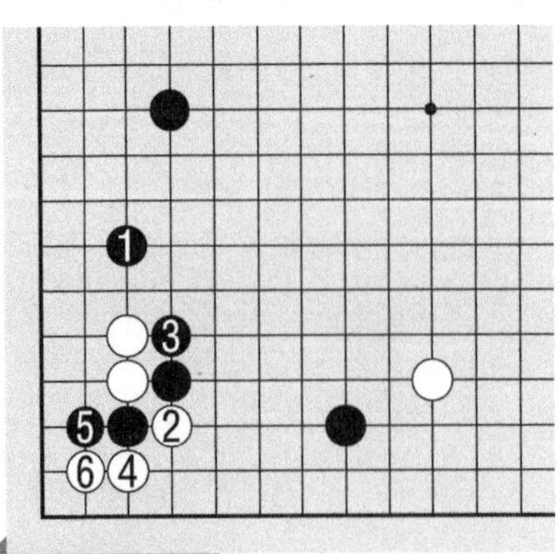

图 3 失败 2

图 3　失败 2

黑 1 逼攻是最差的下法，白 2 立即断是好棋，以下进行至白 6，白棋可以吃住黑二子而获取安定。

问题 25

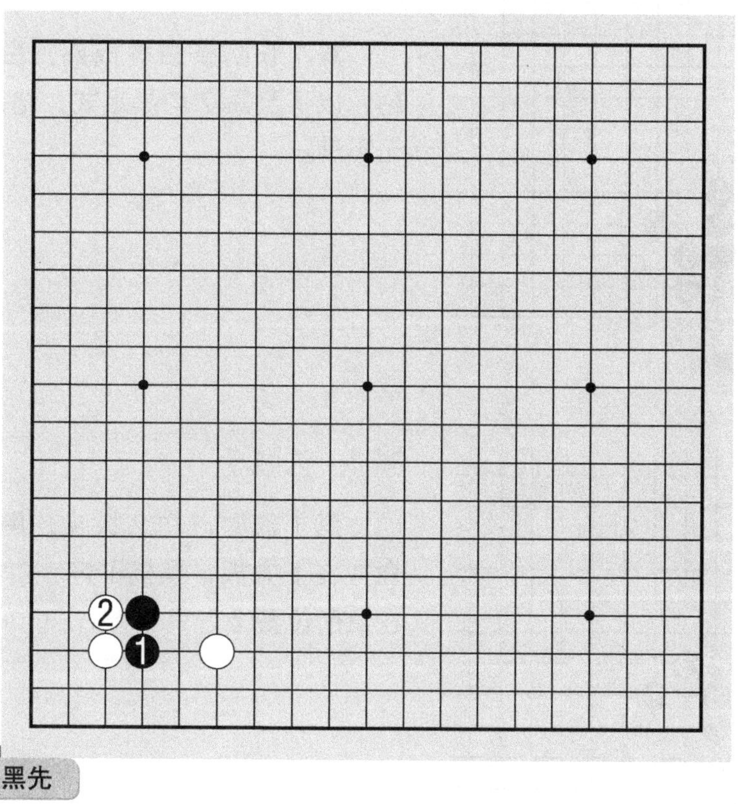

黑先

黑 1 挡，白 2 长，其后黑棋是扳二子头，还是防备白棋扳二子头？请问黑棋应如何选择？

问题 25 解答

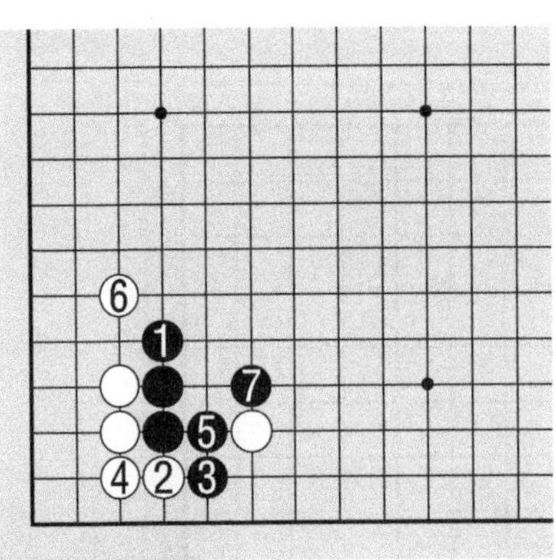
图 1 正解

图 1 正解

黑 1 长防备白棋扳头，白 2、4 扳粘，以下至黑 7 均是定式，结果双方均无不满。

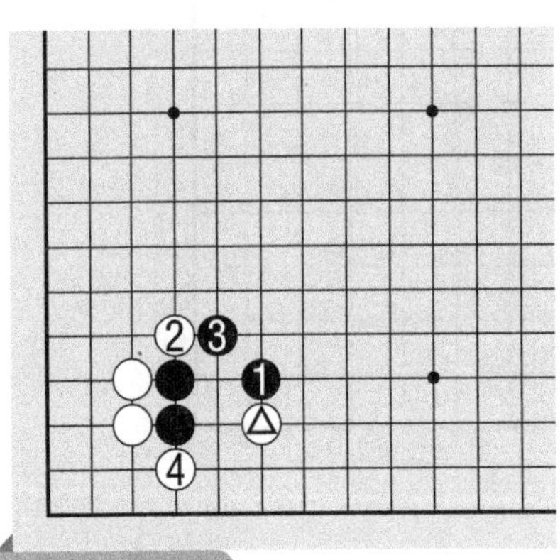
图 2 失败 1

图 2 失败 1

黑 1 靠时，白 2 扳头，黑 3 若虎，白 4 在下方扳，黑棋不好。白△一子恰在急所位置上。

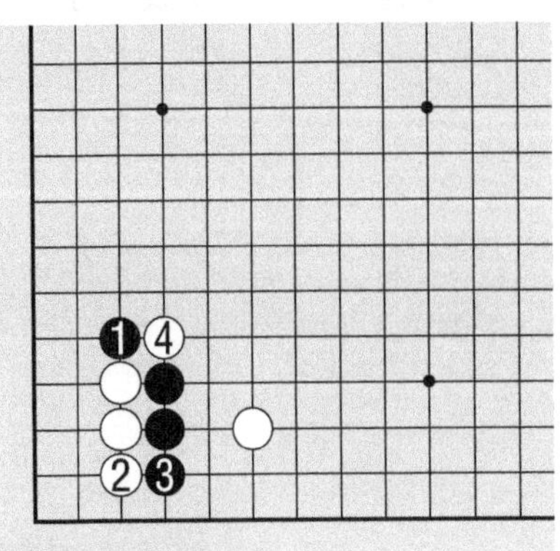
图 3 失败 2

图 3 失败 2

黑 1 扳头仍然不可取，白 2 下立，黑 3 挡时，白 4 断是好次序，以后不论黑棋如何变化，结果都不好。

问题 26

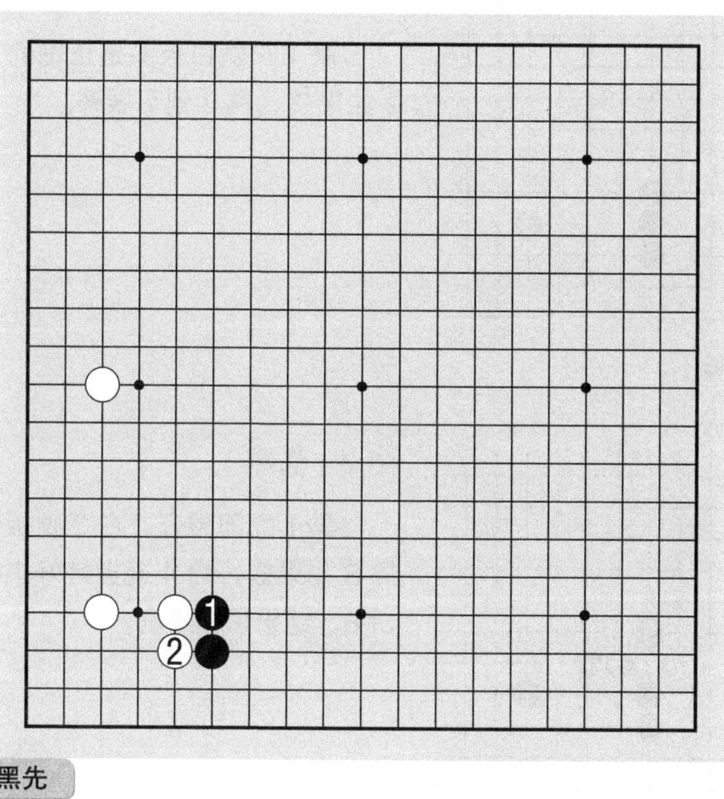

黑先

黑 1 长时，白 2 挡，其后黑棋必须补棋，请问其有效的补法是什么？

问题 26 解答

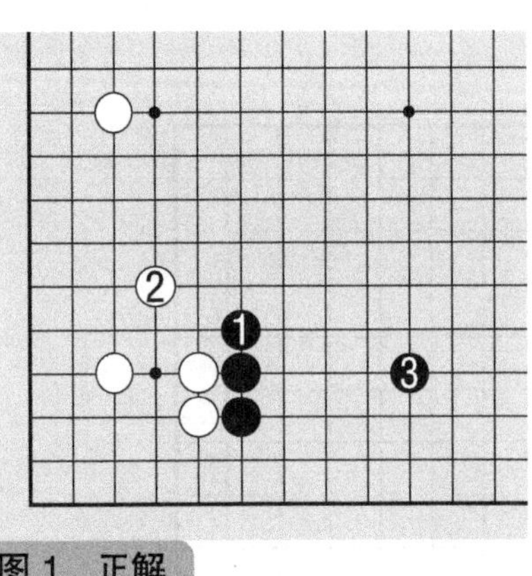

图 1　正解

图 1　正解

黑 1 长防白扳头是正确的，此时白 2 如果飞，黑 3 则可展开。

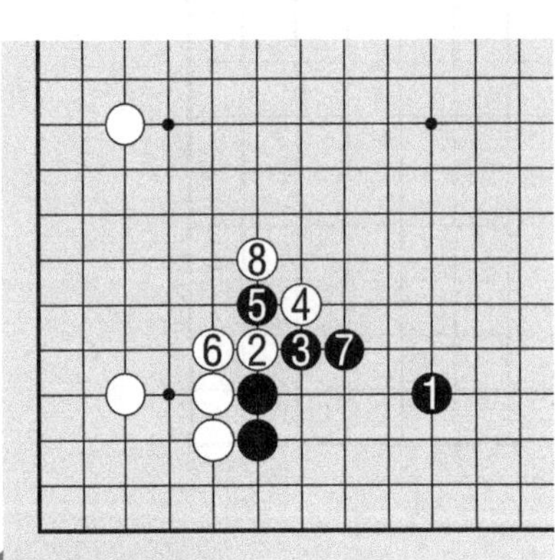

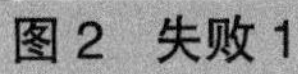

图 2　失败 1

图 2　失败 1

黑 1 立即展开，白 2 则扳头，其后黑 3 如果扳，白 4 连扳是好棋，以下至白 8，结果黑棋不利。

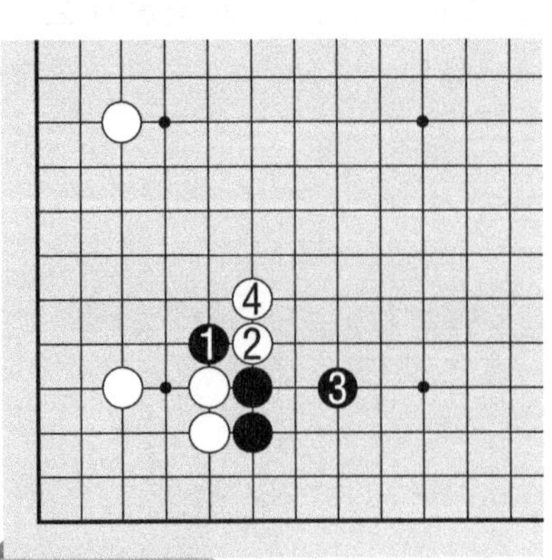

图 3　失败 2

图 3　失败 2

黑 1 扳虽是急所，但由于白棋在左边比较强，因而黑棋无理。白 2、4 之后，黑棋白送一子。

问题 27

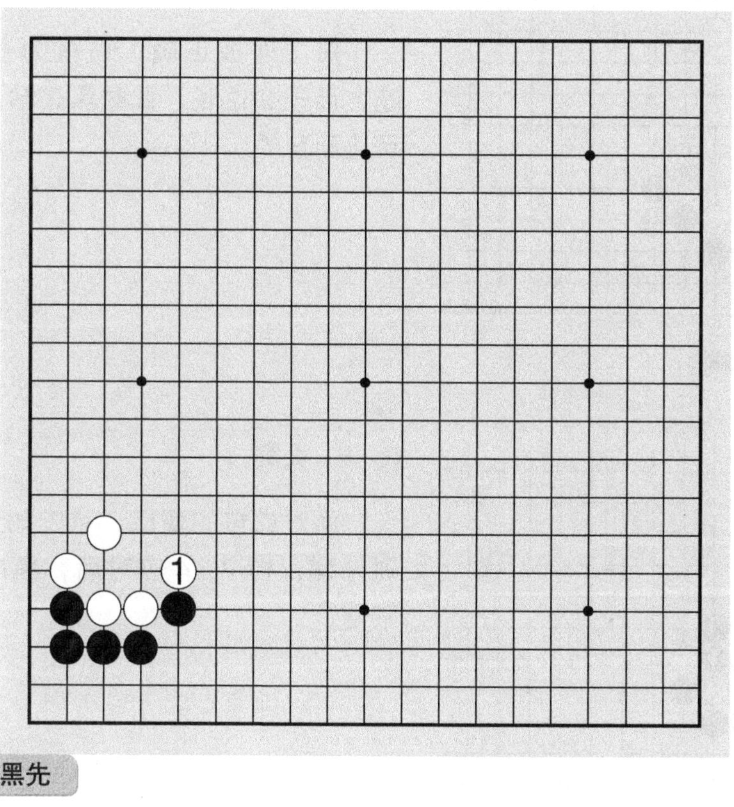

黑先

白 1 扳时，黑棋需寻求有力的手段。请问黑棋应该如何下？

问题 27 解答

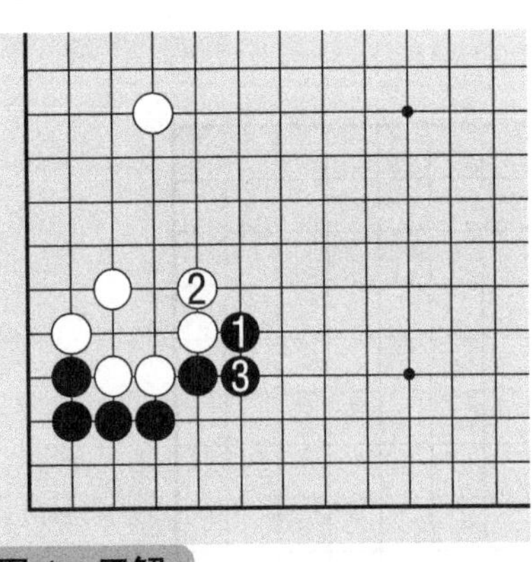
图 1　正解

图 1　正解

黑 1 连扳正确，白棋为避免被双吃，而于 2 位长，此时黑 3 粘，黑棋即可达到目的。

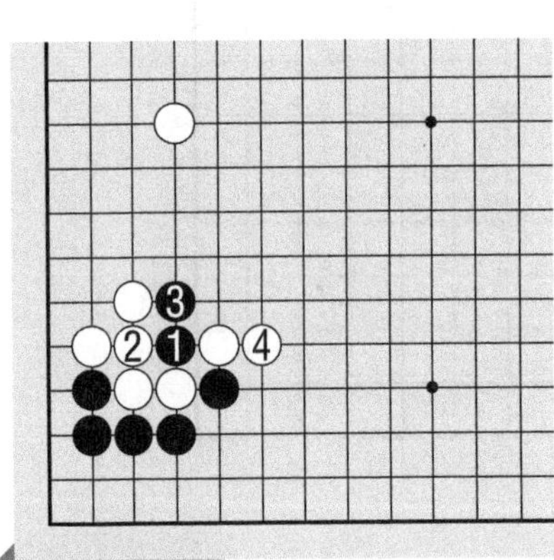
图 2　失败 1

图 2　失败 1

面对白棋的弱点，黑 1 如立即断打则无理，白 2、4 应对后，黑二子行动不便。

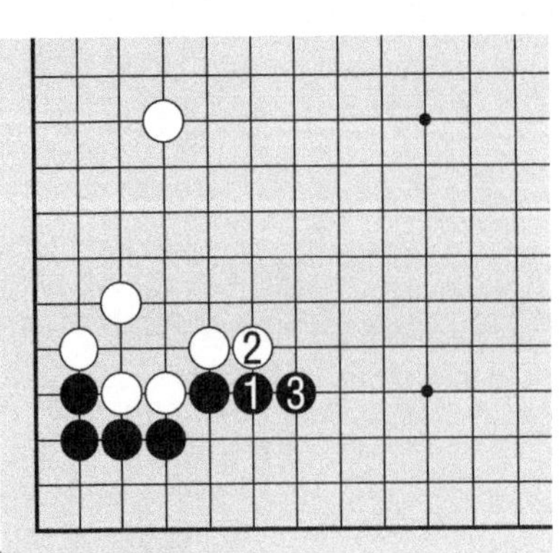
图 3　失败 2

图 3　失败 2

黑 1 长是最易考虑到的，但在本图中多少有点不尽如人意，以下白 2、黑 3，与正解图相比差别很大。

问题 28

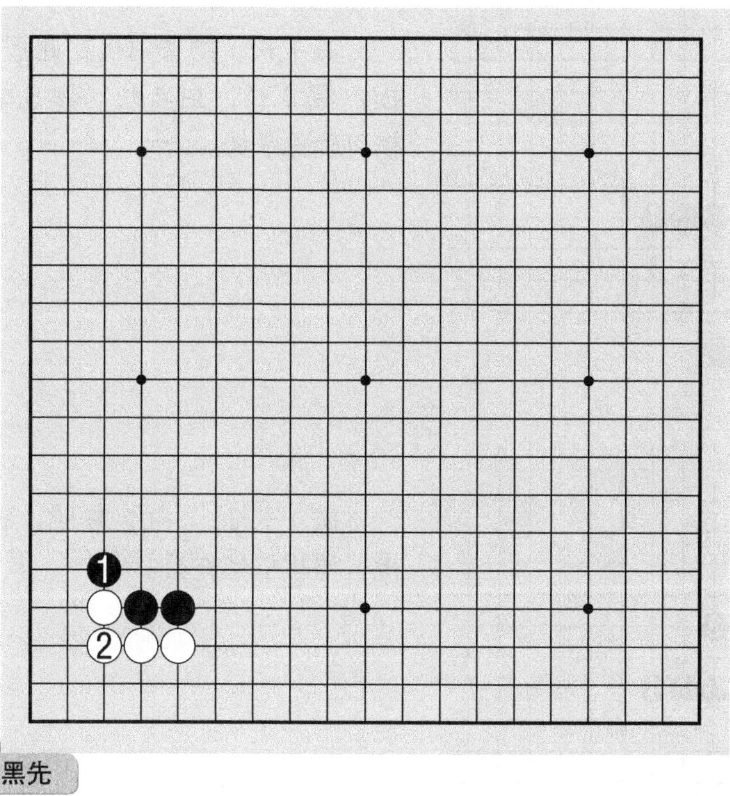

黑先

黑 1 扳，白 2 粘时，黑棋必须花一手棋整形。请问在目前形势下，黑棋应如何下？

问题 28 解答

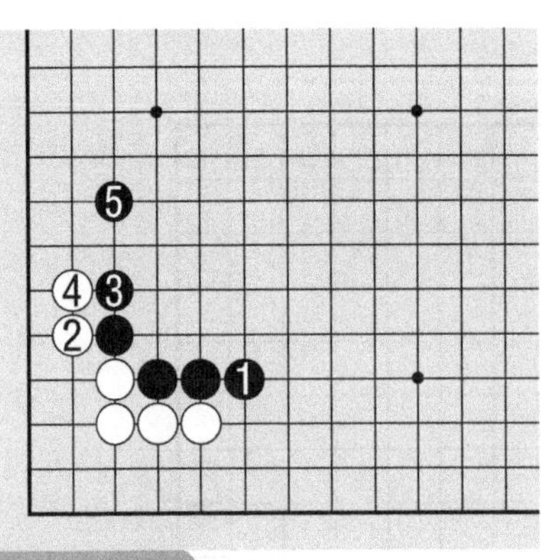

图 1　正解

图 1　正解

黑 1 长，防备白棋在此扳头，白 2 扳，黑 3 长，白 4 长，黑 5 单跳，黑棋可确保厚势。

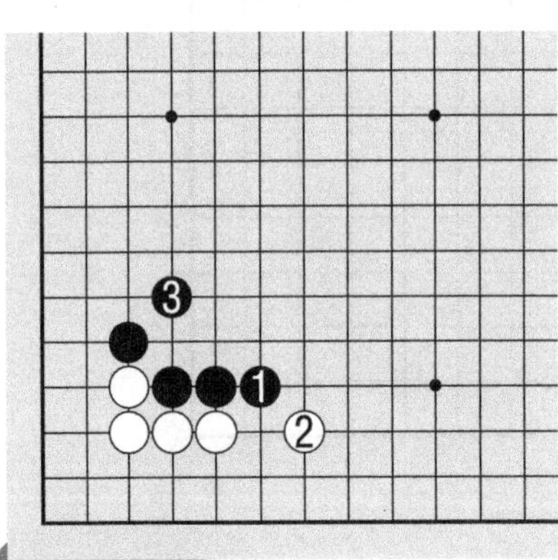
图 2　变化

图 2　变化

黑 1 长时，白 2 若跳，此时黑 3 虎，黑棋仍然充分。

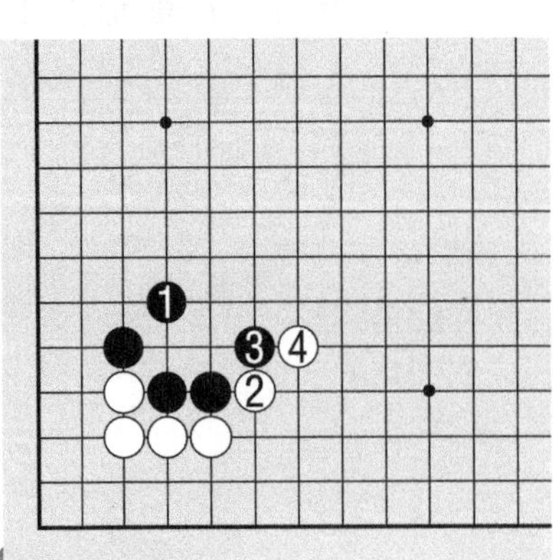
图 3　失败

图 3　失败

黑 1 虎看似急所，被白 2 扳头后，黑棋痛苦。黑 3 时，白 4 连扳是准备好的强手，黑棋不满。

问题 29 ▶▶

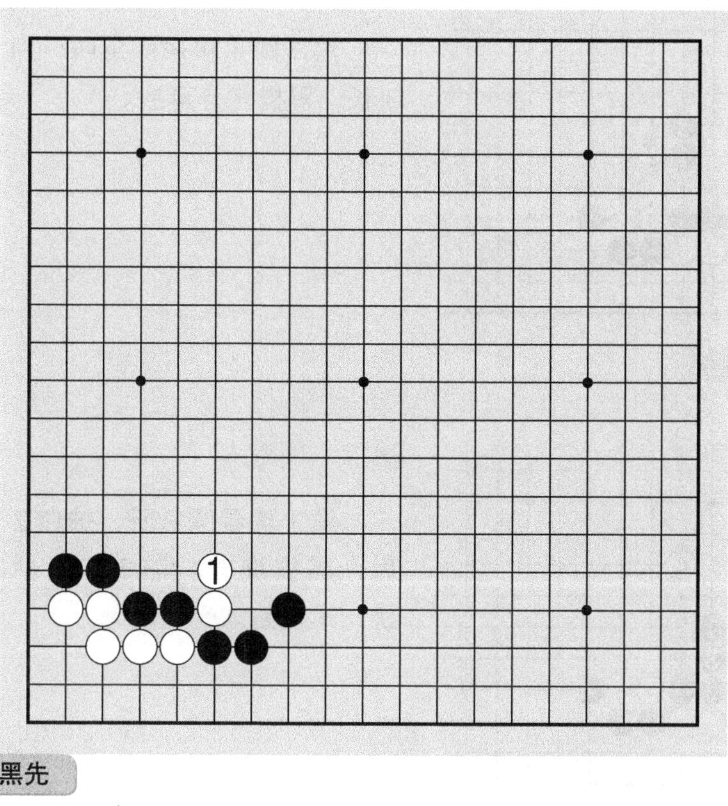

黑先

白 1 长时，黑棋必须补断，请问黑棋如何补棋才最佳?

问题 29 解答

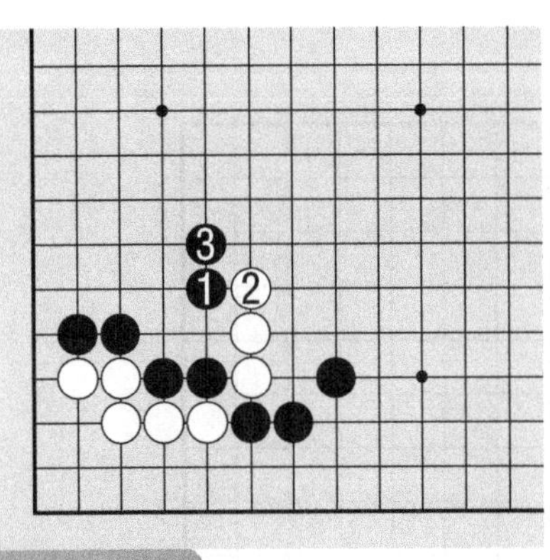

图 1　正解

图 1　正解

黑 1 跳是棋形的急所，白 2 时，黑 3 长，黑棋充分可战。

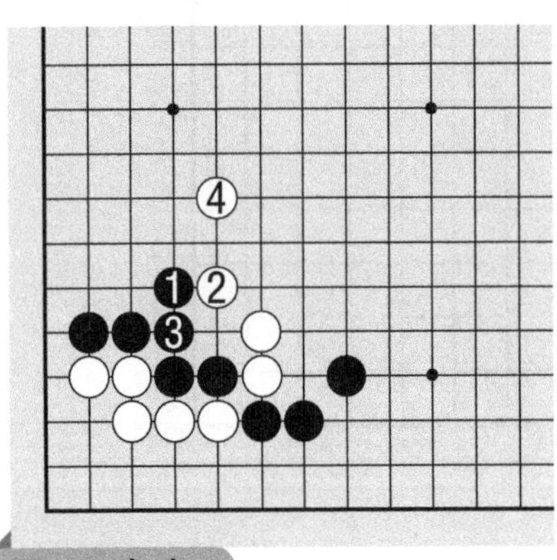
图 2　失败 1

图 2　失败 1

黑 1 虎看似急所，被白 2 先手利用后，黑棋痛苦。黑 3 必须粘，白 4 再跳，黑棋整体受攻。

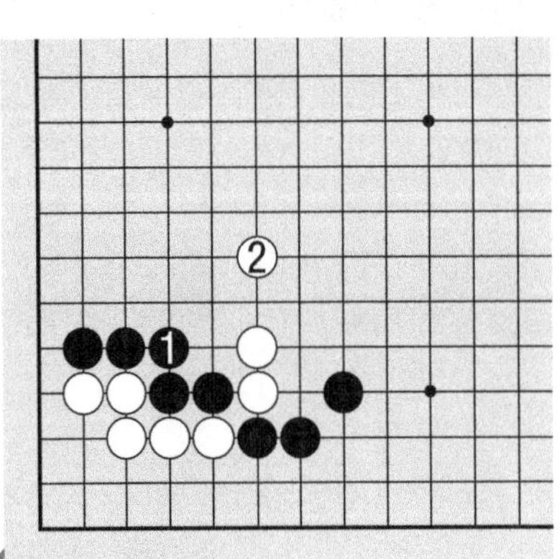
图 3　失败 2

图 3　失败 2

黑 1 单粘则太重，因而不可取。白 2 单跳后，黑棋当然不利。

问题 30

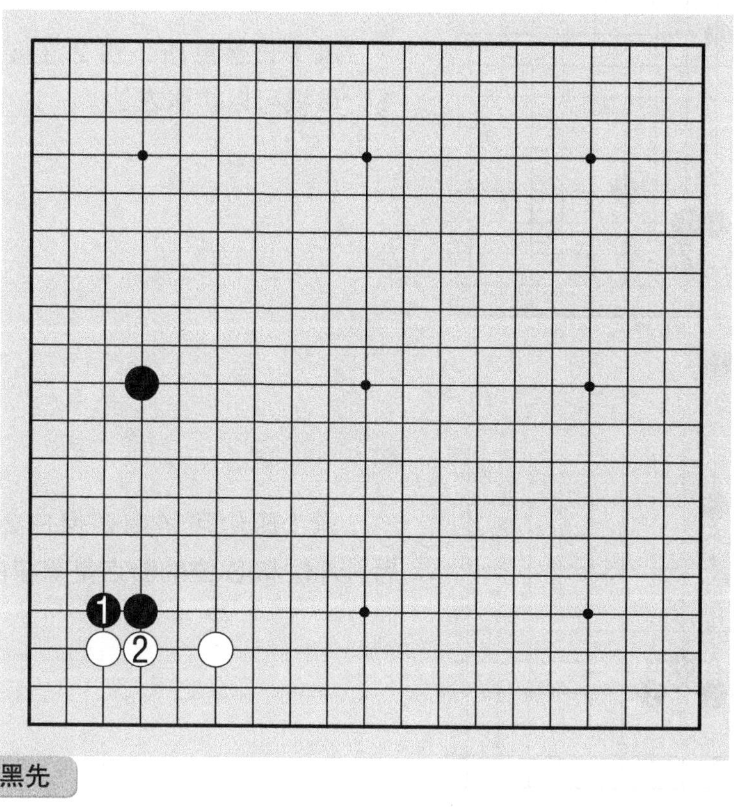

黑先

黑 1 挡，白 2 联络，其后黑棋需在这里走棋，请问其正确下法是什么?

问题 30 解答

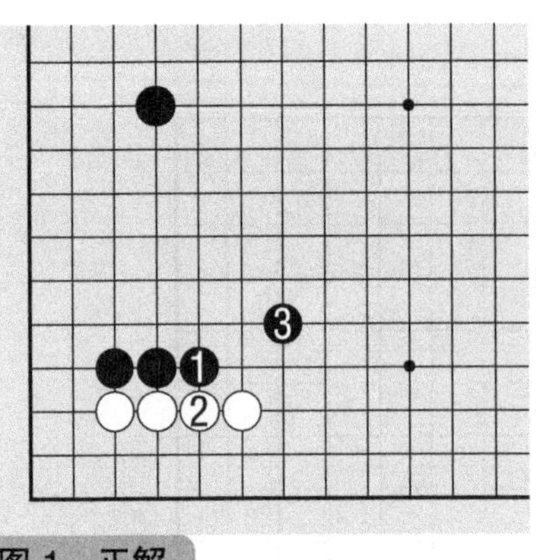

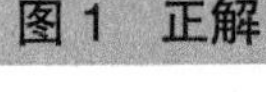

图 1 正解

黑 1 长是急所，白 2 连接时，黑 3 飞，黑棋可以扩张左边。

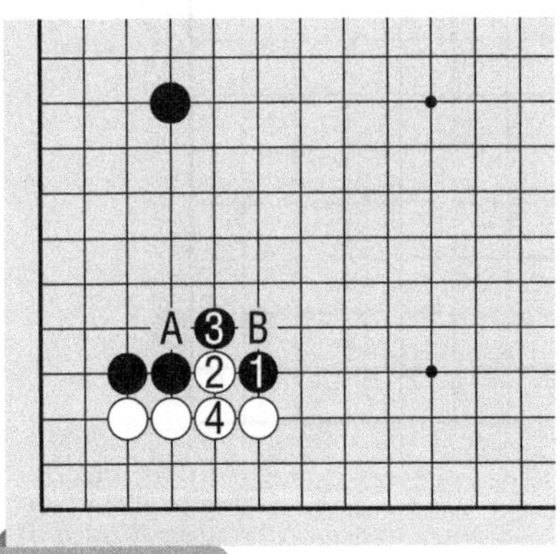

图 2 失败 1

图 2 失败 1

黑 1 压似可考虑，但白 2、4 挖接后，A 位和 B 位的断点是黑棋的负担。

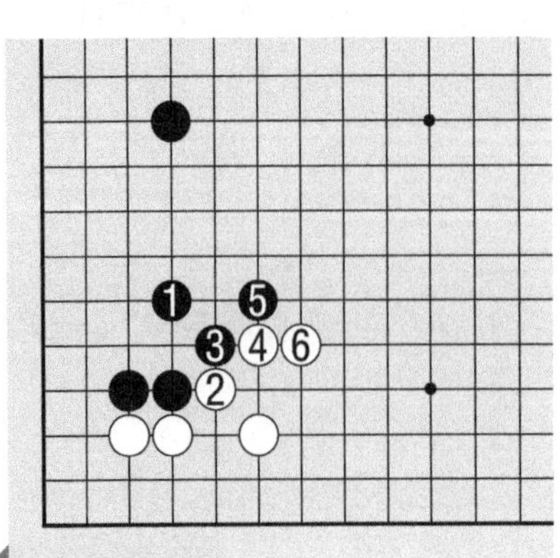

图 3 失败 2

图 3 失败 2

黑 1 单跳同样不可取，白 2 虎是急所，以下进行至白 6，黑棋与正解图相比差别很大。

问题 31

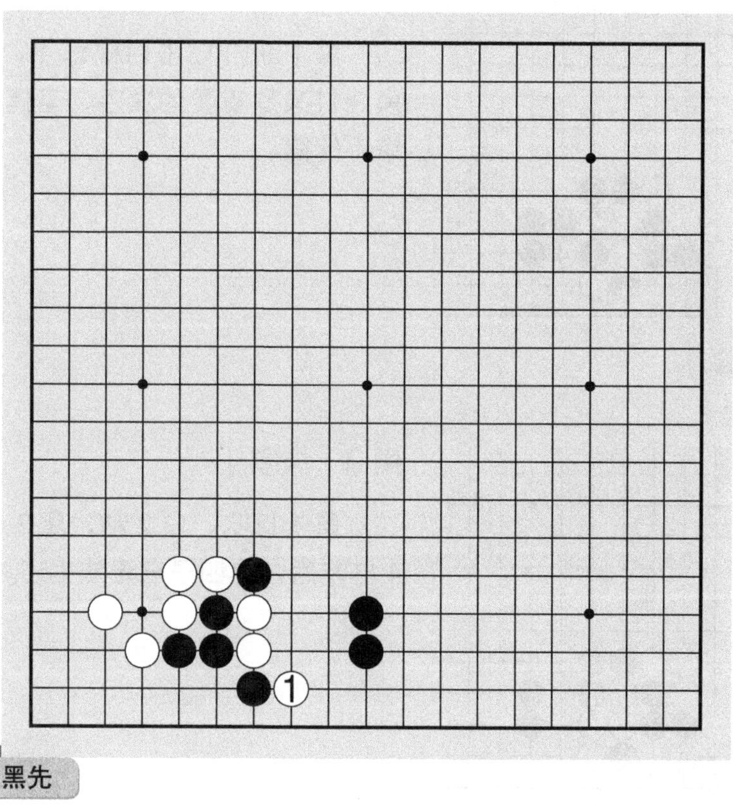

黑先

白 1 扳后，边上黑四子看似已经被吃，但白棋同样存在致命的弱点，黑棋不应轻易放弃。请问黑棋应如何下?

问题 31 解答

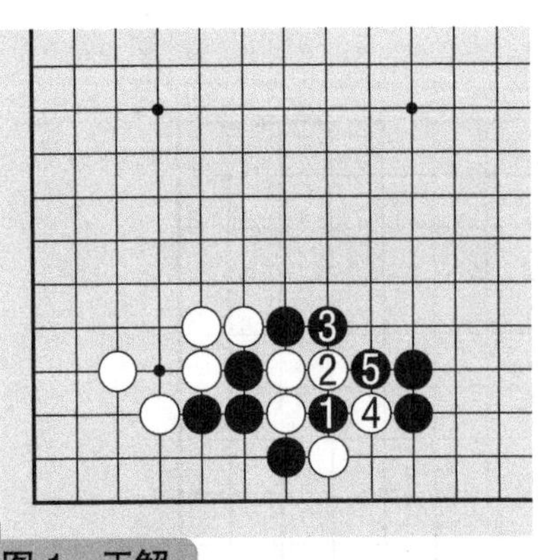

图 1　正解

图 1　正解

黑 1 断打攻击白棋弱点，白 2 时，黑 3 打又是重要的次序，至黑 5，白棋束手就擒。

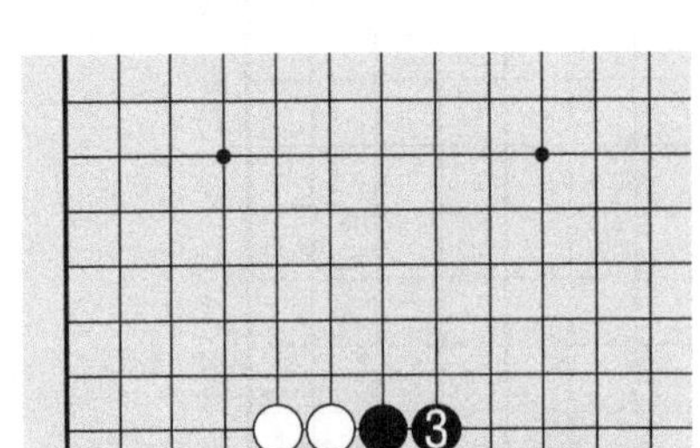

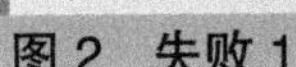

图 2　失败 1

图 2　失败 1

黑 1 打吃，白 2 粘，黑 3 也粘，白 4 打吃后，黑四子已无法生还。

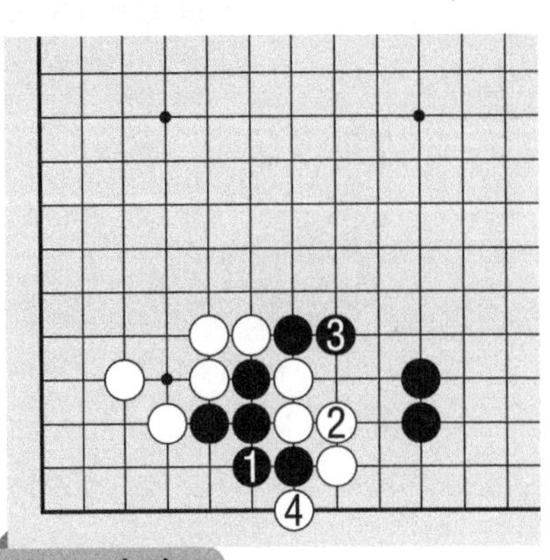

图 3　失败 2

图 3　失败 2

黑 1 粘同样是错误的，白 2 粘后，至白 4 扳，黑四子仍然被吃。

问题 32

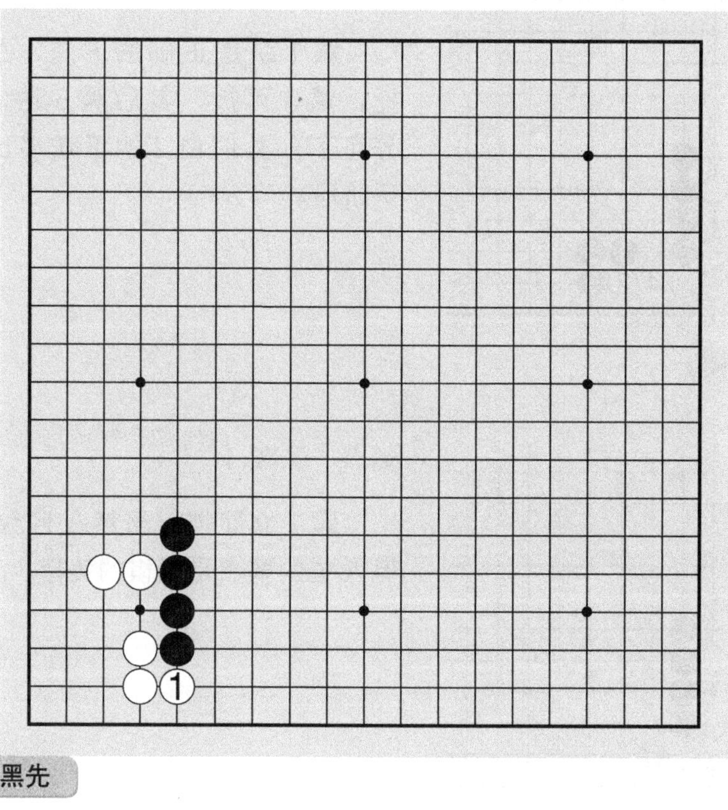

黑先

白 1 拐头，黑棋现在须阻止白棋向边上发展。请问黑棋应如何下？

问题 32 解答

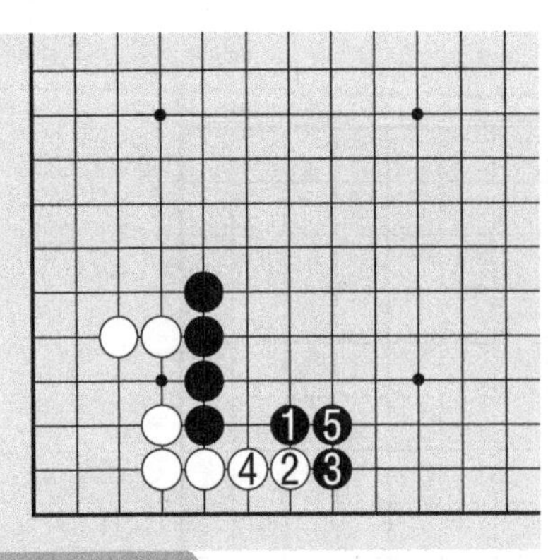

图 1　正解

图 1　正解

黑 1 跳是正确的下法，白 2 如果托，黑 3 可扳，其后黑 5 粘，黑棋充分可下。类似白 2 的下法多出现在官子阶段。

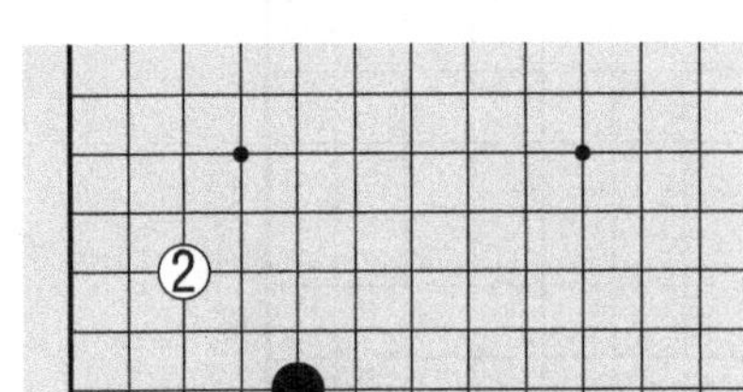

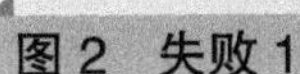

图 2　失败 1

图 2　失败 1

黑 1 立即挡，虽然在目数上不损，但 A 位的弱点是黑棋的负担。

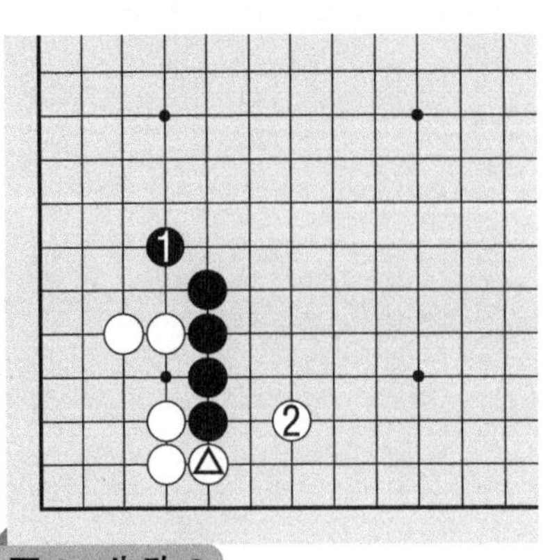

图 3　失败 2

图 3　失败 2

白△时，黑棋如果不正面应一手，而于黑 1 尖，白 2 飞出后，黑棋不利。

问题 33

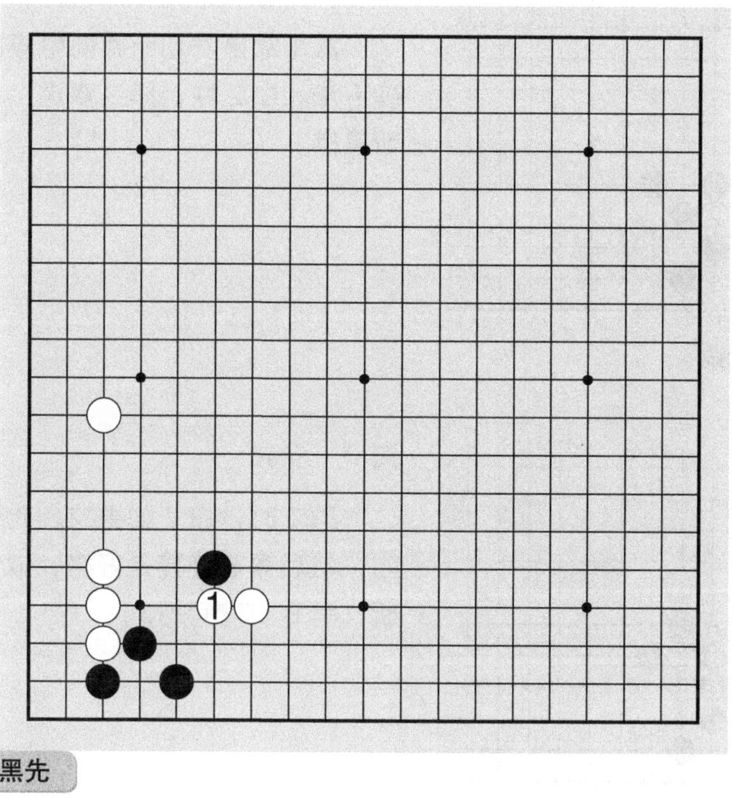

黑先

白 1 试图冲断黑棋，黑棋如何应才能保持向中腹出头?

问题 33 解答

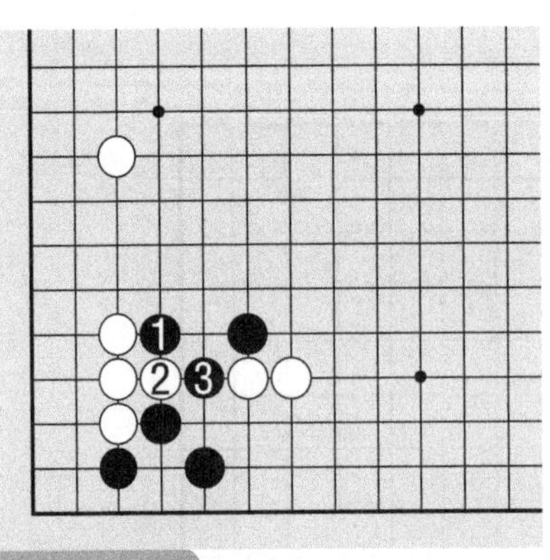

图 1　正解

图 1　正解

黑 1 靠是防切断并向中腹出头的正确下法。白 2 冲，黑 3 双虎，白无法切断黑棋。

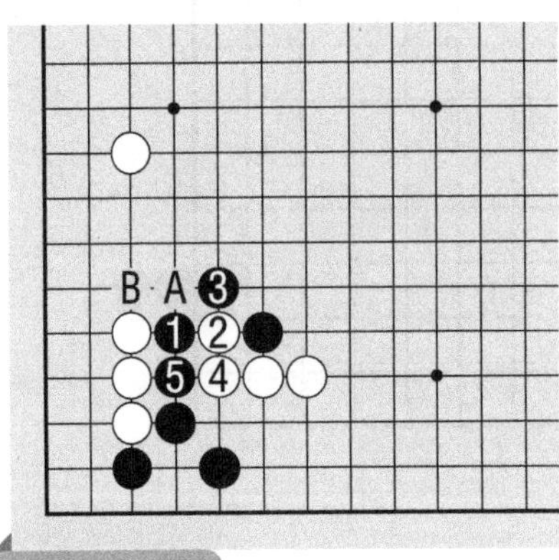

图 2　变化

图 2　变化

黑 1 时，白 2 如果挖，此时黑 3 打吃，然后黑 5 连接是好棋，以后如白 A 断，黑 B 打吃可行。

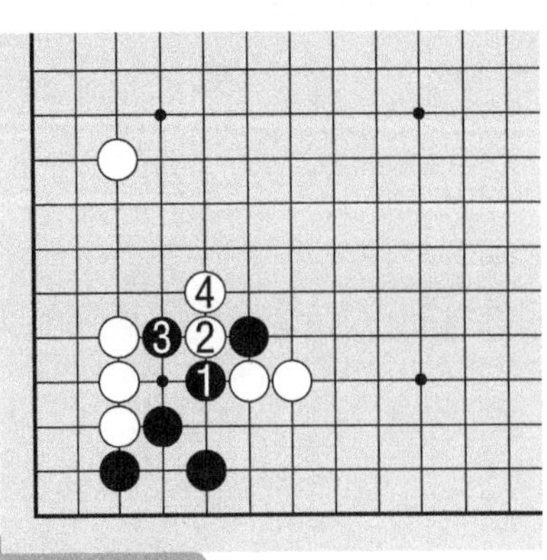

图 3　失败

图 3　失败

黑 1 挡，白 2 断，黑 3 打吃，白 4 长，黑棋不好应。

问题 34

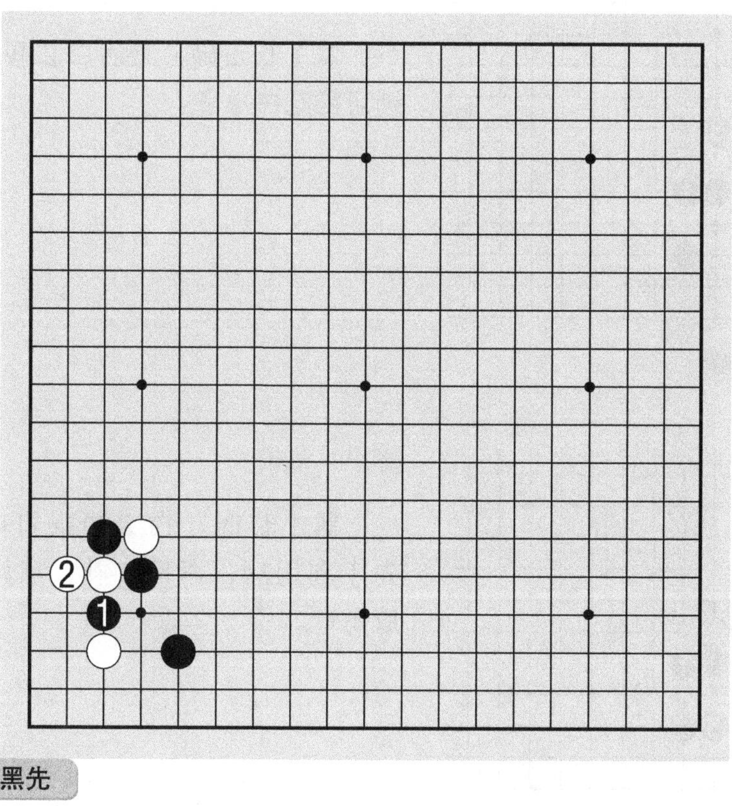

黑 1 打吃，白 2 下立，其后黑棋必须对目前比较散乱的棋形进行整理。那么请问黑棋应该如何下？本题中黑棋征子有利。

问题 34 解答

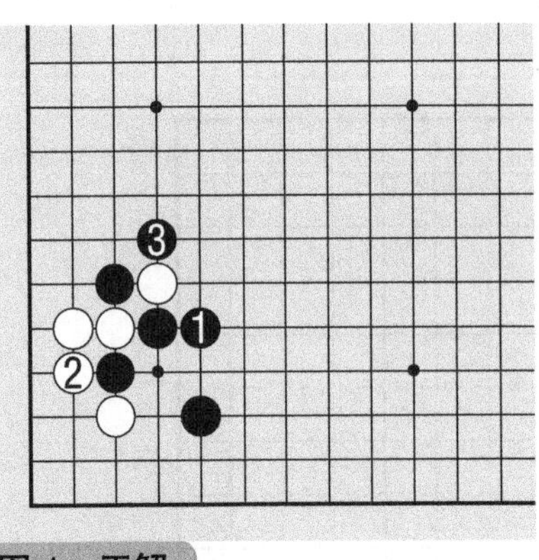
图 1　正解

图 1　正解

黑 1 长正确，其后白 2 联络，黑 3 则可征吃白一子。

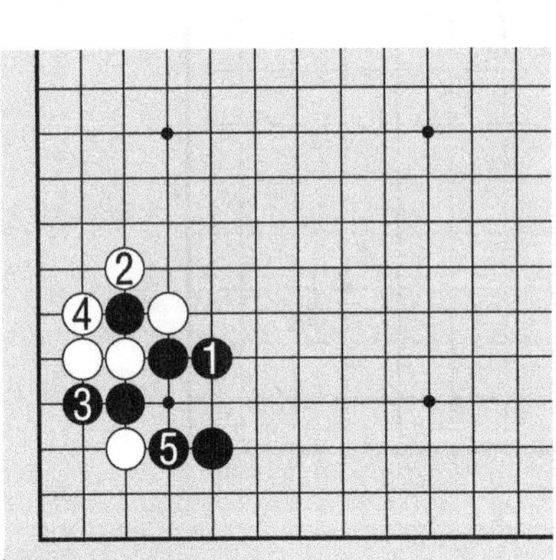
图 2　变化

图 2　变化

黑 1 长时，白 2 如果打吃，黑 3 先手利用后，再黑 5 补，黑棋可以占取角地。

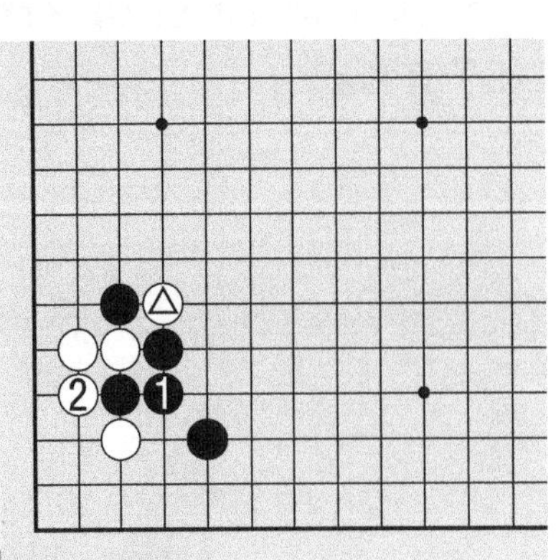
图 3　失败

图 3　失败

黑 1 粘，白 2 联络后，由于黑棋对切断己方的白△一子缺少攻击手段，黑棋困难。

问题 35

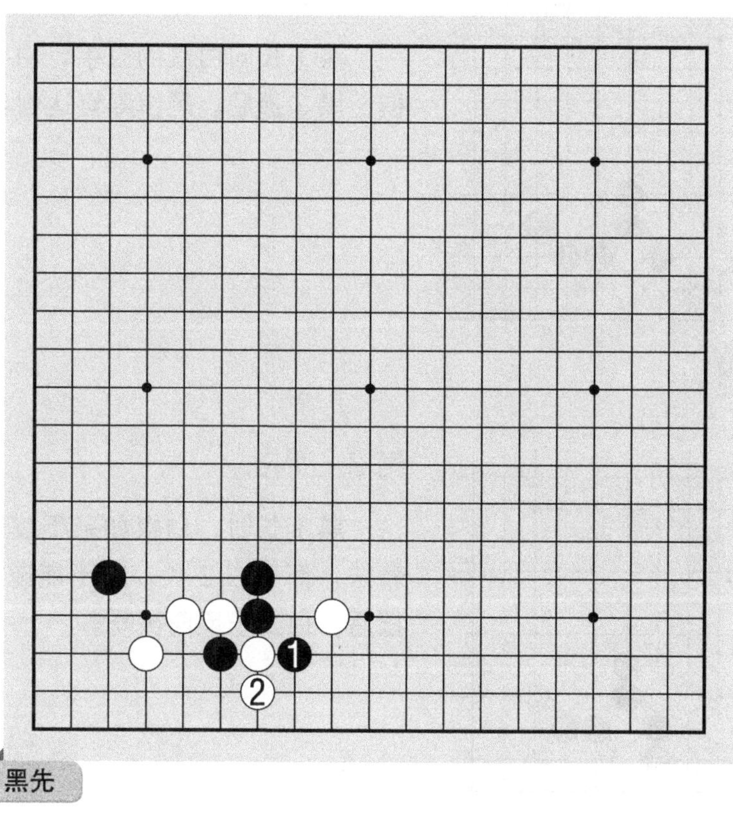

黑先

黑 1 打吃，白 2 立，其后黑棋应利用已被白棋吃住的黑一子而有所收获。请问黑棋应该如何下?

问题 35 解答

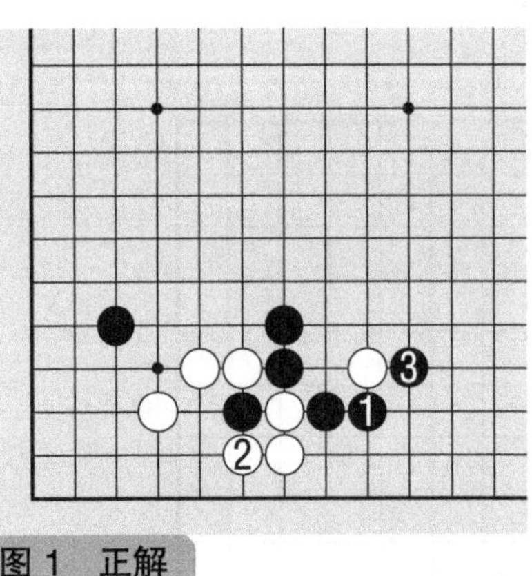
图 1　正解

图 1　正解

黑 1 长问白棋的应手，白 2 必须补棋，黑 3 扳后，黑棋即可达到目的。

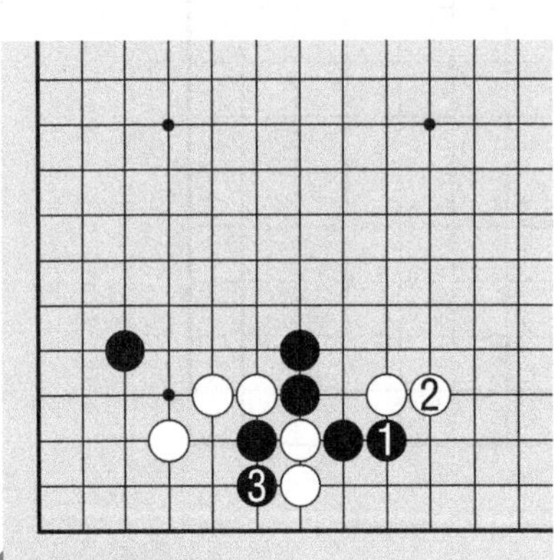
图 2　变化

图 2　变化

黑 1 长时，白棋如果不按正解图的着法，而于白 2 长，则不能成立，黑 3 挡后，白二子反而被吃。

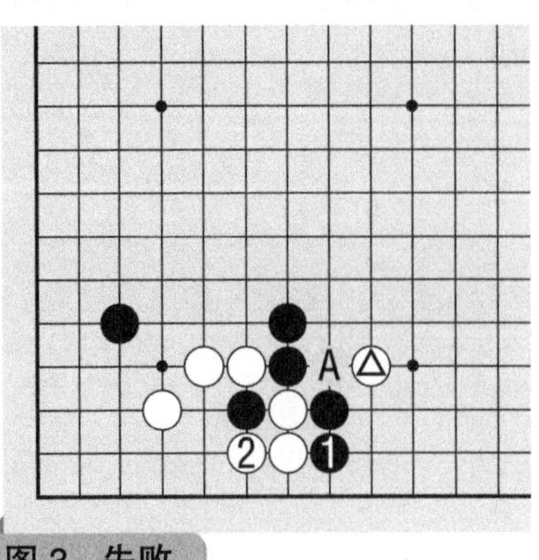

图 3　失败

图 3　失败

黑 1 先挡缺少思考，白 2 打吃后，黑棋对白△一子缺少有效的控制手段，而且 A 位仍是黑棋的负担。

问题 36

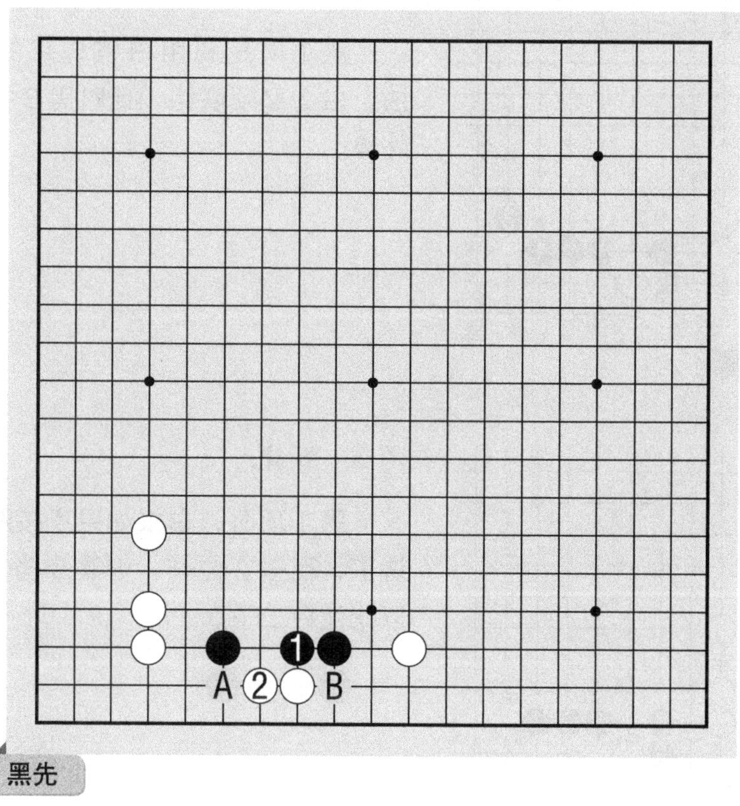

黑先

黑 1 挡，白 2 长。白棋可以通过 A 位或 B 位来取得联络。那么黑棋如何利用白棋的弱点来获取利益，其有效的手段是什么？

问题 36 解答

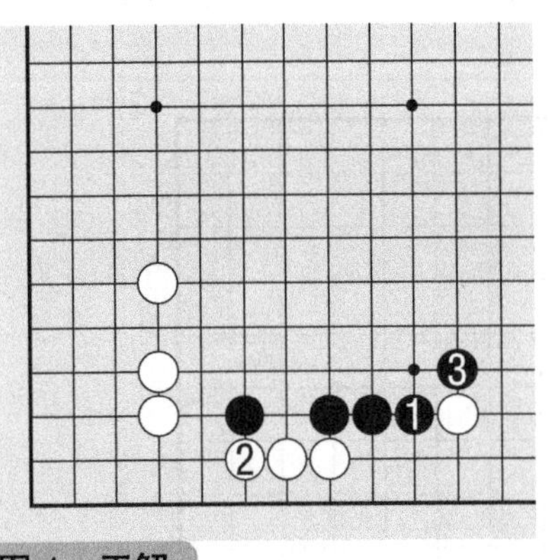
图 1　正解

图 1　正解

黑 1 顶是利用白棋弱点的正确下法，白 2 必须联络，此时黑 3 扳可确立外势。

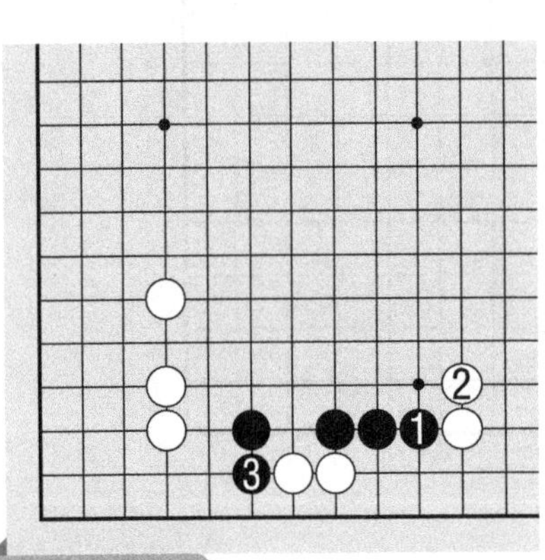
图 2　变化

图 2　变化

黑 1 顶时，白棋如果不按图 1 的着法下，而于 2 位长，则黑 3 挡，黑棋可以吃住白二子。

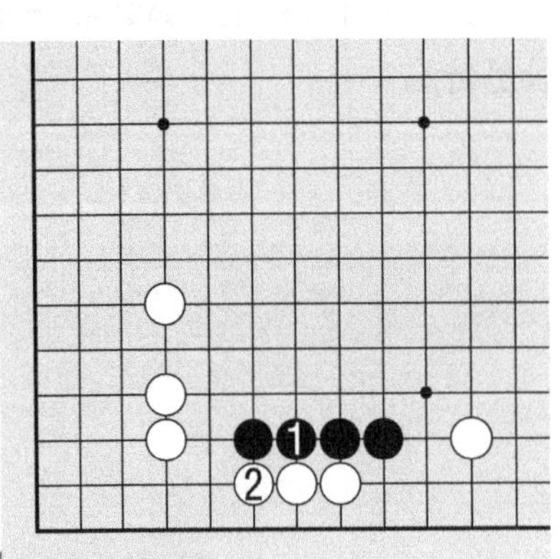
图 3　失败

图 3　失败

黑 1 连接的下法不好，白 2 联络后，黑四子反而变成了浮棋，黑棋不满。

问题 37

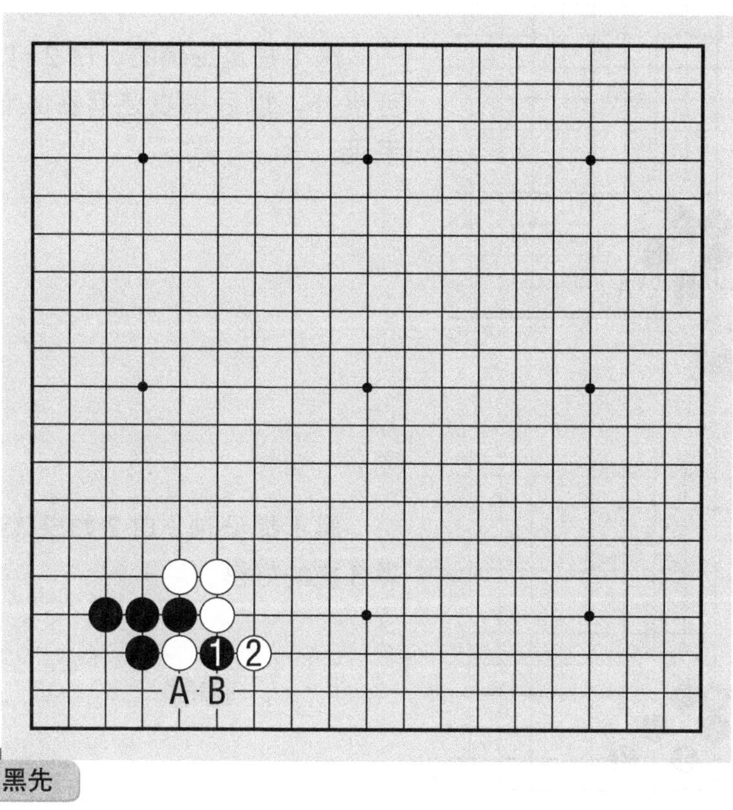

黑先

黑 1 打吃，白 2 反打，其后黑棋可在 A 位提子，也可在 B 位下立，请问黑棋应如何选择？

问题 37 解答

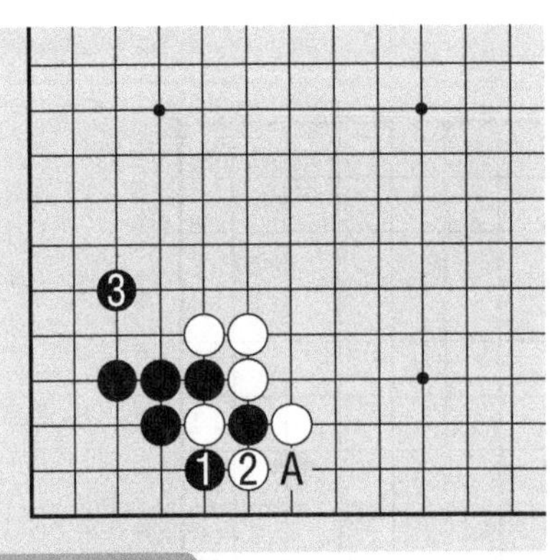

图 1 正解

图 1 正解

黑 1 提是正确的，白 2 打吃，黑 3 可跳补，以后黑棋还有在 A 位打劫的手段。

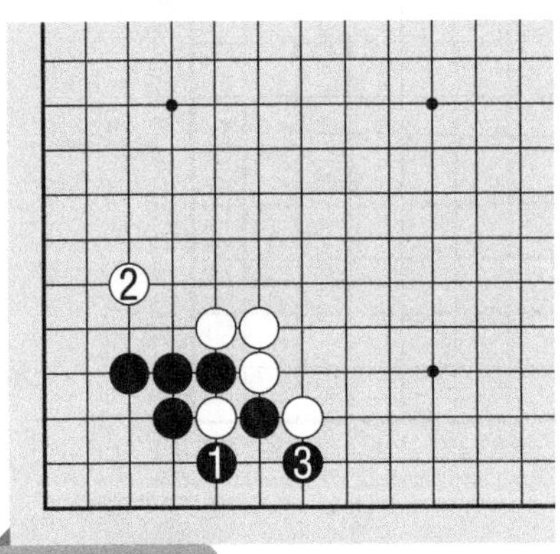

图 2 变化

图 2 变化

黑 1 提子时，白 2 如果飞封，则有黑 3 虎的好棋。

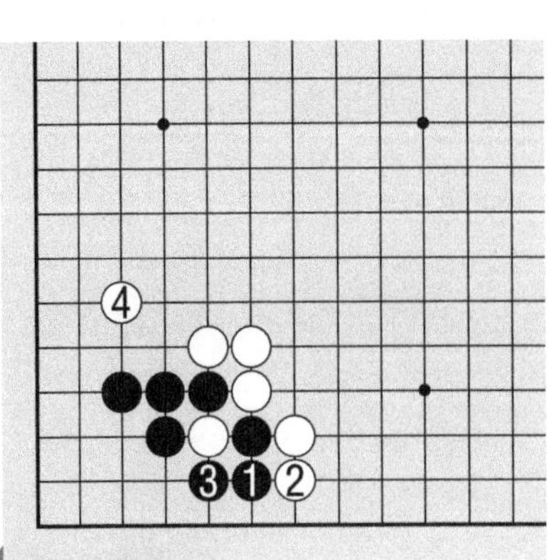

图 3 失败

图 3 失败

黑 1 下立，被白 2 先手利用后，白 4 飞封，结果白棋两侧都得到了处理。

问题 38

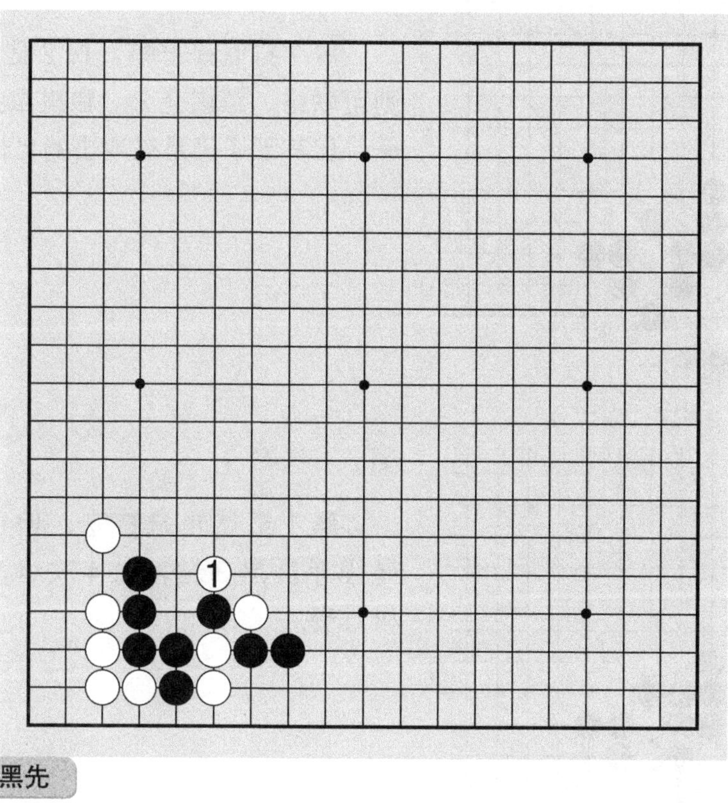

黑先

白 1 打吃时，下一手很容易马上考虑到粘，那么粘后的情况会如何？黑棋又应如何选择？

问题 38 解答

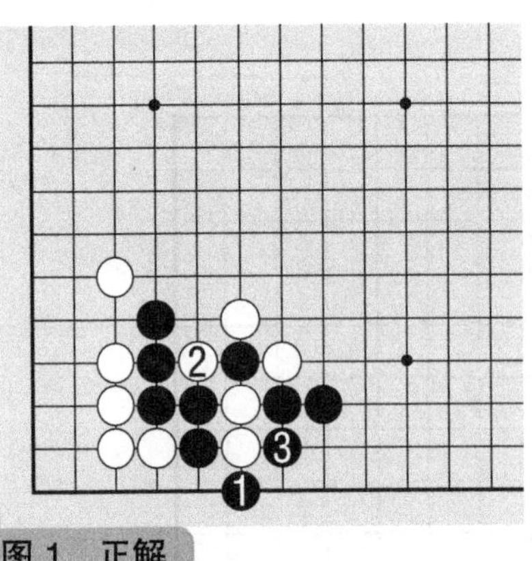
图 1　正解

图 1　正解

黑 1 打吃是好棋，白 2 提子，黑 3 则可联络，黑棋充分。白棋虽提去黑一子，但其五子仍是被攻击的目标。

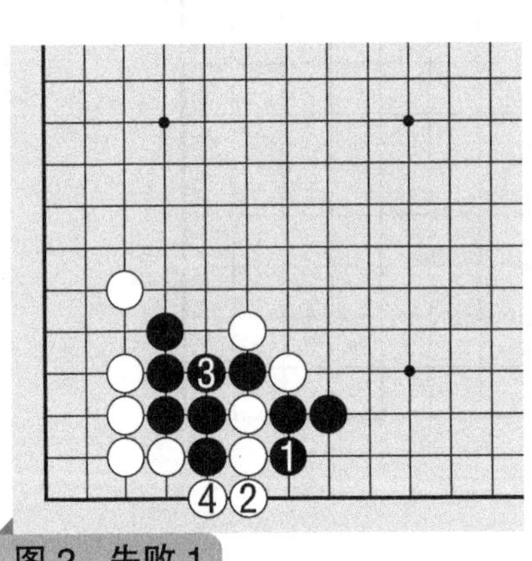

图 2　失败 1

图 2　失败 1

黑 1 虽然也是打吃，但白 2 下立是强手，黑 3 粘，白 4 联络，结果黑棋难受。

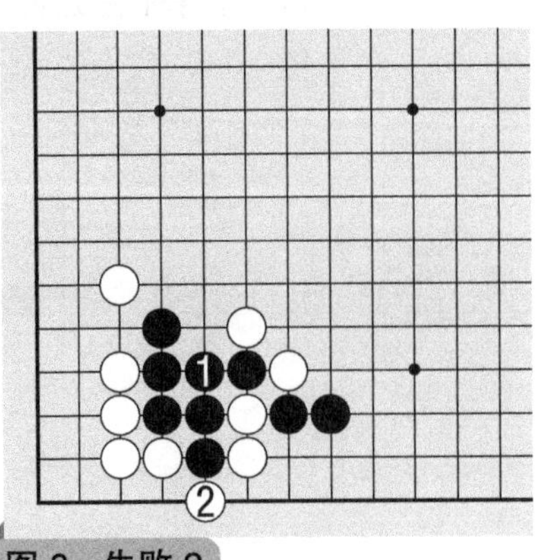
图 3　失败 2

图 3　失败 2

黑 1 粘是下一手的常见下法，白 2 联络后，结果与图 2 大同小异。

问题 39

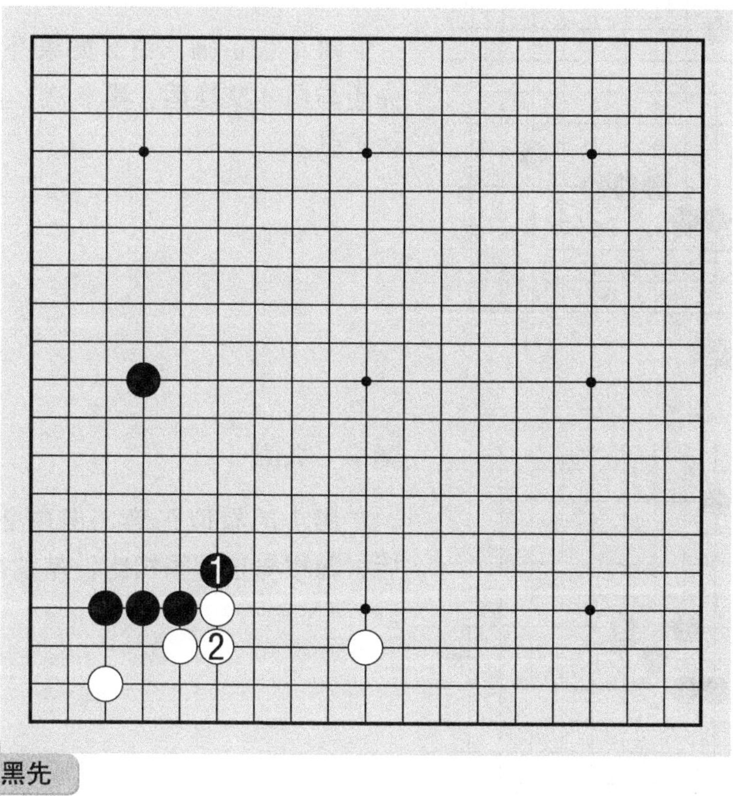

黑先

黑 1 扳时，白 2 粘，现在黑棋欲在扩张左边的同时，对下边白棋有所牵制。那么请问黑棋的正确下法是什么？

问题 39 解答

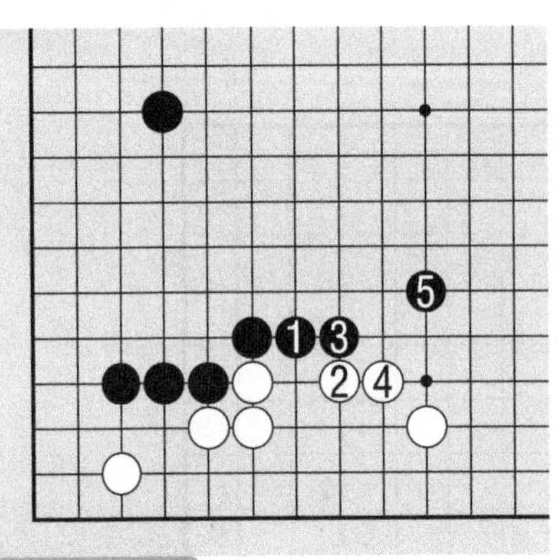

图 1　正解

图 1　正解

黑 1 长正确，白 2 如果补棋，黑 3 先手与白 4 交换后，黑 5 飞，黑棋可有效扩张。

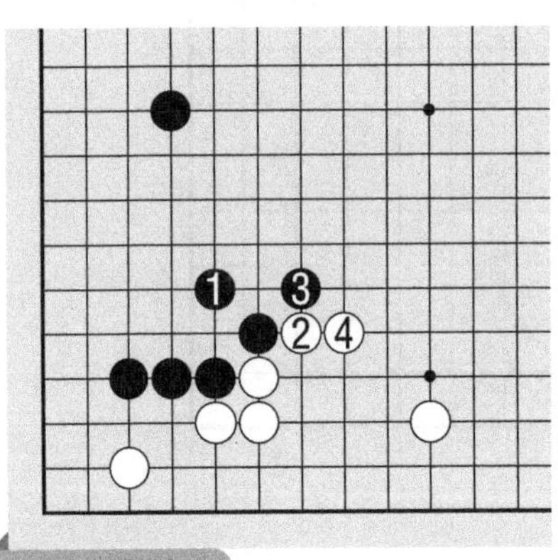

图 2　失败 1

图 2　失败 1

黑 1 虎看似正确，但白 2、4 扳长后，黑棋与正解图相比，差别很大。

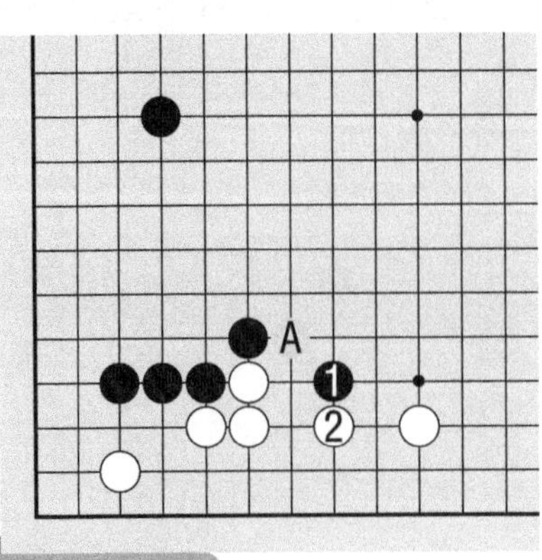

图 3　失败 2

图 3　失败 2

黑 1 飞，没有考虑到自身弱点，白 2 补棋后，黑棋 A 位的弱点已显现出来。

问题 40

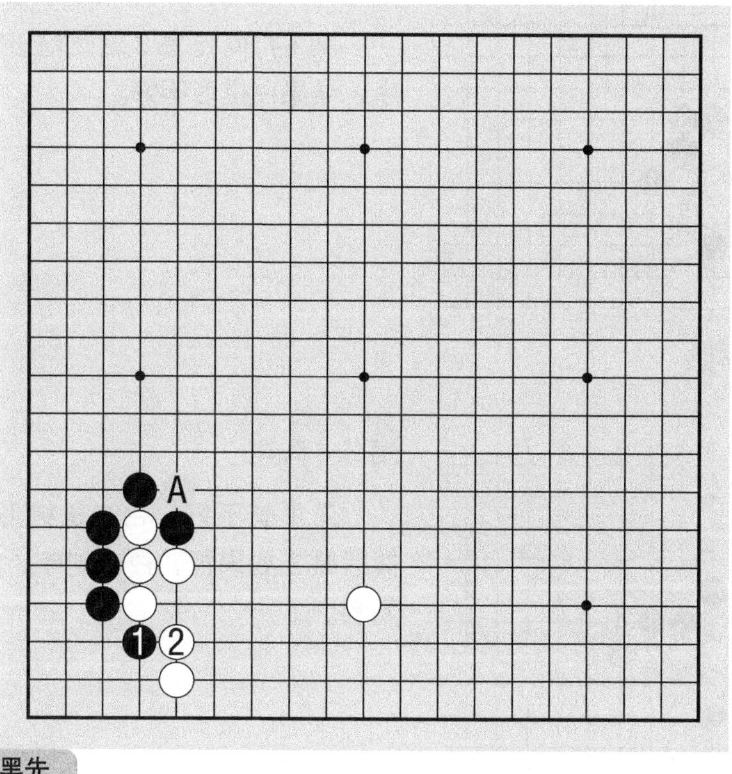

黑先

黑 1 扳，白 2 挡时，黑棋在补 A 位断点之前，有一个次序非常重要。请问黑棋应如何下?

问题 40 解答

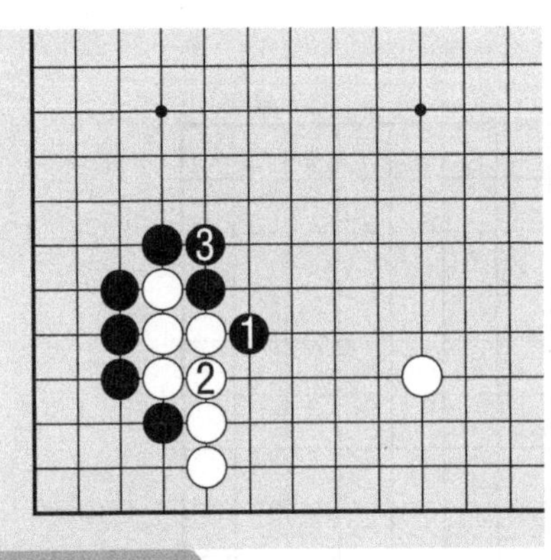
图 1 正解

图 1 正解

黑 1 打吃是黑 3 粘之前必须下的次序，结果白棋形不好。

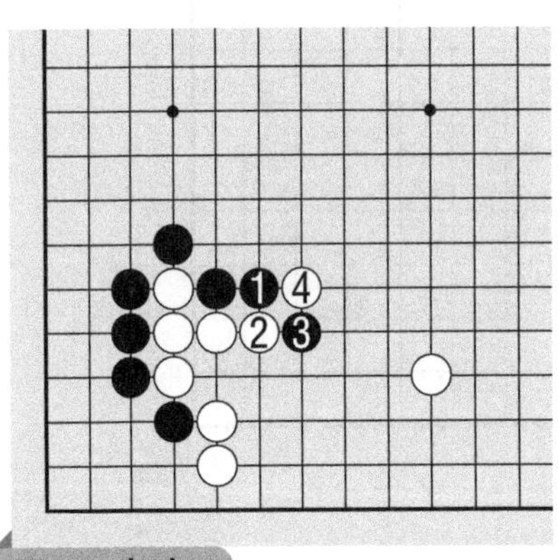
图 2 失败

图 2 失败

黑 1 长不好，白 2 是棋形的急所，其后黑 3 如果扳，白 4 则断，黑棋作战不利。

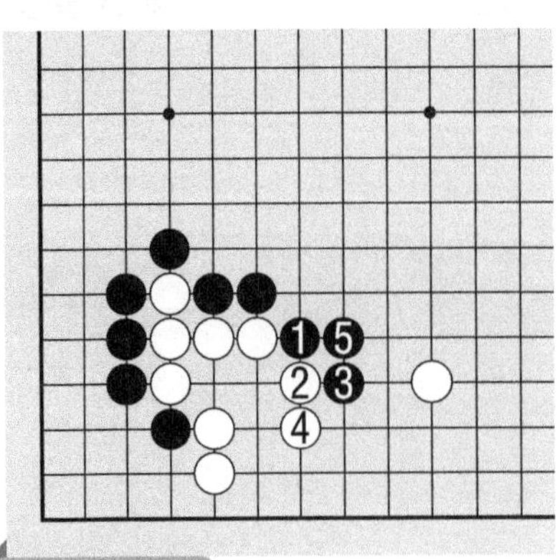
图 3 变化

图 3 变化

在图 2 的进行中，黑 1 扳时，若白棋不强断，而白 2 退，黑 3 连扳则是强手，以下白 4、黑 5，结果白棋不利。

问题 41

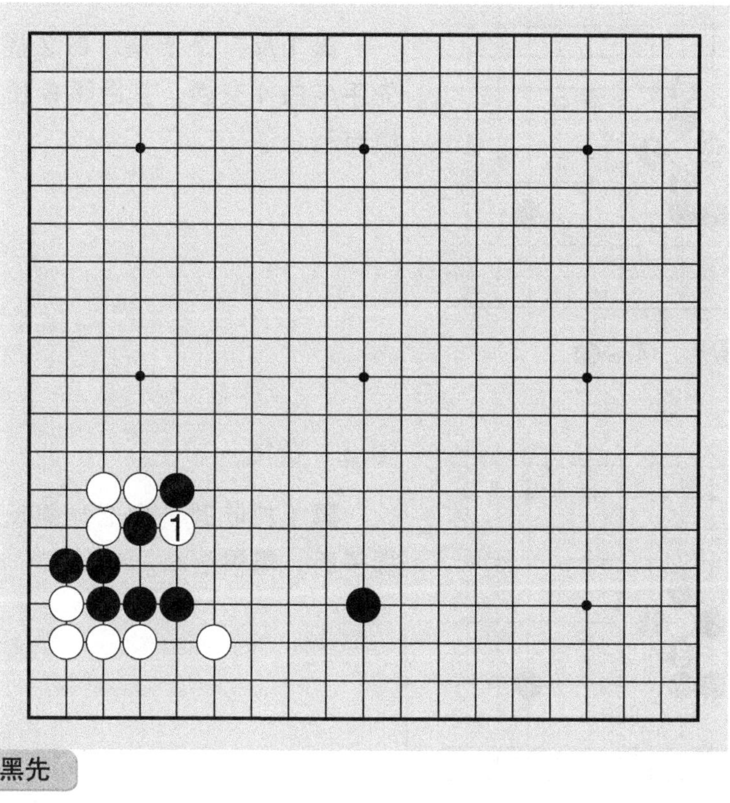

黑先

白 1 打吃，黑棋如果粘则下成愚形，那么请问黑棋应如何选择?

问题 41 解答

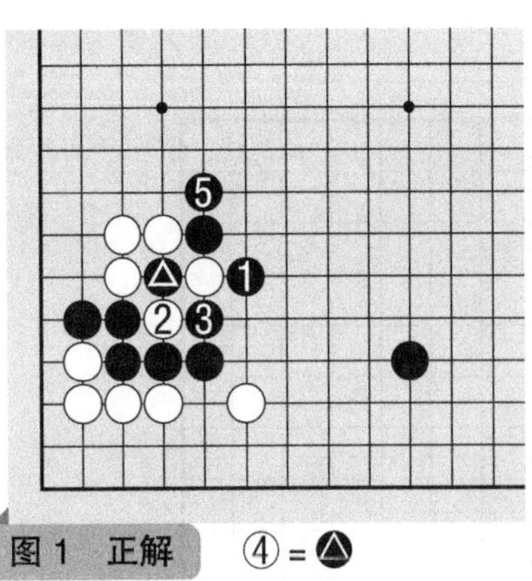
图 1 正解 ④ = ▲

图 1　正解

黑 1 反打是要领，白 2 提子，黑 3 先手与白 4 交换，其后黑 5 长，结果黑棋有利。

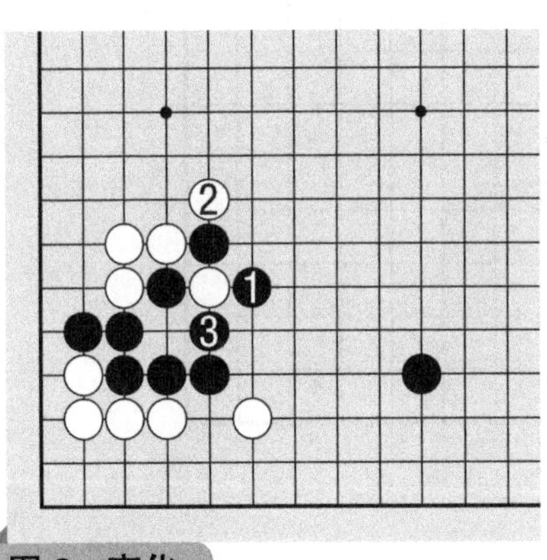
图 2 变化

图 2　变化

黑 1 打吃时，白 2 如果反打，黑 3 提子后，黑棋很厚。

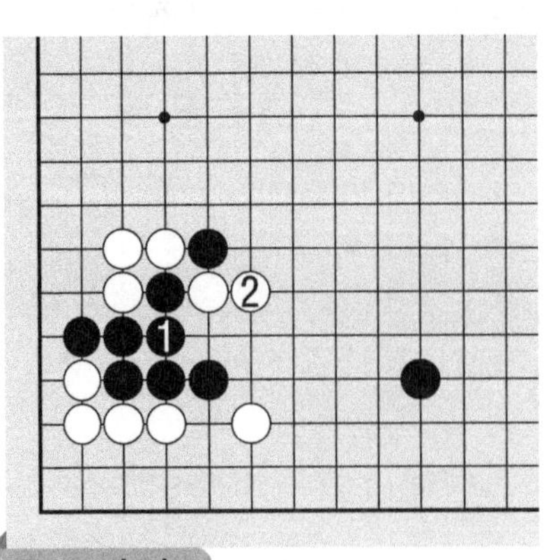
图 3 失败

图 3　失败

黑 1 粘是典型的俗手，白 2 长后，黑棋作战不利。

问题 42

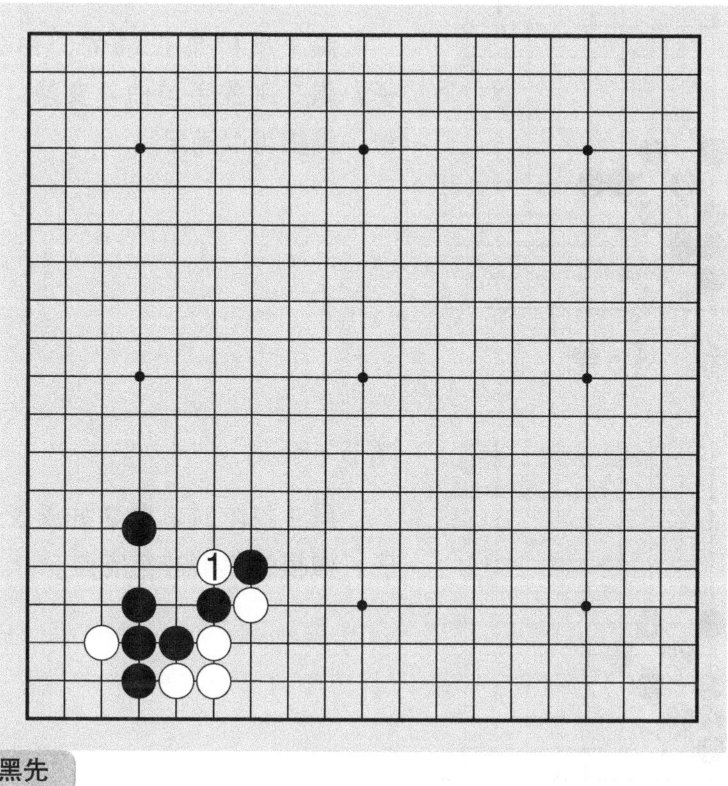

黑先

白 1 打吃时，被打吃的黑一子位置虽很重要，但如果粘将会下成愚形。那么请问黑棋应如何下？

问题 42 解答

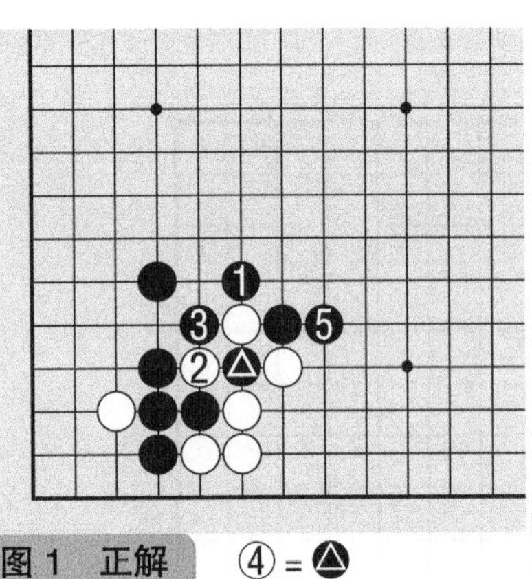

图 1　正解　④=▲

图 1　正解

黑 1 反打是正确的，白 2 如果提子，黑 3 则先手与白 4 交换，其后黑 5 长，黑棋可以满足。

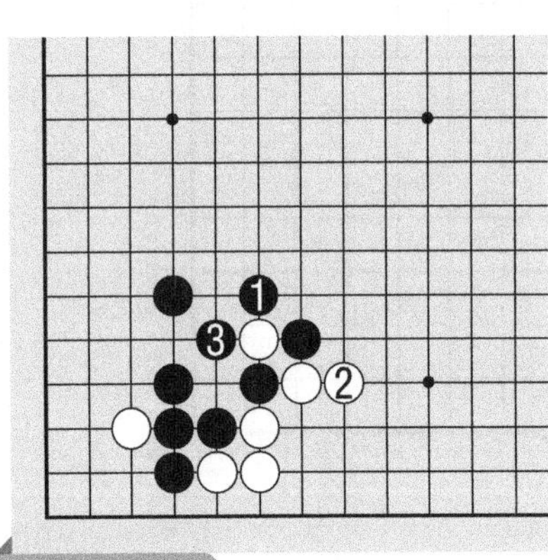

图 2　变化

图 2　变化

黑 1 打吃时，白 2 如果长，黑 3 提子，黑棋的棋形非常完整。

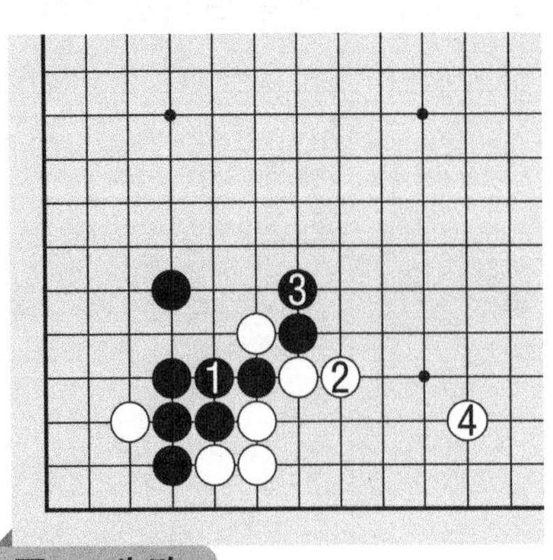

图 3　失败

图 3　失败

黑 1 粘是愚形，白 2 长，黑 3 补棋，白 4 大飞，黑棋不满。

问题 43

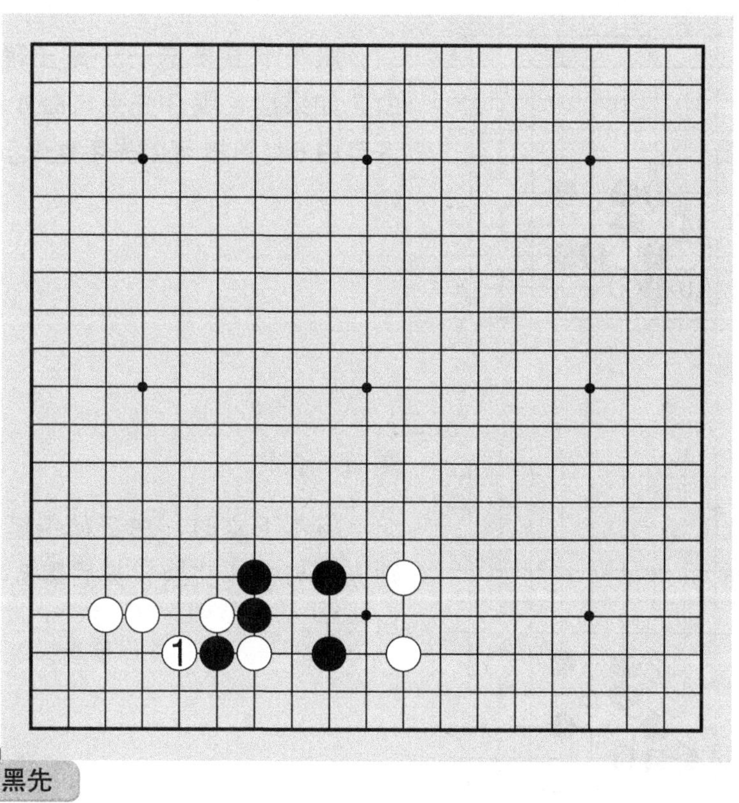

黑先

白1打吃时，黑棋如何利用已被白棋吃住的一子进行整形？其行棋次序是什么？

问题 43 解答

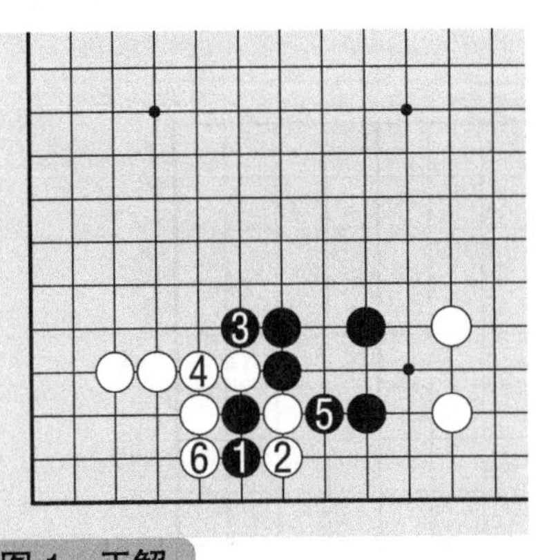

图 1　正解

图 1　正解

黑 1 下立多送一子是正确的下法，白 2 如果挡，黑 3 先手与白 4 交换，以下至白 6，黑棋可以先手整形。

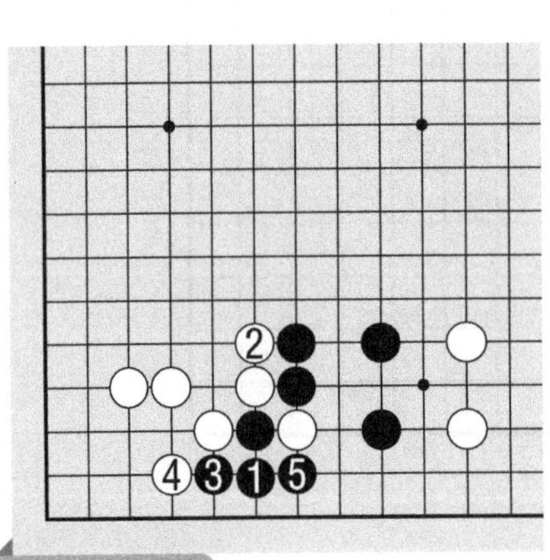

图 2　变化

图 2　变化

黑 1 下立时，白 2 如果挺头，黑 3 则先手与白 4 交换，其后黑 5 可以吃住白一子。

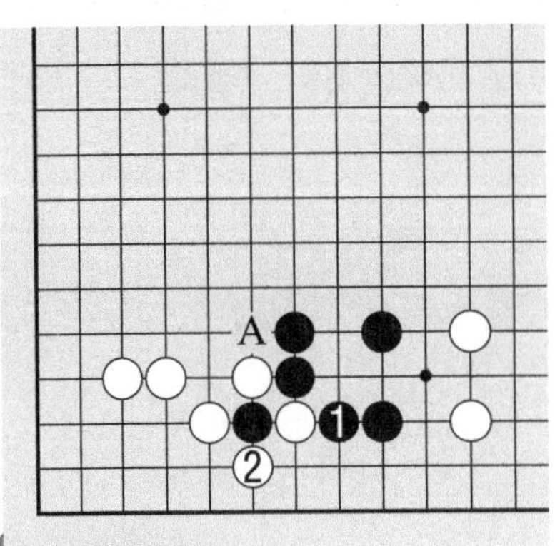

图 3　失败

图 3　失败

黑 1 打吃，白 2 提子后，若黑棋再在 A 位拐已不是先手。

问题 44

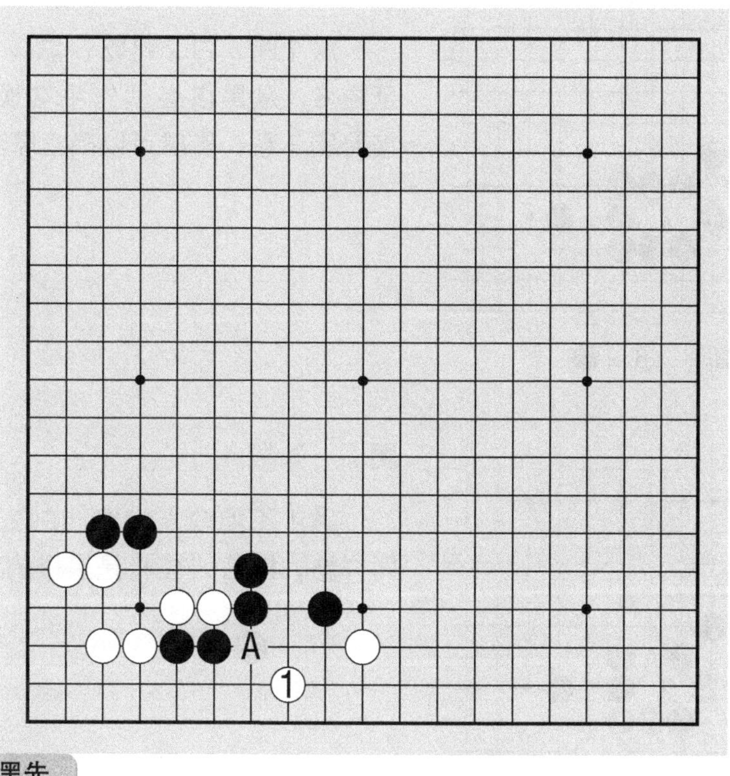

黑先

白 1 飞，瞄着黑棋 A 位的断点，其后黑棋如何补断点？在 A 位粘之前，有一个次序必须进行交换。

问题 44 解答

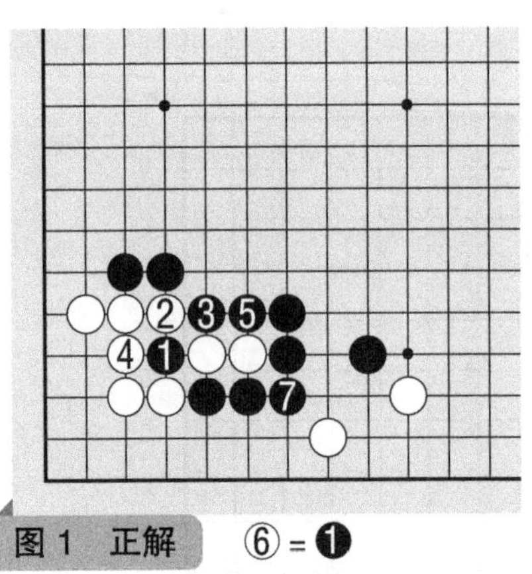

图 1　正解　⑥ = ❶

图 1　正解

黑 1 断，白 2 打吃，黑 3 以下进行至白 6，是黑棋必须先手交换的次序。接着黑 7 粘，黑棋可以确立厚势。

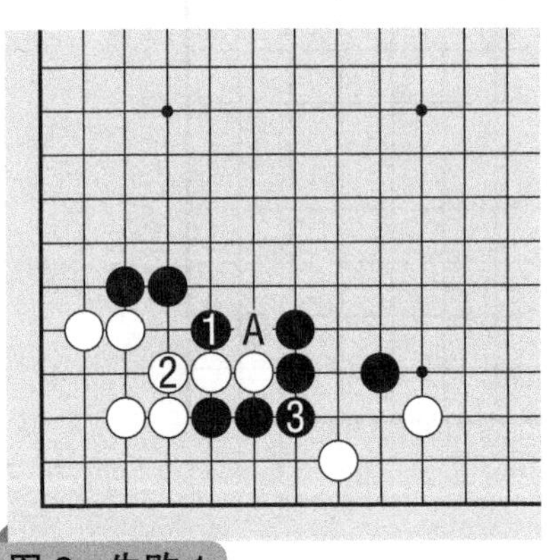

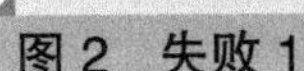

图 2　失败 1

图 2　失败 1

黑 1 不能令人满意，白 2 粘，黑 3 同样粘，以后 A 位将是黑棋的负担。

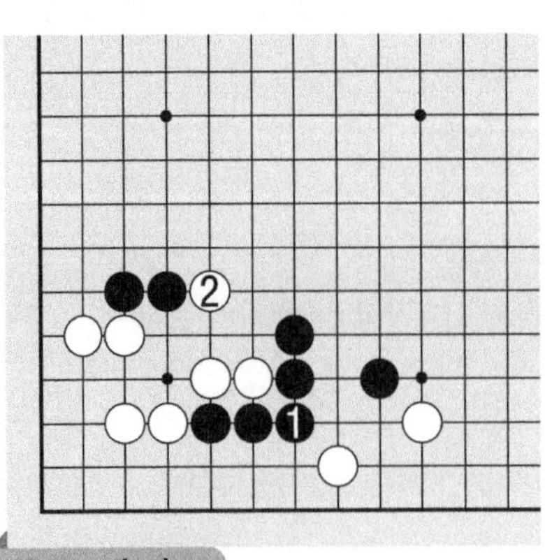

图 3　失败 2

图 3　失败 2

黑 1 单粘是最差的下法，白 2 靠出，左右分断黑棋，黑棋作战不利。

问题 45

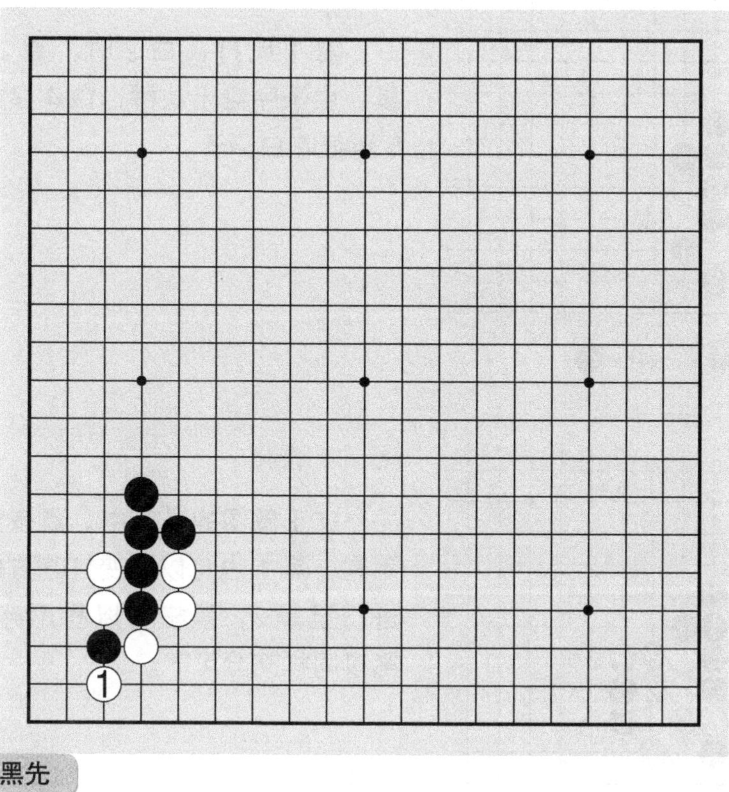

黑先

白 1 打吃，其后黑棋欲利用白棋的弱点来进行整形，那么请问黑棋应如何下?

问题 45 解答

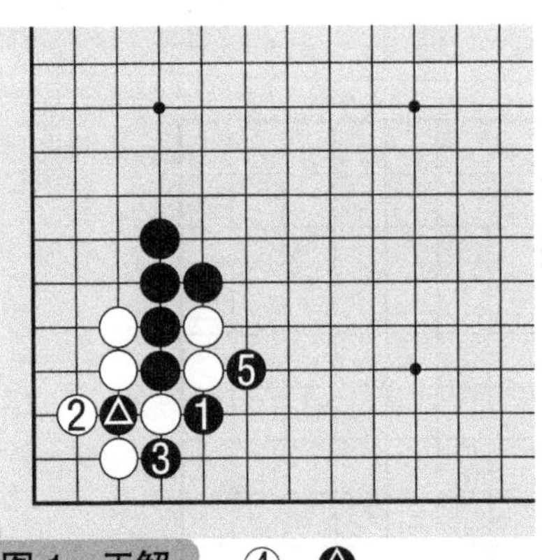
图 1　正解　④ = ▲

图 1　正解

黑 1 反打，白 2 时，黑 3 打是好棋，由于序盘无劫材，白 4 只好粘，黑 5 再征吃白二子。

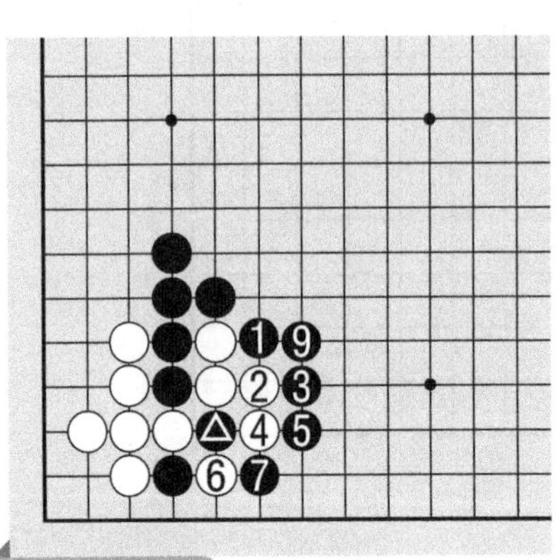
图 2　变化　⑧ = ▲

图 2　变化

在正解图的进行中，黑棋如果征子不利，黑 1 也可以改变打吃方向，以下进行至黑 9，黑棋可以利用弃子整形，黑棋同样充分可下。

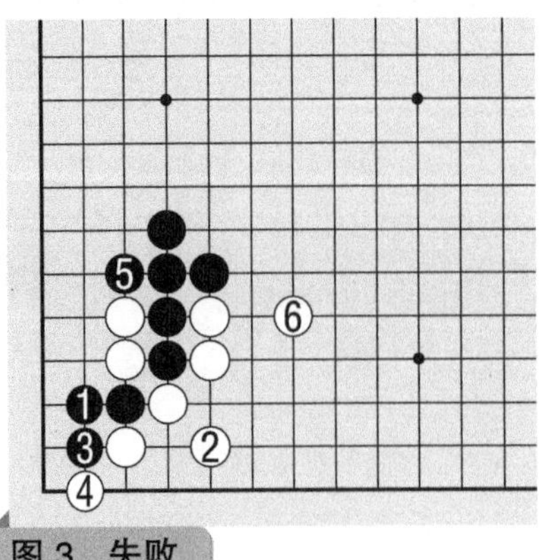
图 3　失败

图 3　失败

黑 1 下立，白 2 虎，其后黑 3、5 只好补棋，以下进行至白 6，下边被白棋占有。

问题 46

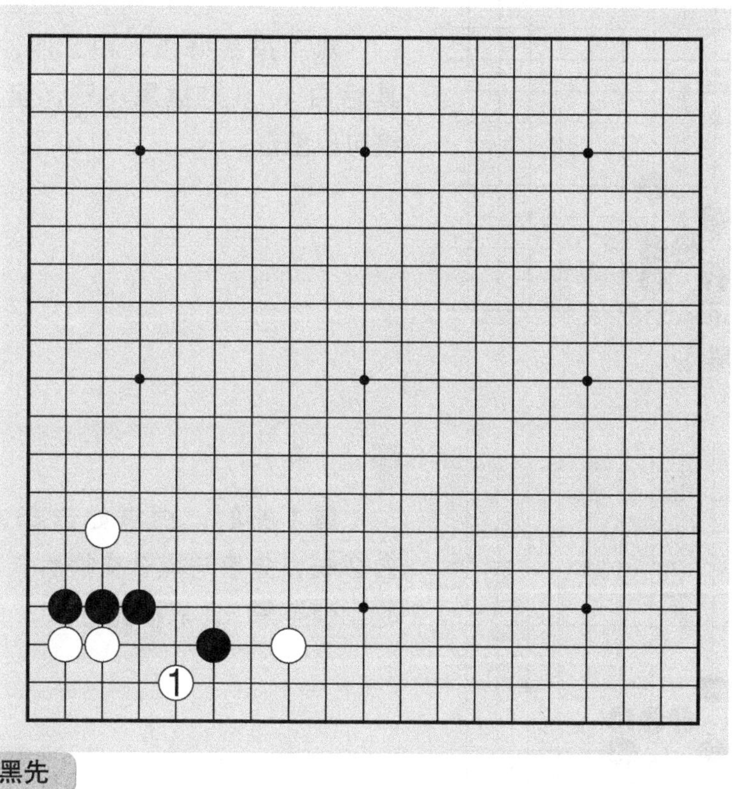

黑先

白 1 飞时，由于周边白棋的势力比较强大，黑棋在应对时应慎重。那么请问黑棋应如何下?

问题 46 解答

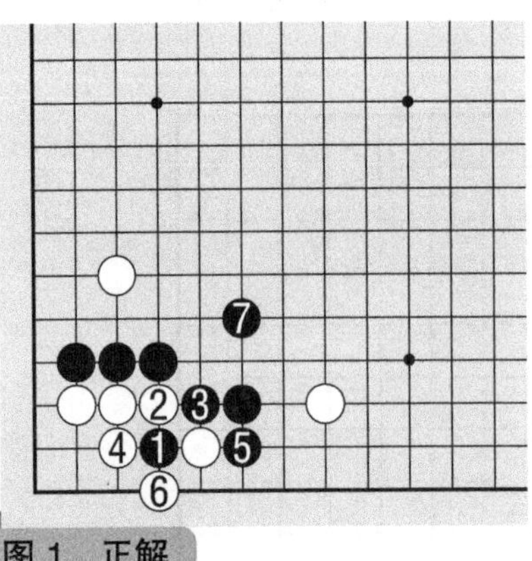
图 1　正解

图 1　正解

黑 1 搭是好棋，白 2 冲，黑 3 挡，其后白 4、6 打拔黑一子，至黑 7，黑棋可以整形。

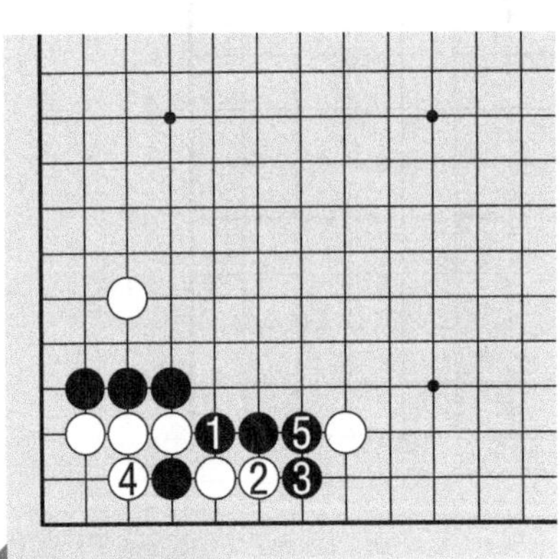
图 2　变化

图 2　变化

黑 1 断时，白棋如选择本图中的白 2 长，先手与黑 3 交换后，再白 4 打吃，但至黑 5，黑棋充分。

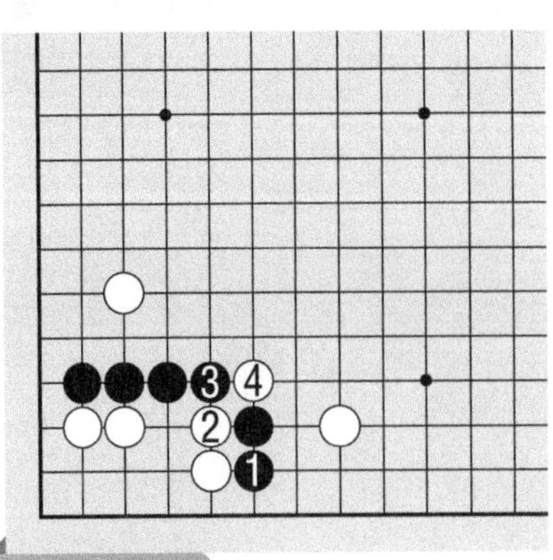
图 3　失败

图 3　失败

黑 1 挡是大恶手，白 2、4 切断后，由于周边的白棋强大，黑棋作战不利。

问题 47

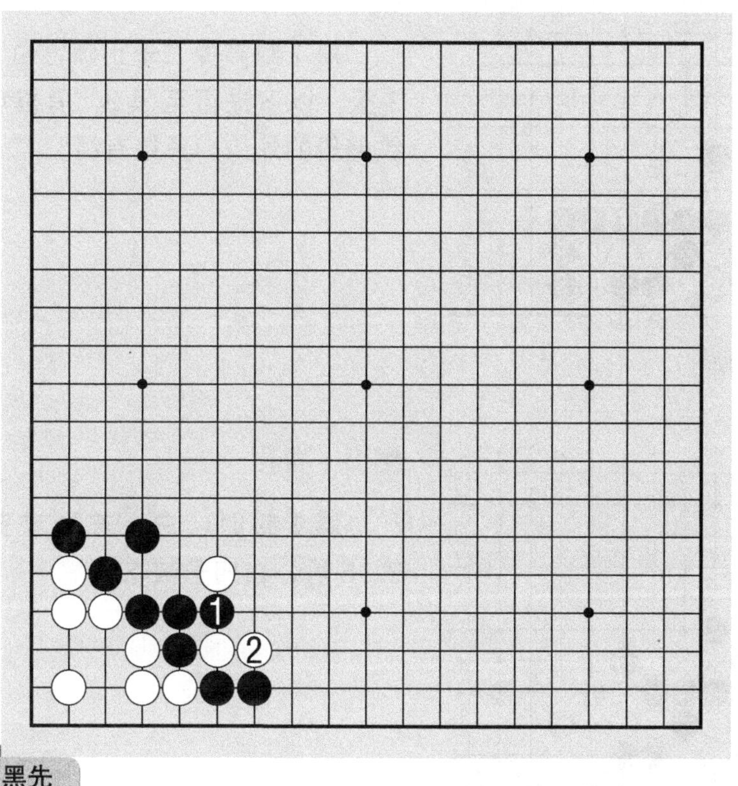

黑先

黑 1 打吃，白 2 逃跑，黑棋由于上下被分断，看起来很不利，但实际上黑棋存在妙手。请问黑棋的妙手是什么?

问题 47 解答

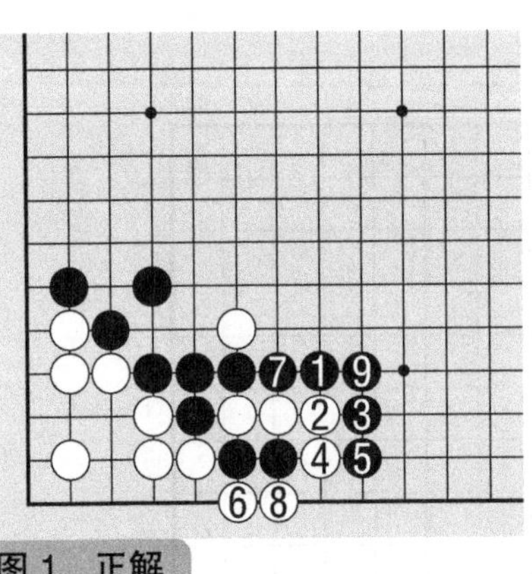
图 1　正解

图 1　正解

黑 1 封弃掉二子正确，白 2 时，黑 3 扳，以下进行至黑 9，黑棋可以构筑铁壁般的外势，黑棋有利。

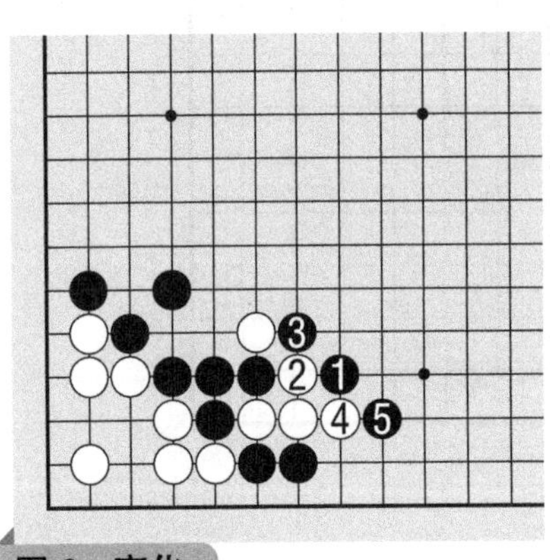
图 2　变化

图 2　变化

黑 1 封时，白 2 若寻求变化，黑 3、5 后，白四子被吃。

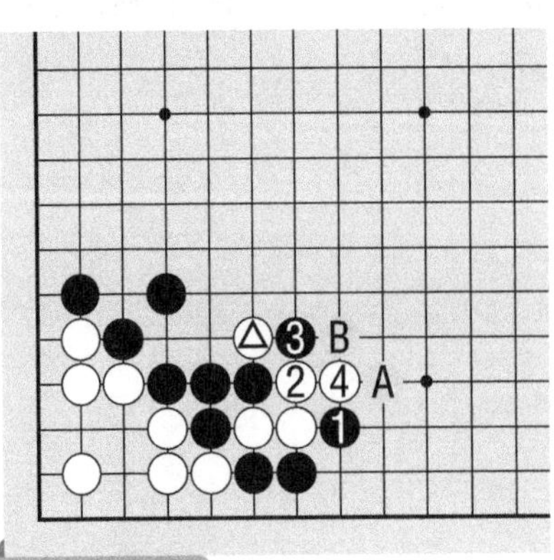

图 3　失败

图 3　失败

黑 1、3 打吃是大恶手，白△一子有引征作用，以后黑 A 时，白 B 应，黑棋难受。

问题 48

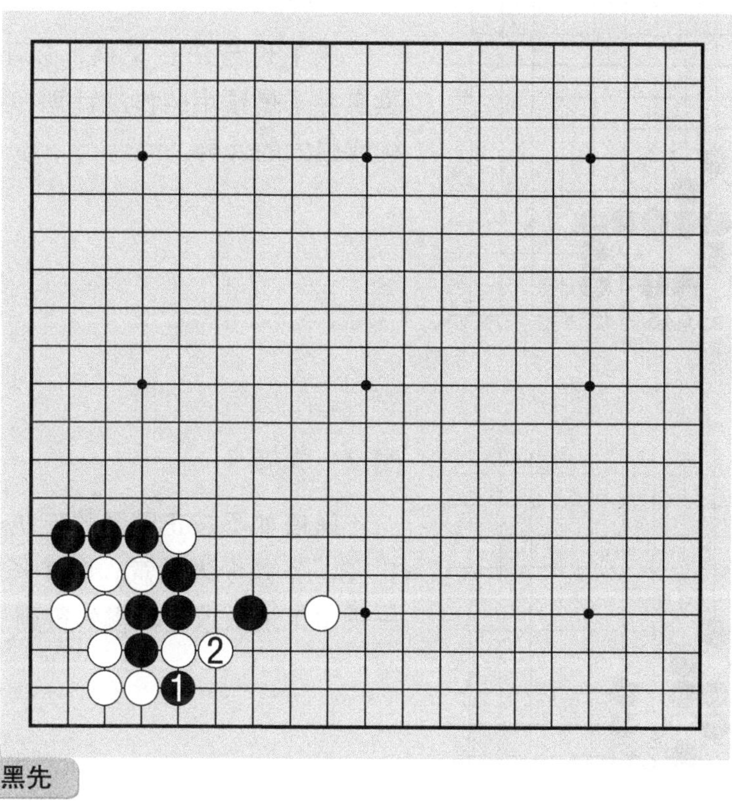

黑先

黑 1 打吃，让白 2 长后，黑 1 看起来已成为恶手，但实际上黑棋有后续手段。请问其后续手段是什么？

问题 48 解答

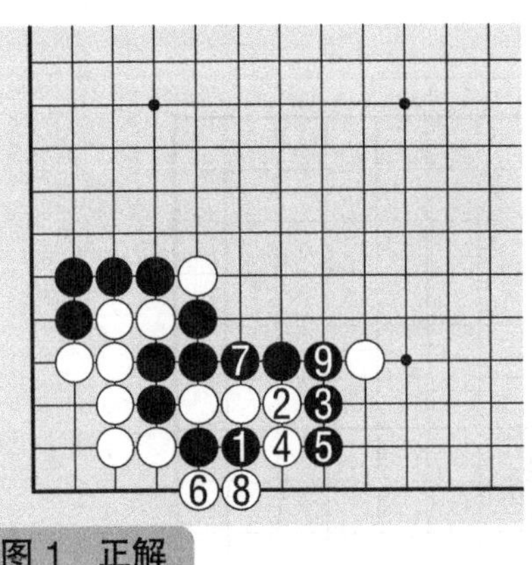
图 1 正解

图 1 正解

黑 1 长与白 2 交换，以下至黑 9，黑棋弃子是预定的作战计划，结果黑棋构成强大的外势。

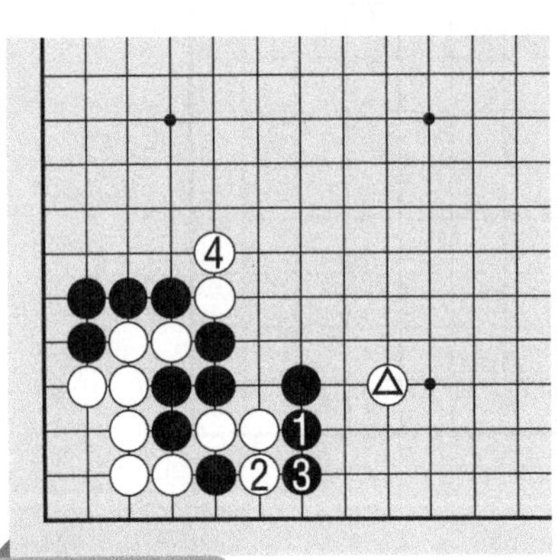
图 2 失败 1

图 2 失败 1

黑棋如不按正解图的下法，而下黑 1、3，不能令人满意。白 4 长后，白△一子也可加入攻击黑棋的行列。

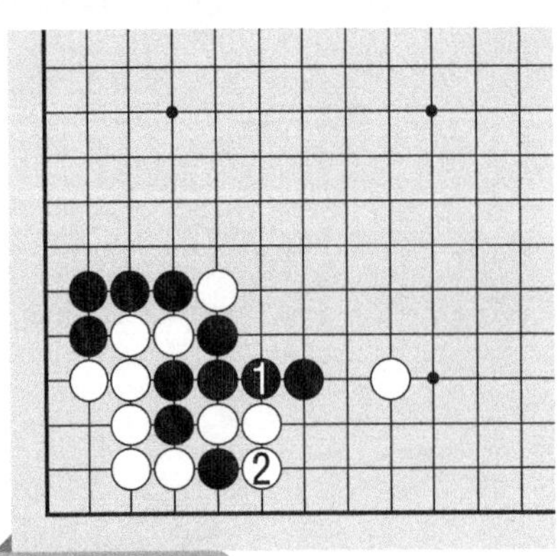
图 3 失败 2

图 3 失败 2

黑 1 连接同样不可取，白 2 吃住黑一子后，黑棋以后的行棋会受到一定的限制。

问题 49

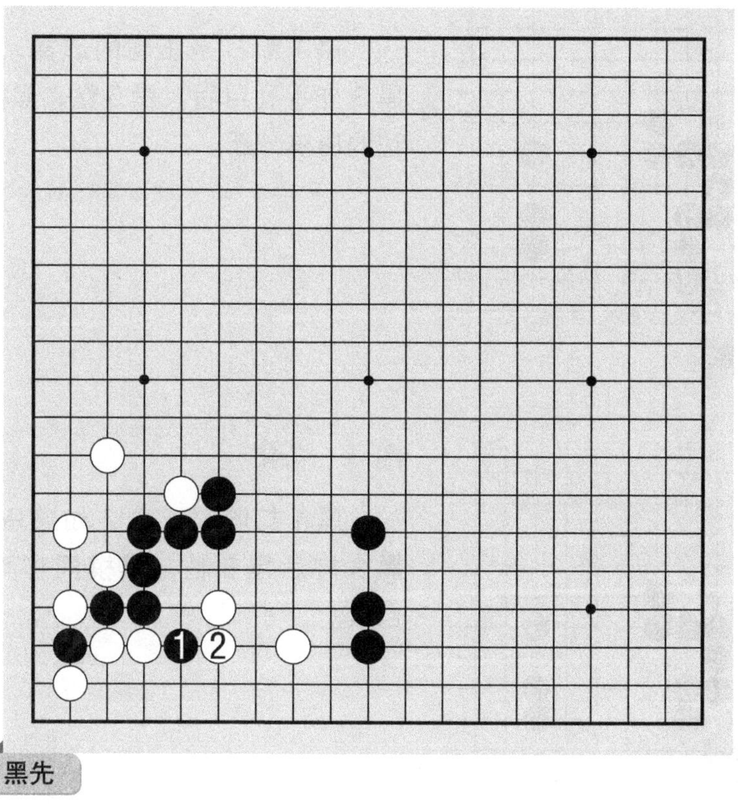

黑先

黑 1 扳头，白 2 挡谋求联络，白 2 这手棋实际上是恶手。那么请问在此形势下，黑棋如何下最佳?

问题 49 解答

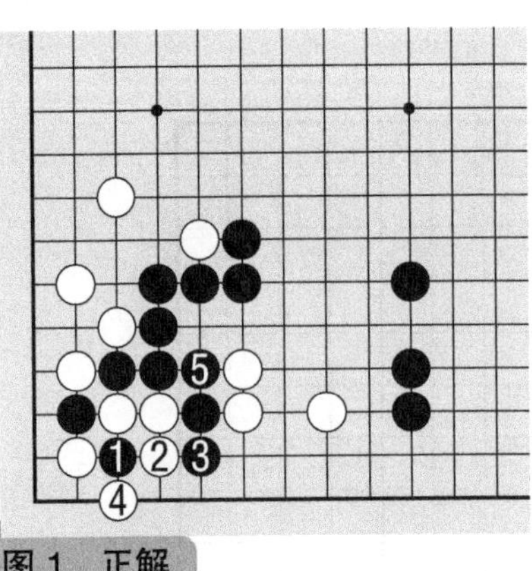
图 1 正解

图 1 正解

黑 1 断打是正确的选择，白 2 时，黑 3 先手利用后，黑 5 粘，黑棋可将下边的白棋分断。

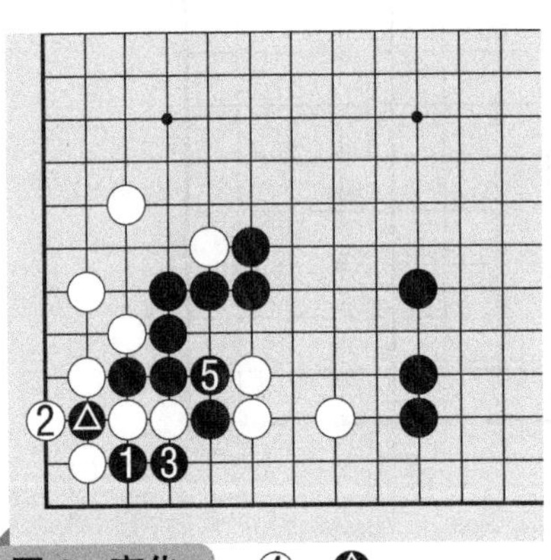
图 2 变化 ④=▲

图 2 变化

黑 1 打吃时，白 2 如果马上提子，黑 3 打后黑 5 粘，黑棋同样可以分断白棋。

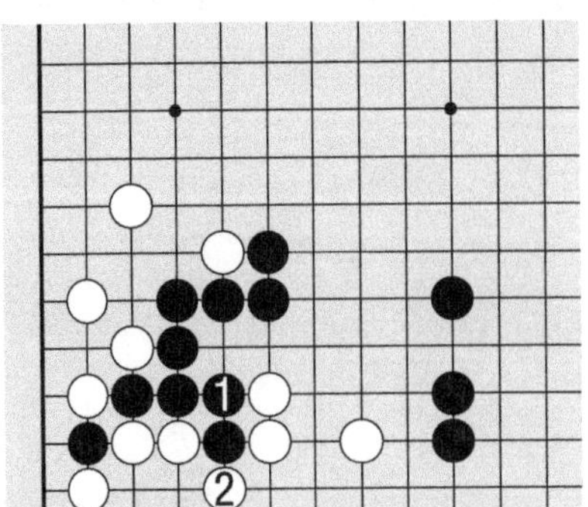
图 3 失败

图 3 失败

黑 1 单粘，被白 2 扳过后，黑 1 成为大缓着，黑棋不满。

问题 50

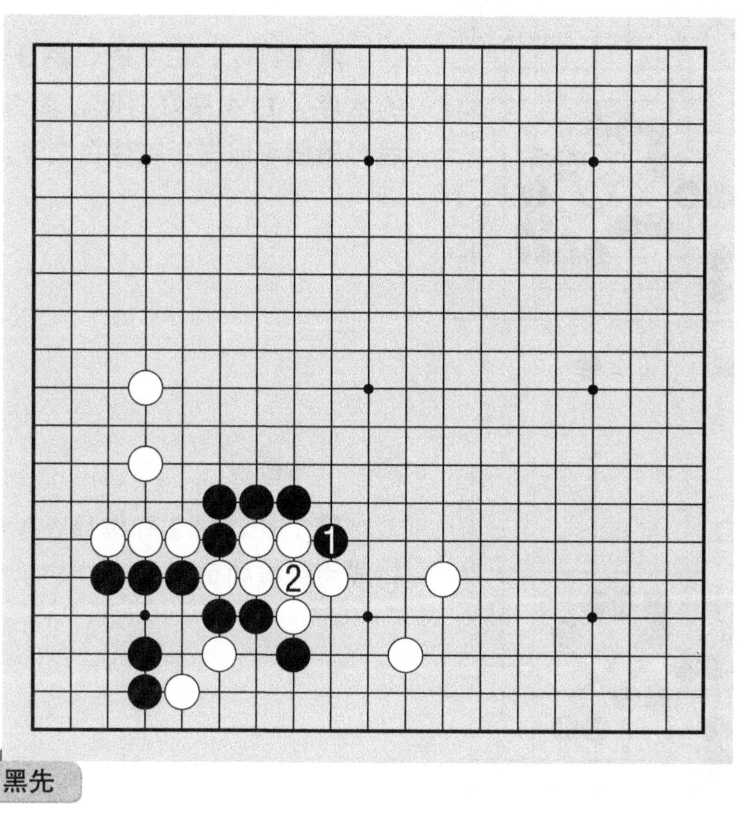

黑先

黑 1 打吃，白 2 粘，黑棋看起来到处都是断点，但黑棋却存在摆脱危机的手段。请问黑棋的手段是什么？

问题 50 解答

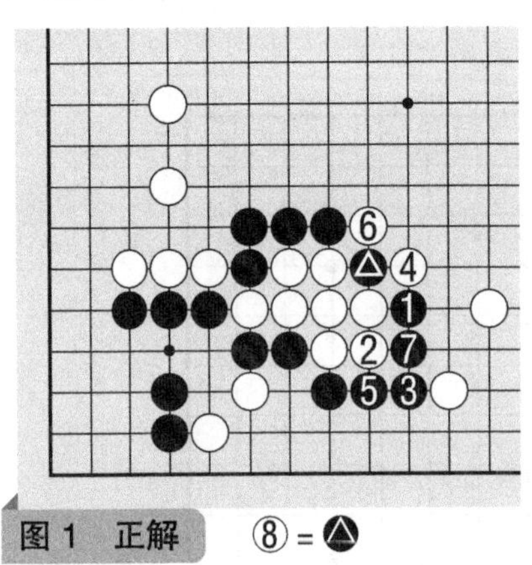
图 1 正解 ⑧=▲

图 1 正解

黑 1 打吃，白 2 时，黑 3 封是巧妙的次序，白 4 只好打吃，黑 5、7 滚打后，黑棋可以先手吃住白二子。

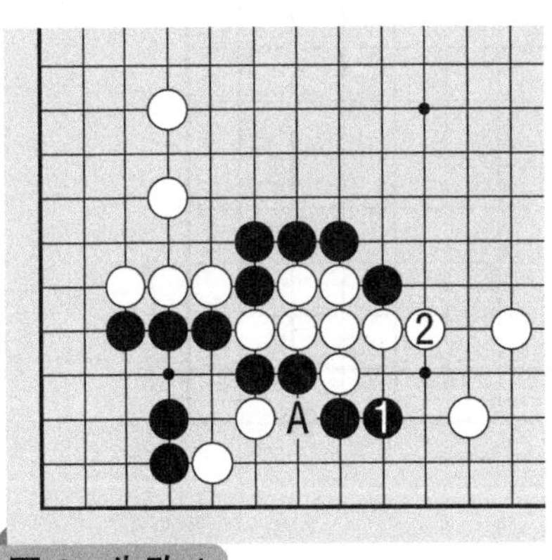
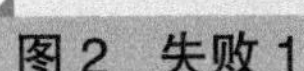
图 2 失败 1

图 2 失败 1

黑 1 长，白 2 补棋后，A 位的弱点将成为黑棋的负担。

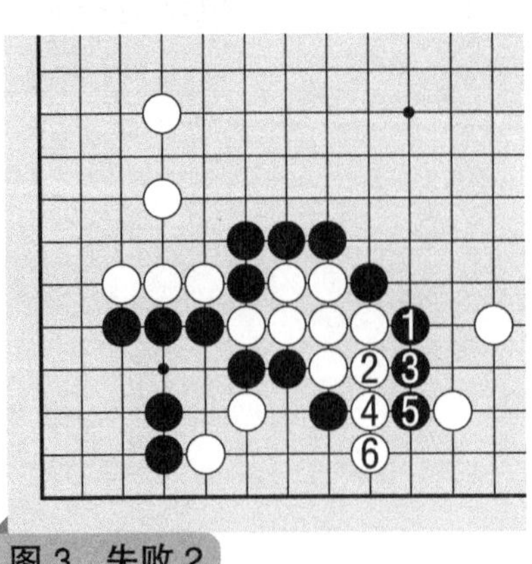
图 3 失败 2

图 3 失败 2

黑 1、白 2 时，黑 3、5 无理，至白 6，黑棋以后不好下。

问题 51

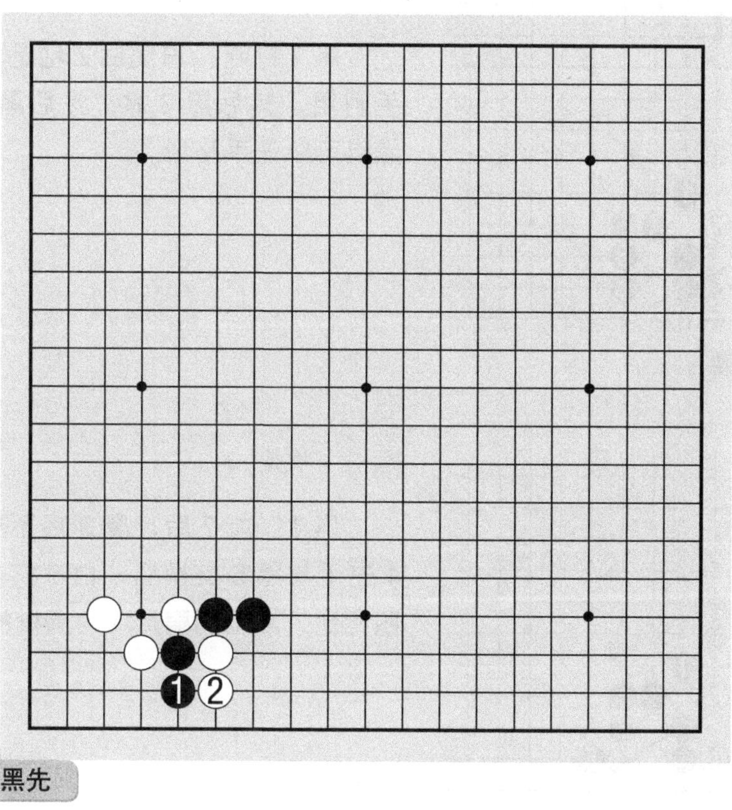

黑先

黑 1 下立时，白 2 挡，其后黑棋应如何整形？其行棋次序是什么？

问题 51 解答

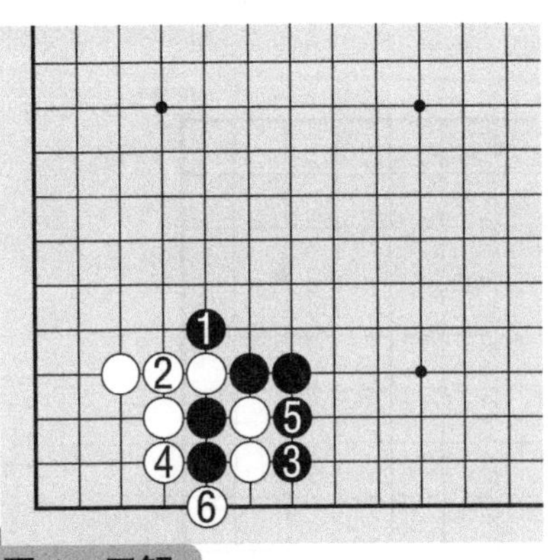
图 1 正解

图 1 正解

黑 1 打吃，迫使白 2 粘是巧妙的先手利用，其后黑 3 靠，然后黑 5 收气，黑棋可以先手整形。

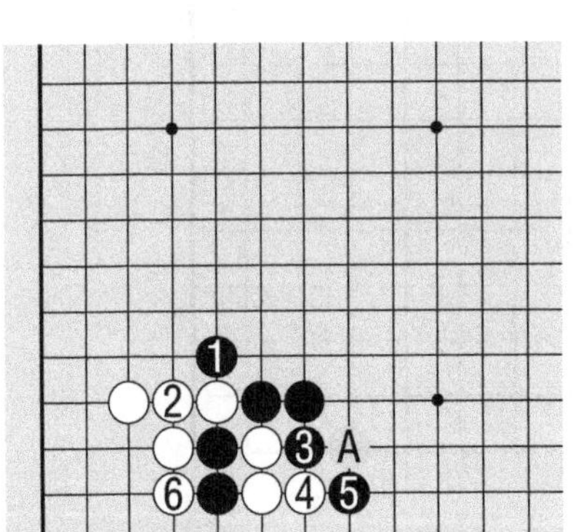
图 2 失败 1

图 2 失败 1

黑 1、白 2 后，黑 3 拐不严谨。白 4 先手与黑 5 交换后，白 6 打，与正解图相比，A 位的弱点成为黑棋的负担。

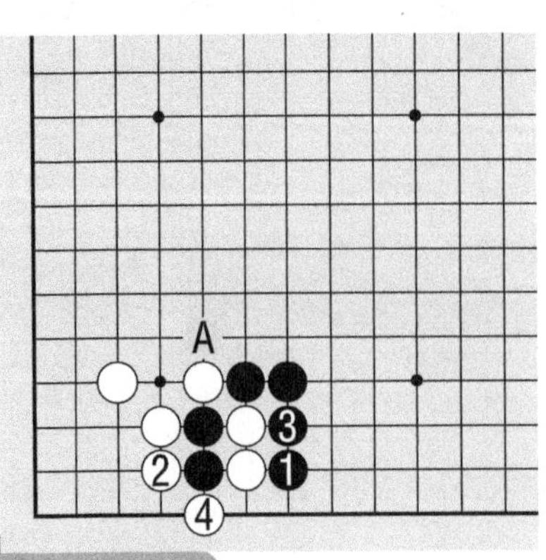
图 3 失败 2

图 3 失败 2

黑 1 靠不好，白 2、4 后，黑棋失去了 A 位的先手利用。

问题52

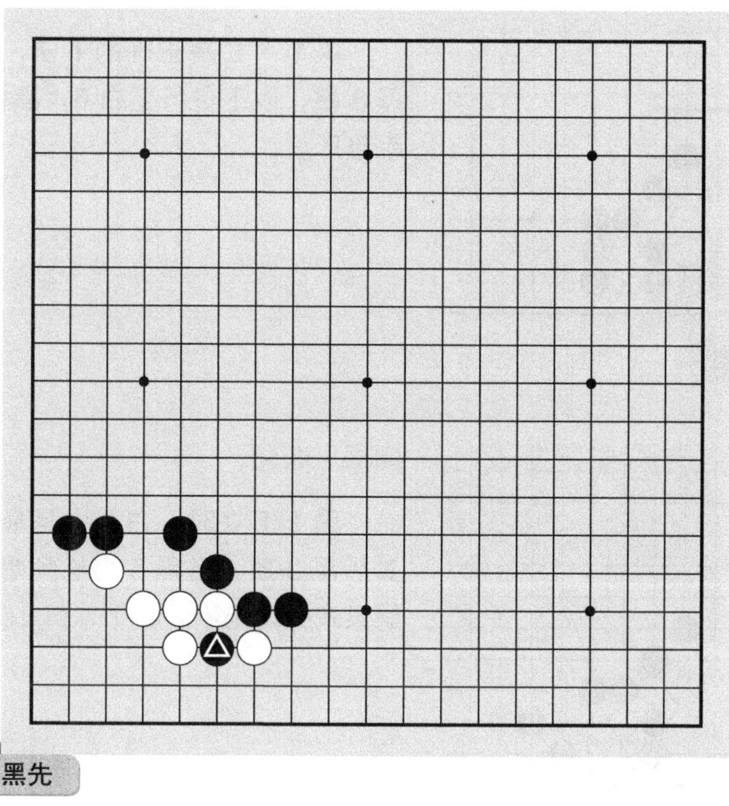

黑先

黑棋要救活黑△一子已不可能，但可利用这个子进行整形。请问黑棋应如何下？

问题 52 解答

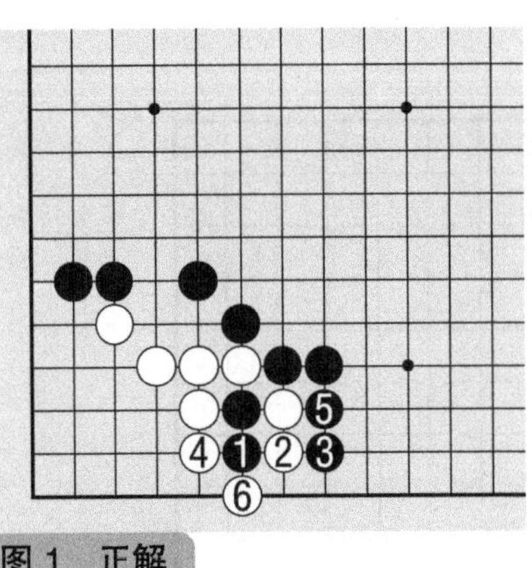

图 1　正解

图 1　正解

黑 1 下立是正确的下法，白 2 时，黑 3 靠，以下进行至白 6，黑棋可以先手整形。

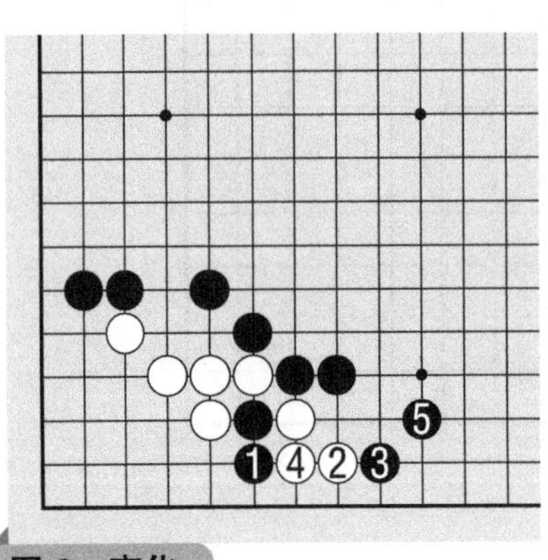

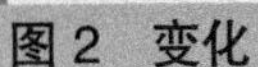

图 2　变化

图 2　变化

黑 1 下立时，白 2 尖是最佳下法，其后黑 3 顶，至黑 5 均是预想的进行，结果双方均无不满。

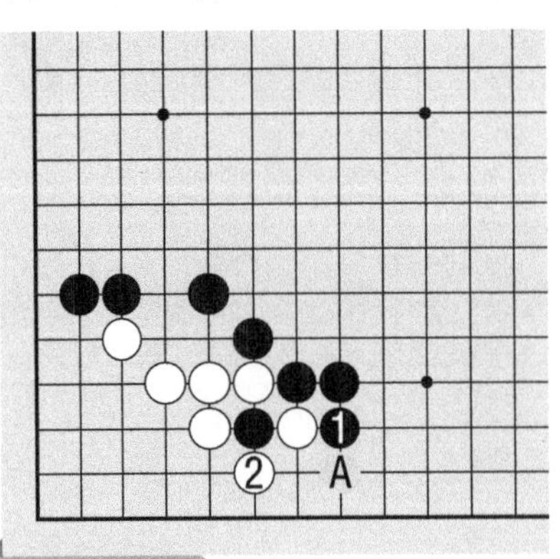

图 3　失败

图 3　失败

黑 1 单打不好，白 2 提子后，黑棋如果不应，白 A 扳是好点。

问题53

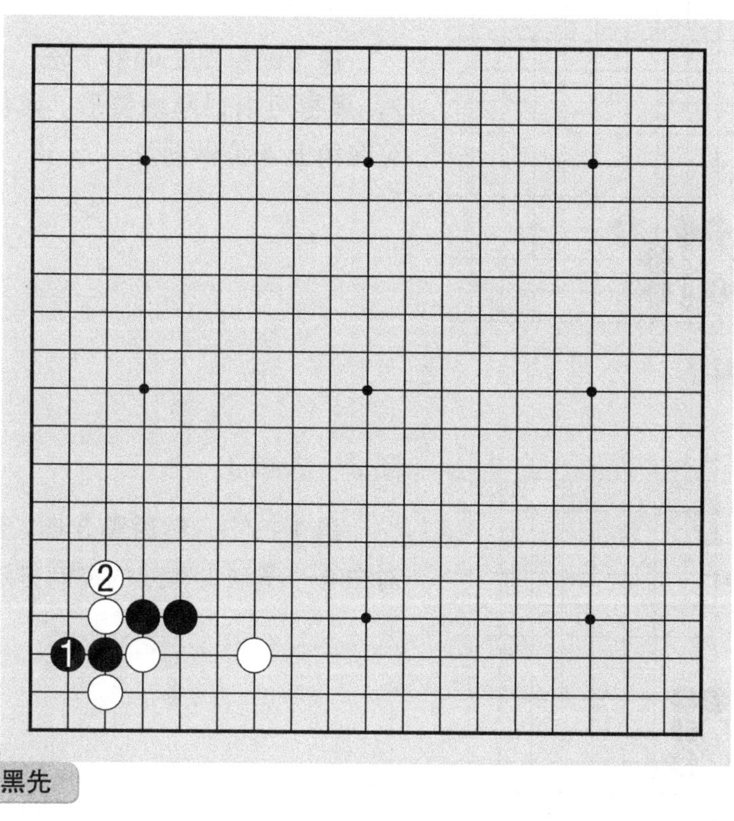

黑先

黑1长，白2同样长时，黑棋应如何利用白棋的弱点来整形?

问题 53 解答

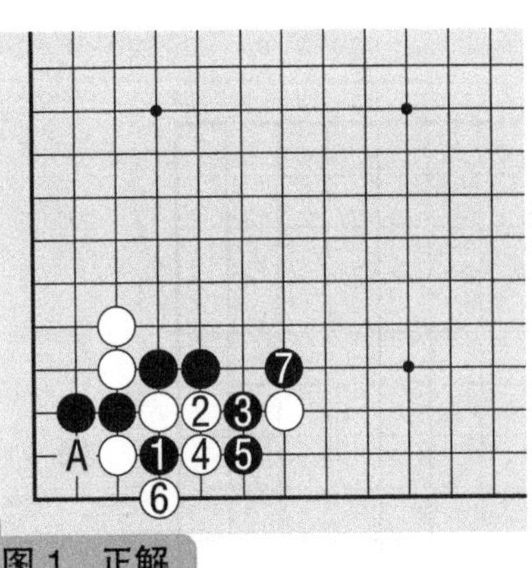
图 1　正解

图 1　正解

黑 1 断打是正确的下法，以下至黑 7，黑棋可以很厚地整形。黑棋以后还可在角上 A 位做劫。

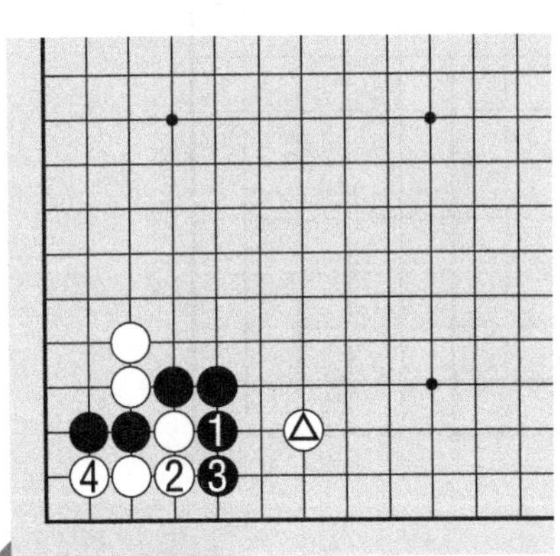
图 2　失败 1

图 2　失败 1

黑 1 打吃，然后黑 3 挡，结果黑棋对白△一子缺少有效的控制方法。

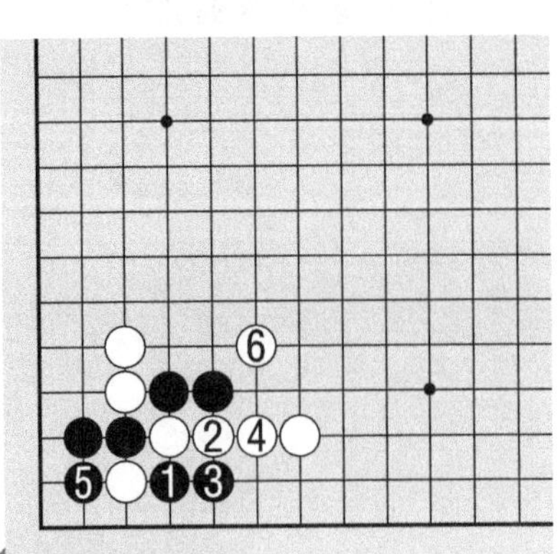
图 3　失败 2

图 3　失败 2

黑 1、白 2 后，黑 3 打吃，黑棋虽能活角，但至白 6，白棋构筑成很厚的外势，黑棋因小失大。

问题 54

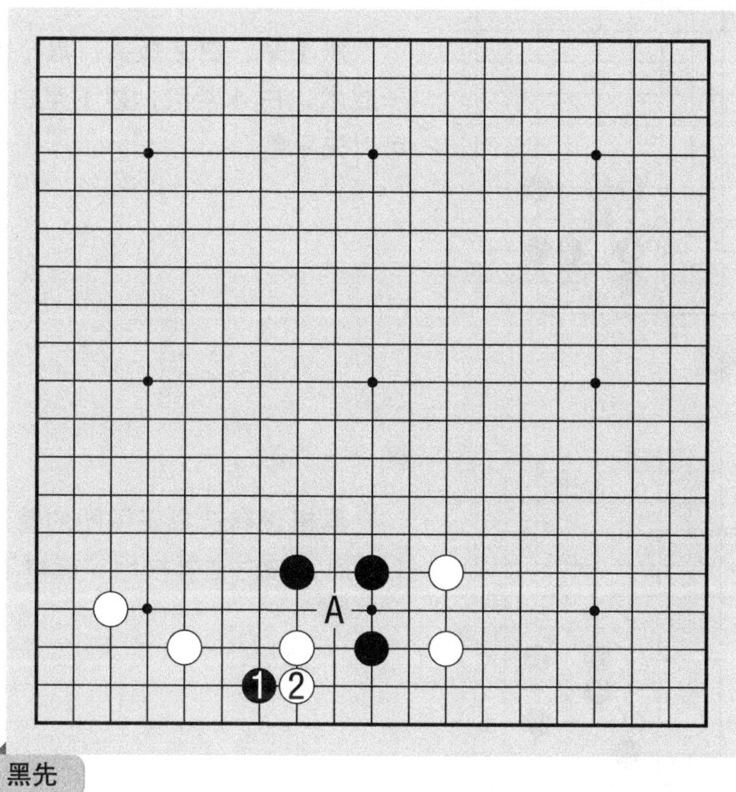

黑先

黑 1 点，白 2 挡时，黑棋欲先手补去 A 位的弱点，那么请问其方法是什么？

问题 54 解答

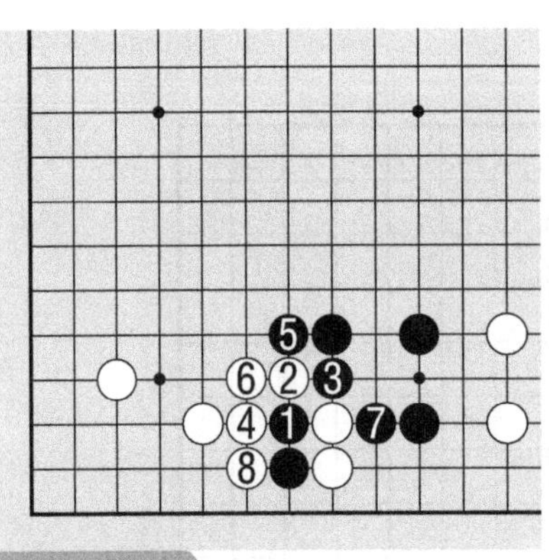
图 1　正解

图 1　正解

黑 1 贴，白 2 扳头，黑 3 断实施弃子战术，白 4 紧气，以下至白 8，黑棋可以先手整形。

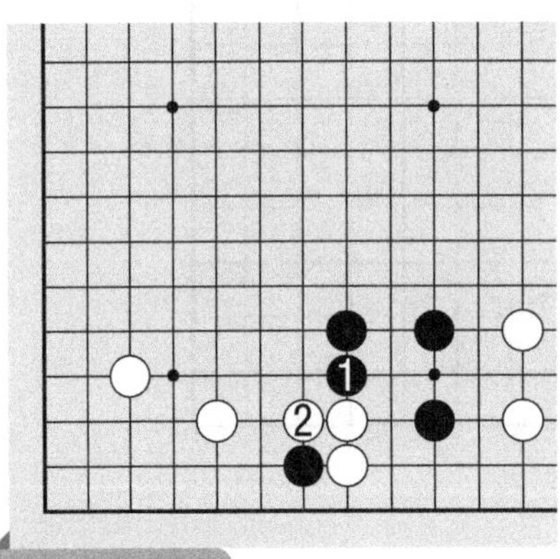
图 2　失败 1

图 2　失败 1

黑棋没有选择正解图的着法，而于 1 位顶，被白 2 补棋后，黑棋不利。

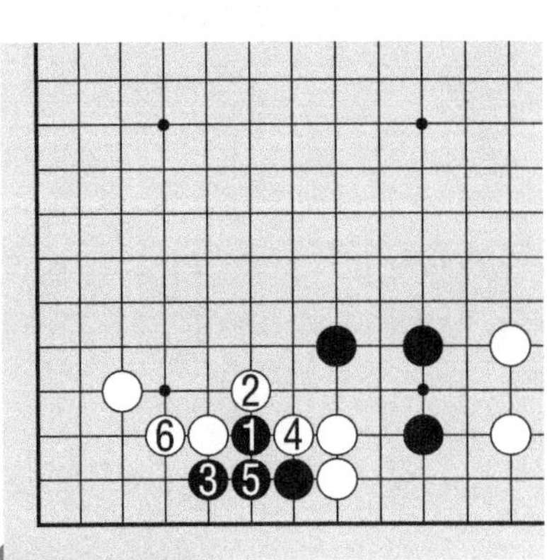
图 3　失败 2

图 3　失败 2

黑 1、3、5 在二路谋求做活是最差的下法，至白 6，黑棋损失更大。

问题 55

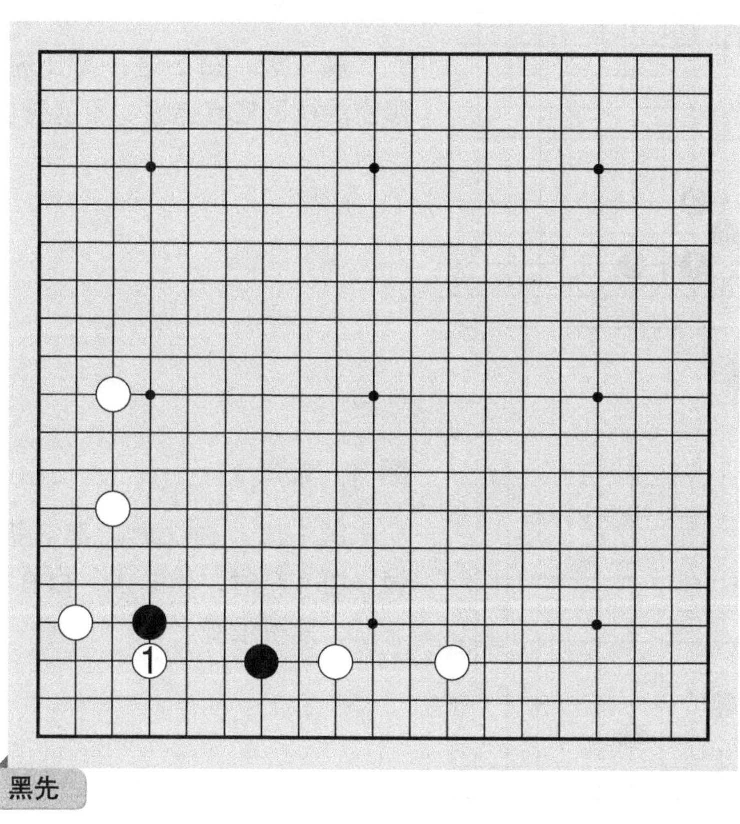

黑先

白 1 托时，黑棋如何利用白棋的弱点来整形？最佳行棋次序是什么？

问题 55 解答

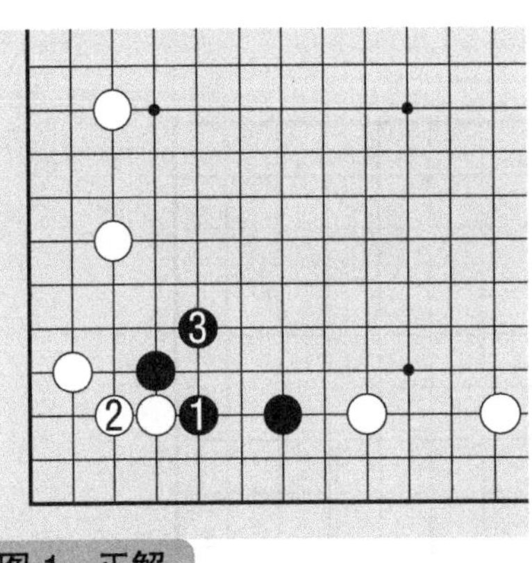
图 1 正解

图 1 正解

黑 1 扳，白 2 退，黑 3 虎是本手，黑棋的棋形富有弹性，不易受攻。

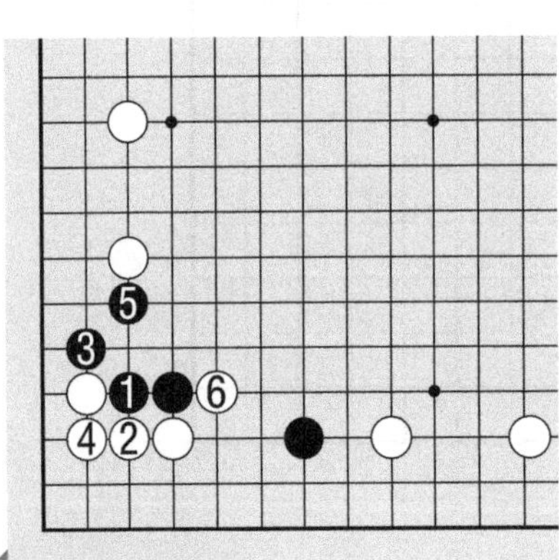
图 2 失败 1

图 2 失败 1

黑 1 顶，白 2 时，黑 3 扳方向错误。白 4 粘时，黑 5 虎，白 6 扳头占据急所，黑棋难受。

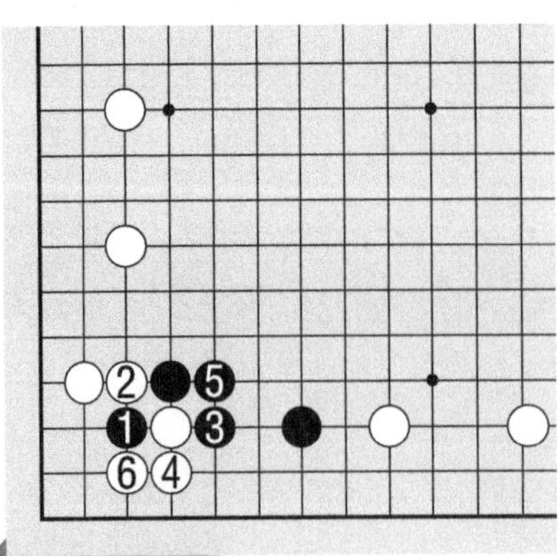
图 3 失败 2

图 3 失败 2

黑 1 扳，白 2 时，黑 3 打吃，以下至白 6，黑棋一只眼都没有，很可能成为白棋攻击的目标。

问题 56

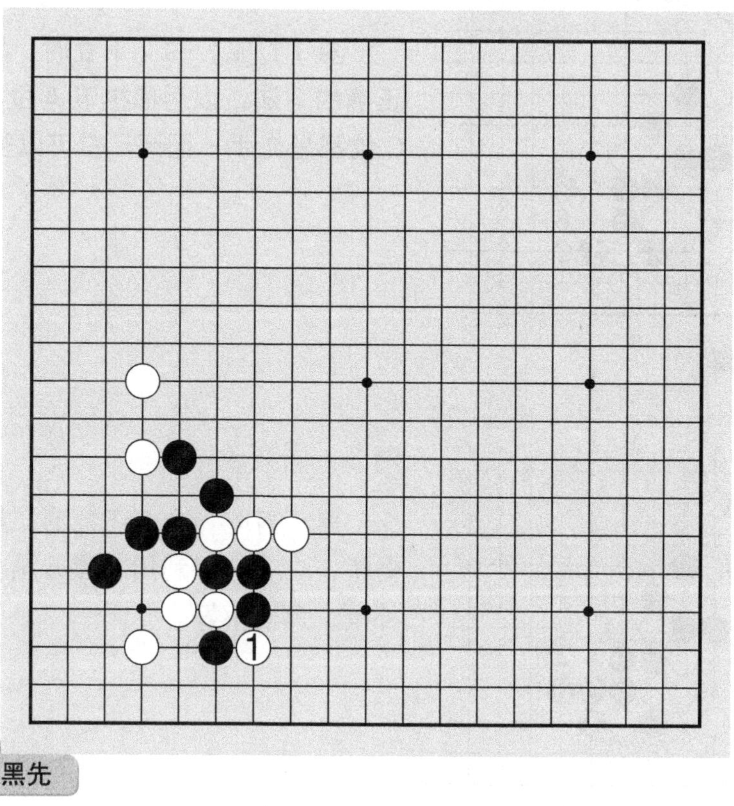

黑先

白 1 断时，黑棋如何利用白棋的弱点来整形？其正确手法是什么？

问题 56 解答

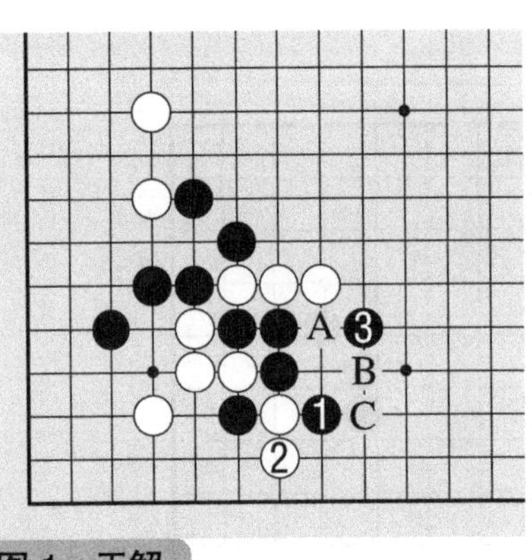

图 1　正解

图 1　正解

黑 1 打吃，白 2 下立时，黑 3 跳是正确的下法，以后黑棋下 A 位、B 位或 C 位都是先手，因而黑棋可以整形。

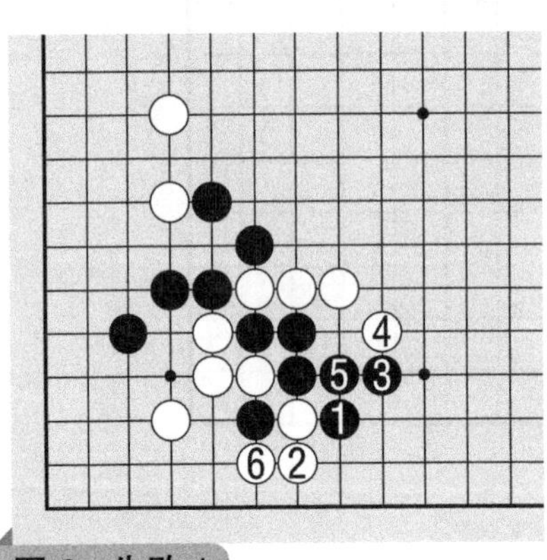

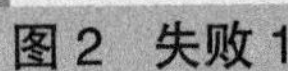
图 2　失败 1

图 2　失败 1

黑 1 打吃，白 2 下立时，黑 3 虎是俗手，白 4 先手利用，黑 5 粘，白 6 再补棋，黑棋不好。

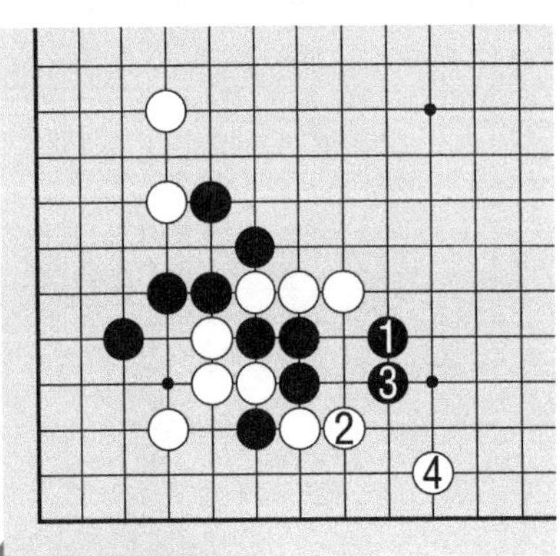

图 3　失败 2

图 3　失败 2

黑 1 单跳，白 2 先手利用，其后黑 3 必须补棋，白 4 飞，黑棋处于被攻击的境地。

问题57

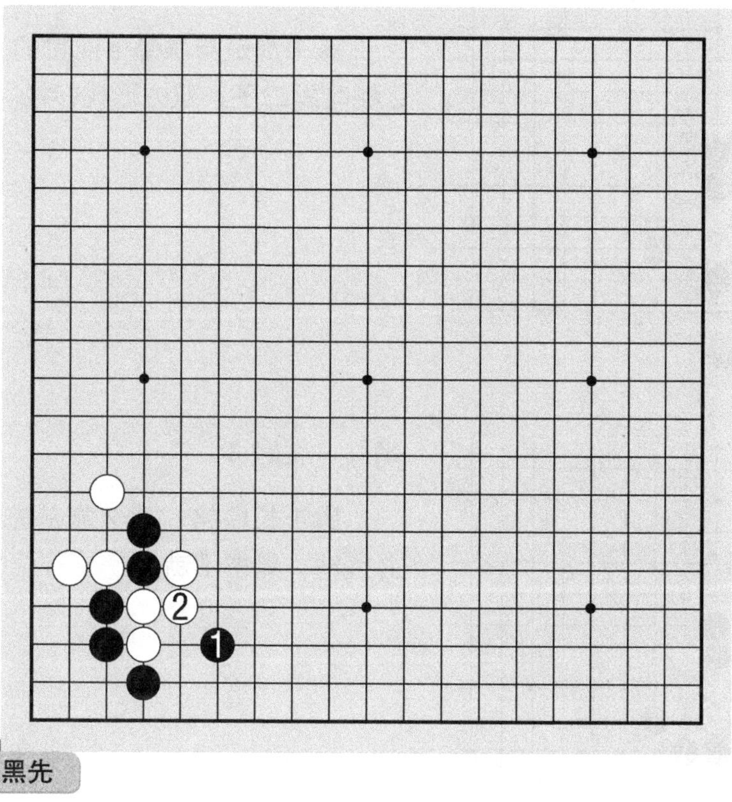

黑先

黑1飞是棋形的急所，白2无奈只好粘，黑棋的下一手棋非常关键。那么请问黑棋如何才能既守角又与边上黑一子保持联络？

问题 57 解答

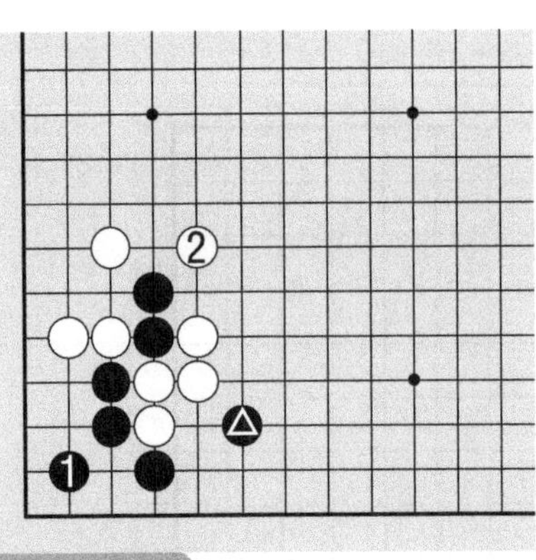
图 1　正解

图 1　正解

黑 1 虎是与黑△相连贯的下法，白 2 枷吃黑二子，双方形成转换。

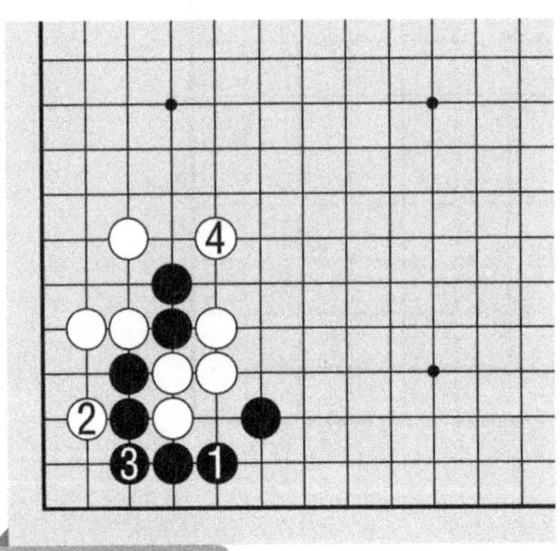
图 2　失败 1

图 2　失败 1

黑 1 长联络，白 2 靠是先手，黑 3 必须粘，黑棋不满。

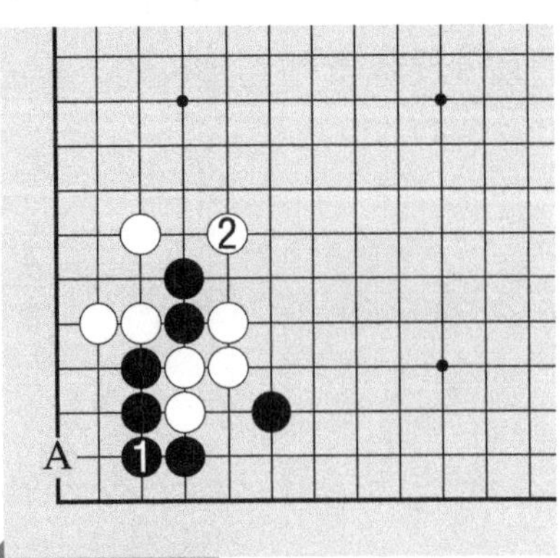

图 3　失败 2

图 3　失败 2

黑 1 粘，虽然也是一种联络方法，但以后白棋有白 A 大飞的官子，黑棋不满。

问题 58

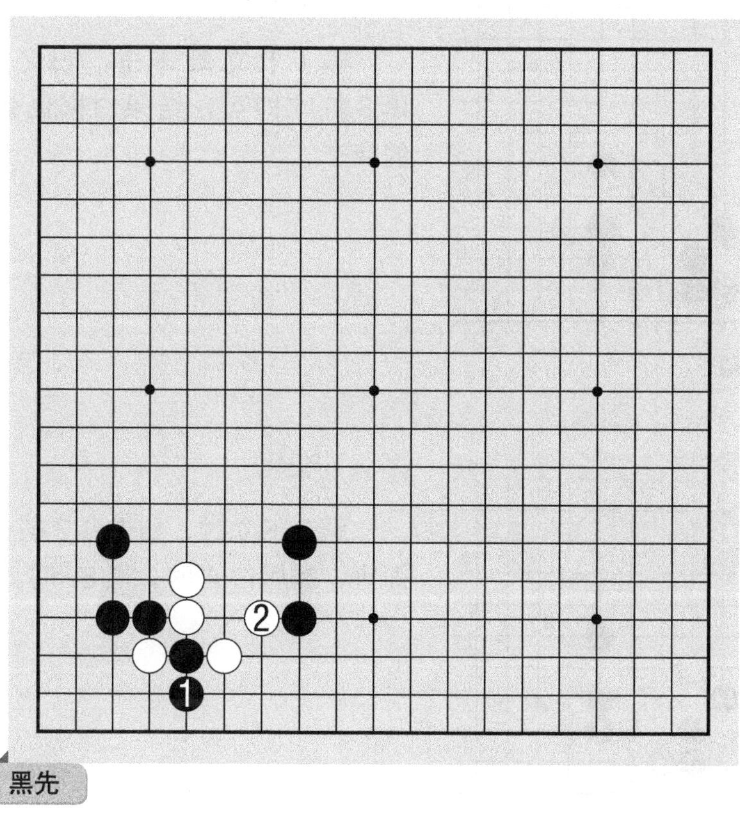

黑先

黑 1 下立，白 2 虎。白 2 的意图是谋求有效地整形，那么请问黑棋现在应该如何下？

问题 58 解答

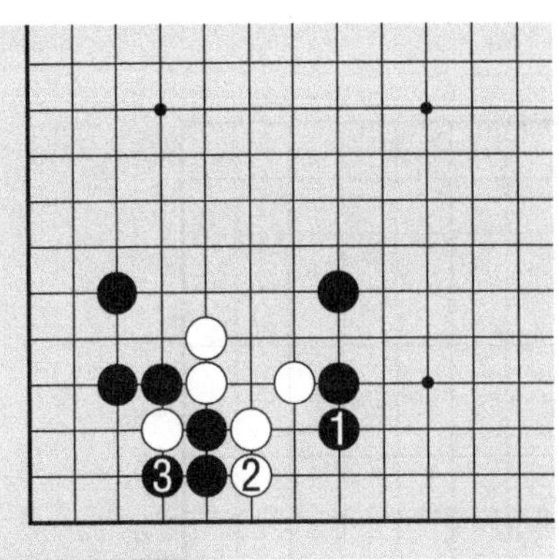

图 1　正解

图 1　正解

黑 1 下立是本手，白 2 如果挡，黑 3 打吃即可，结果白棋仍处于受攻的状态。

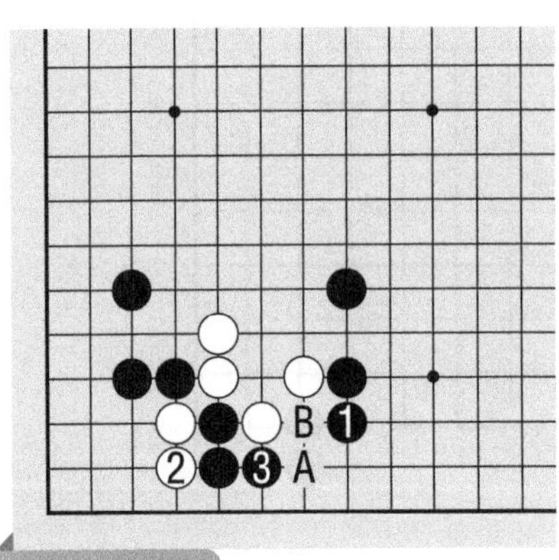

图 2　变化

图 2　变化

黑 1 下立时，如果白 2 挡，黑 3 拐即可，其后白 A 时，黑 B 可打吃。

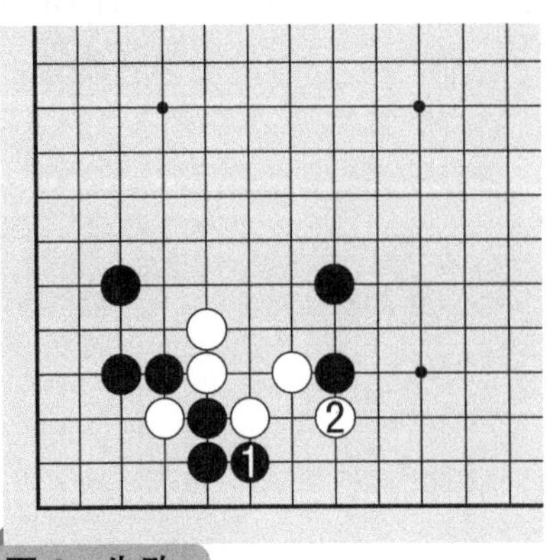

图 3　失败

图 3　失败

黑 1 先拐，白 2 虎是好棋，白棋由此可以摆脱受攻的处境。

问题 59

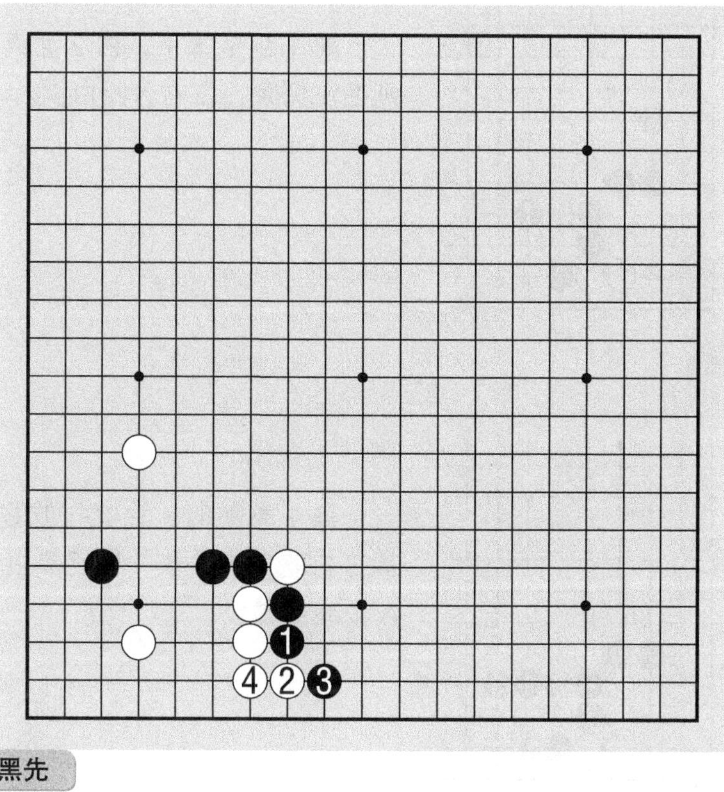

黑 1 挡，白 2、4 扳粘，其后黑棋应如何正确应付？其有效手法是什么？

问题 59 解答

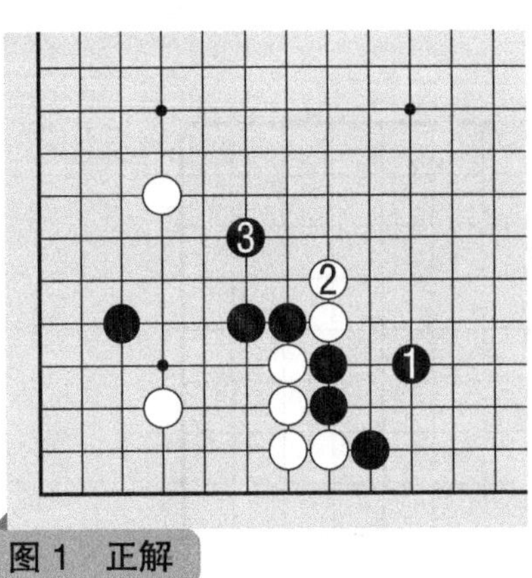

图 1　正解

图 1　正解

黑 1 跳是本手，白 2 如果长，黑 3 则在左侧跳，左右分断白棋。

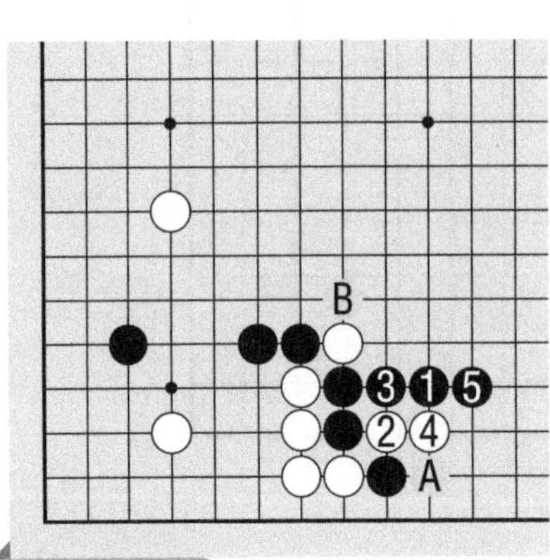

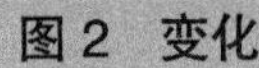

图 2　变化

图 2　变化

黑 1 单跳时，白 2 打吃是大恶手，黑 3 打吃后黑 5 长，以后黑棋还可稳占 A 位或 B 位。

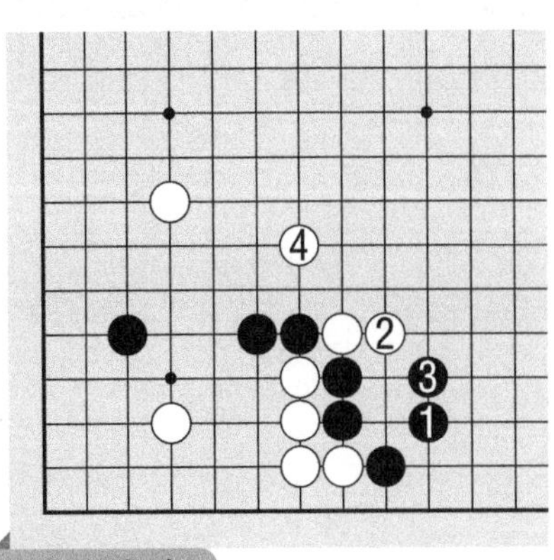

图 3　失败

图 3　失败

黑 1 虎是受棋形束缚的俗手，白 2 长，黑 3 必须补棋，白 4 飞封后，左侧黑棋受攻。

问题 60

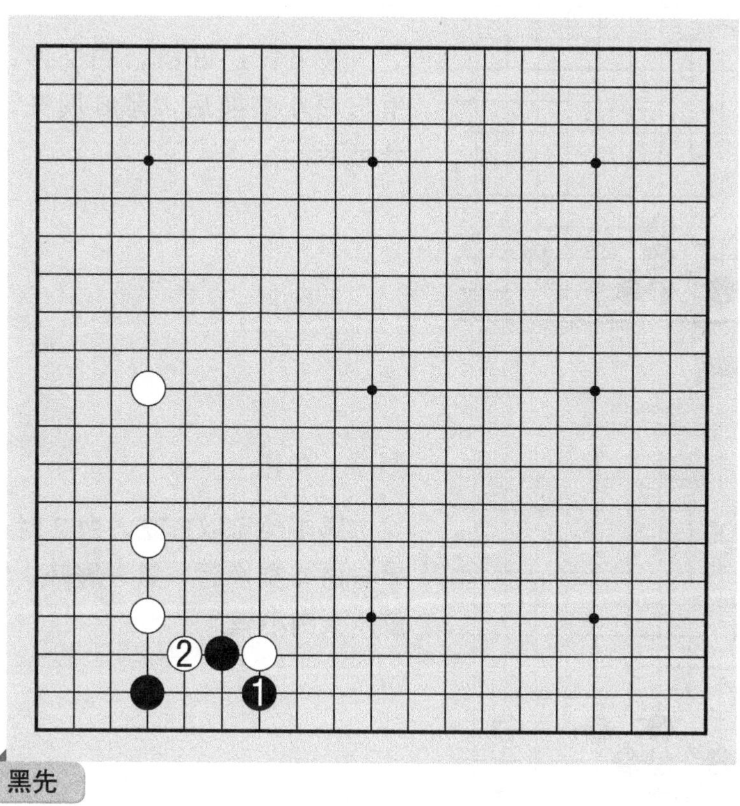

黑先

黑 1 扳时，白 2 尖，其后黑棋应如何下?

问题60解答

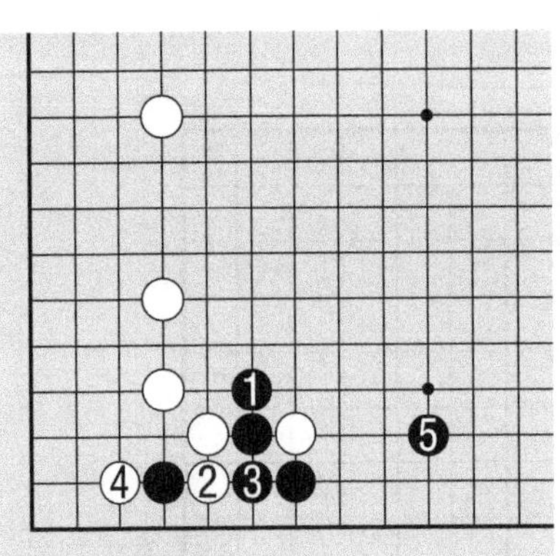
图1　正解

图1　正解

黑1长是好棋，白2冲，黑3先手与白4交换后，黑5展开，黑棋充分可下。

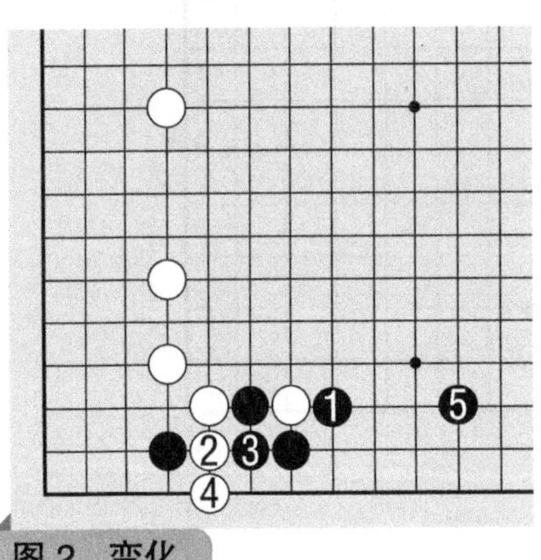
图2　变化

图2　变化

黑1也可以打吃，白2时，黑3先手与白4交换后，黑5展开，结果与正解图大同小异。

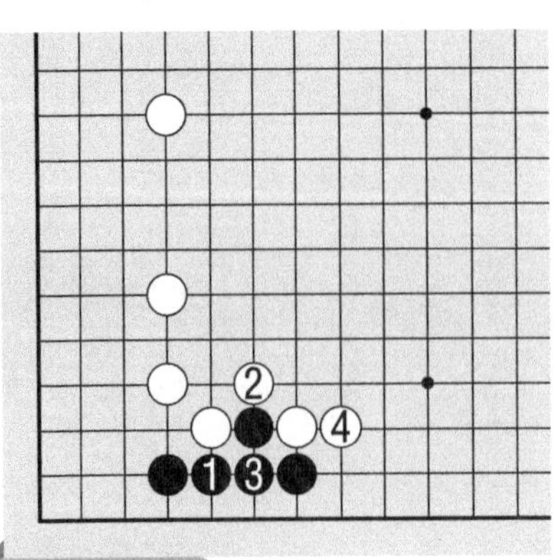
图3　失败

图3　失败

黑1挡时，白2打吃严厉，黑3必须粘，此时白4长，结果白棋厚势。

下 篇

问题61～115

问题 61

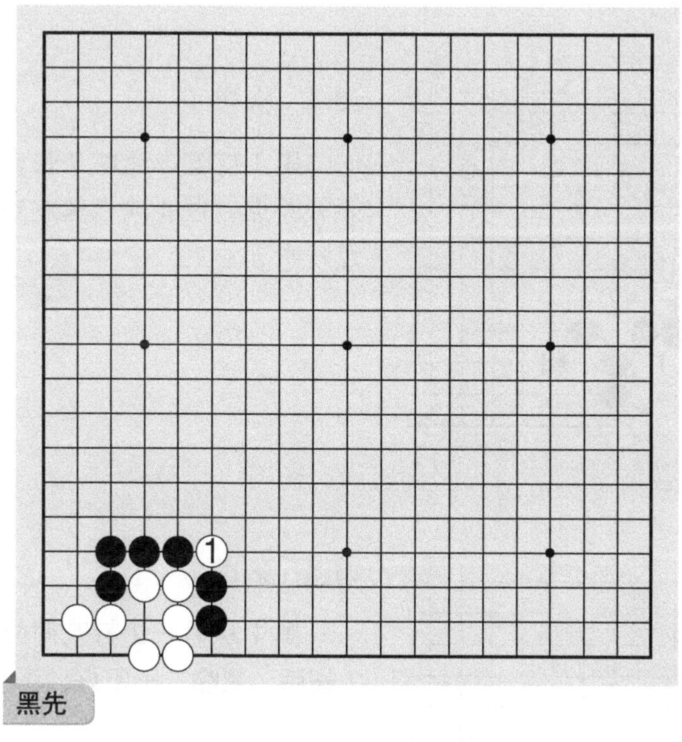

黑先

白 1 断时，黑棋由于被一分为二，将会面临艰苦的战斗。请问黑棋在此形势下应如何下?

问题61解答

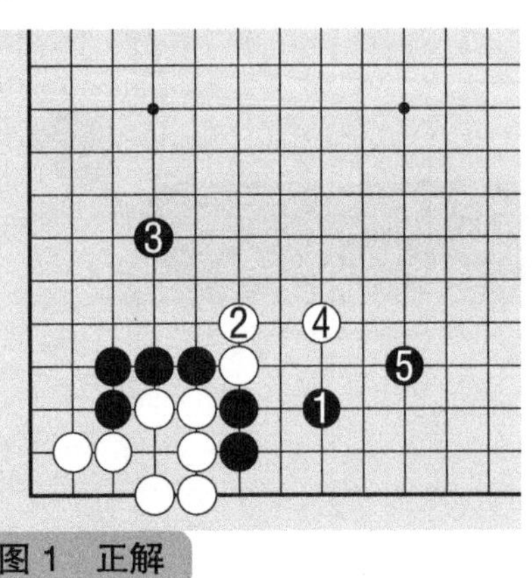
图1 正解

图1 正解

黑1跳是正确的下法，白2如果长，黑3拆，白4时，黑5飞，黑棋充分可下。

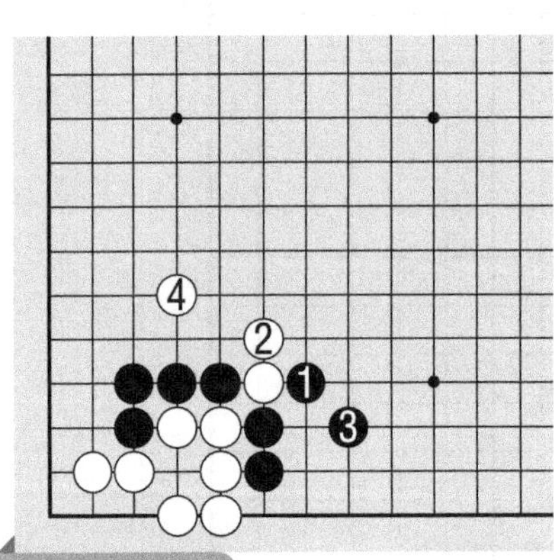
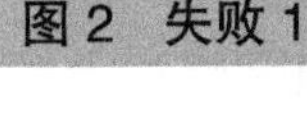
图2 失败1

图2 失败1

黑1打吃，让白2长，其后黑3必须补断点，白4飞，黑左边四子处于受攻状态。

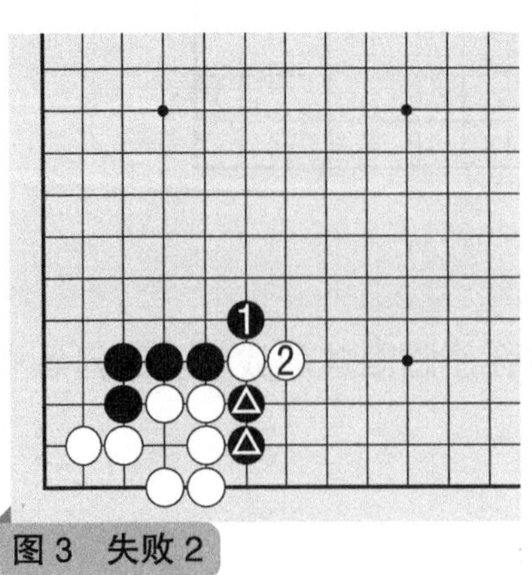
图3 失败2

图3 失败2

黑1从另一边打吃同样不可取，白2长后，黑▲二子不好动弹，黑棋不利。

问题 62

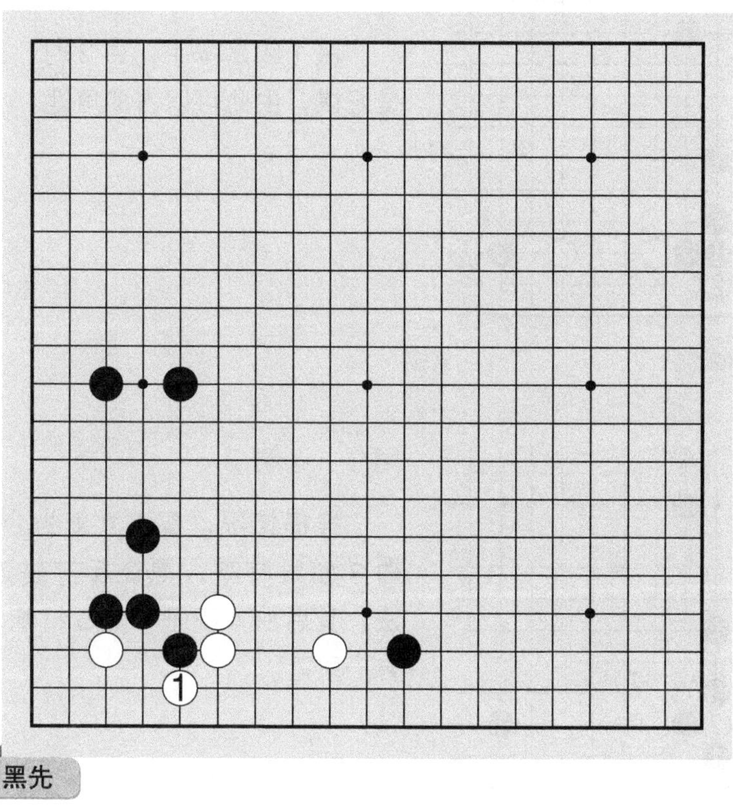

黑先

白 1 扳时，黑棋欲占据角地，请问黑棋应如何下?

问题 62 解答

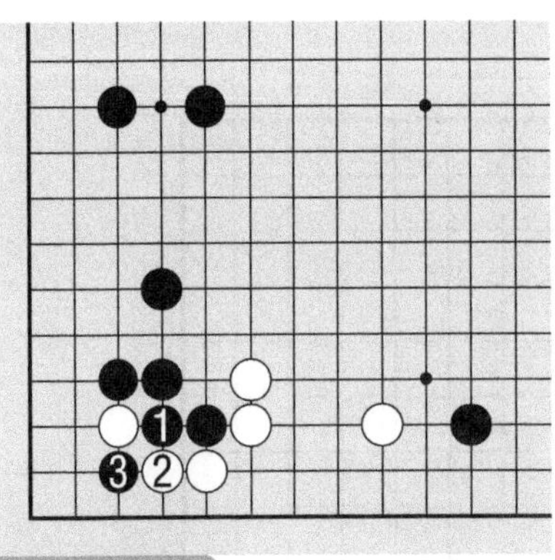
图 1　正解 1

图 1　正解 1

黑 1 团是本手，白 2 时，黑 3 打吃是好棋，由此可以占取角地。

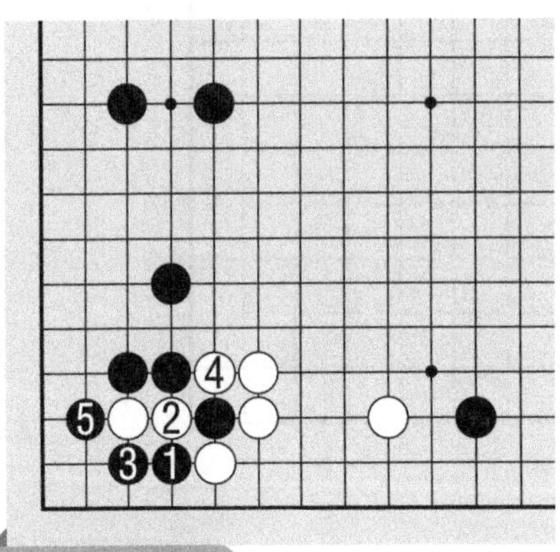
图 2　正解 2

图 2　正解 2

根据情况，黑 1 立即挡也可成立，白 2 如果打吃，黑 3 反打是连贯的下法，其后白 4 提子，黑 5 打吃，双方暂告一段落。

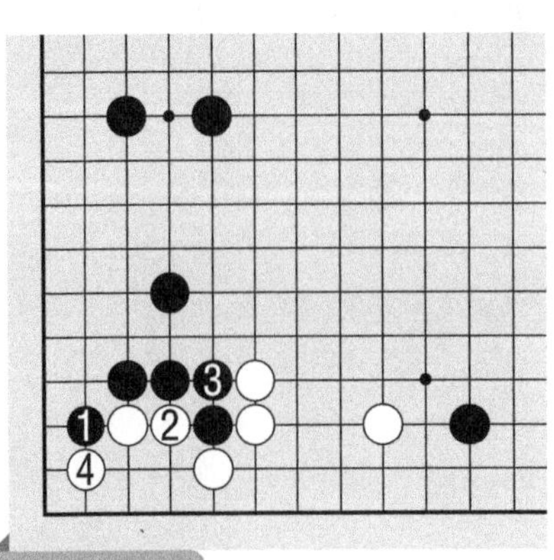
图 3　失败

图 3　失败

黑 1 扳过于消极，白 2 打吃后，白 4 扳，白棋占据了角地。

问题 63

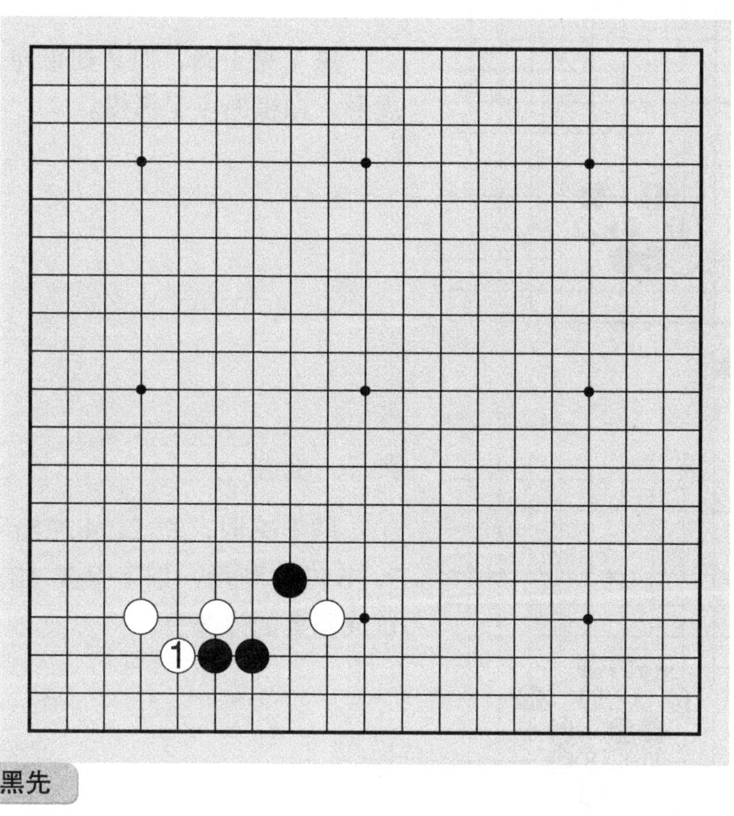

黑先

白 1 虎时，黑棋必须补断点，请问黑棋应如何下？

问题 63 解答

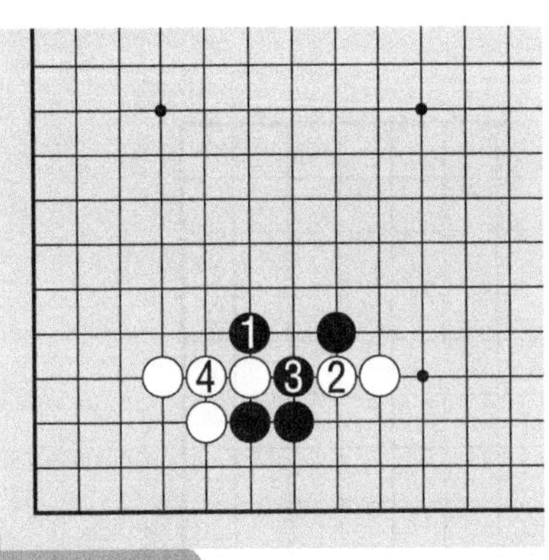
图 1　正解

图 1　正解

黑 1 夹正确，白 2 如果冲，黑 3 成虎形，白棋断不了黑棋。

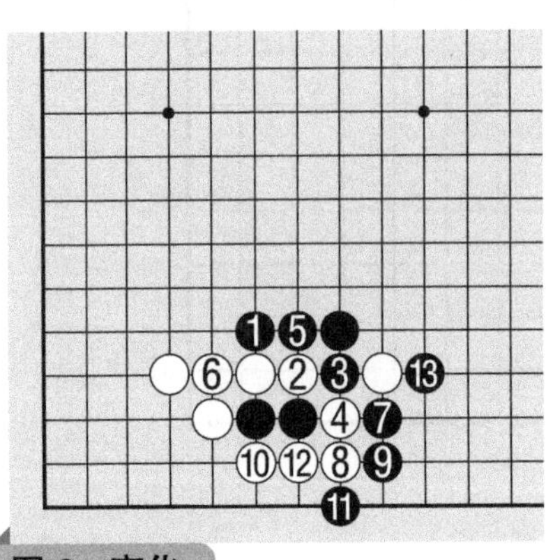
图 2　变化

图 2　变化

黑 1 夹时，白 2、4 冲断不好，黑 3、5 先手利用，以下至黑 13，黑棋构筑成坚实的外势。

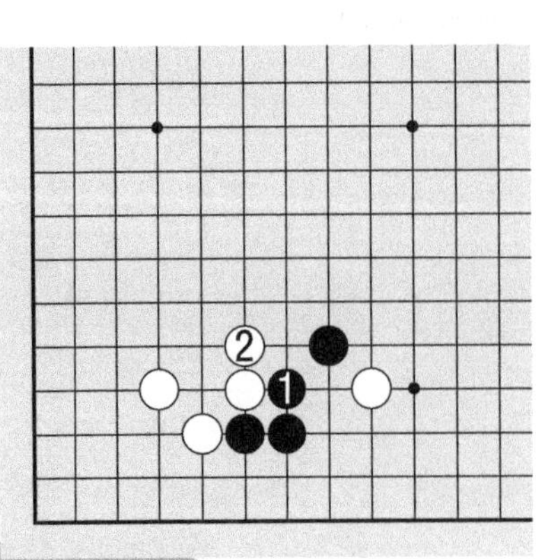
图 3　失败

图 3　失败

黑 1 时，白 2 长，黑四子仍是受攻击的对象。

问题 64

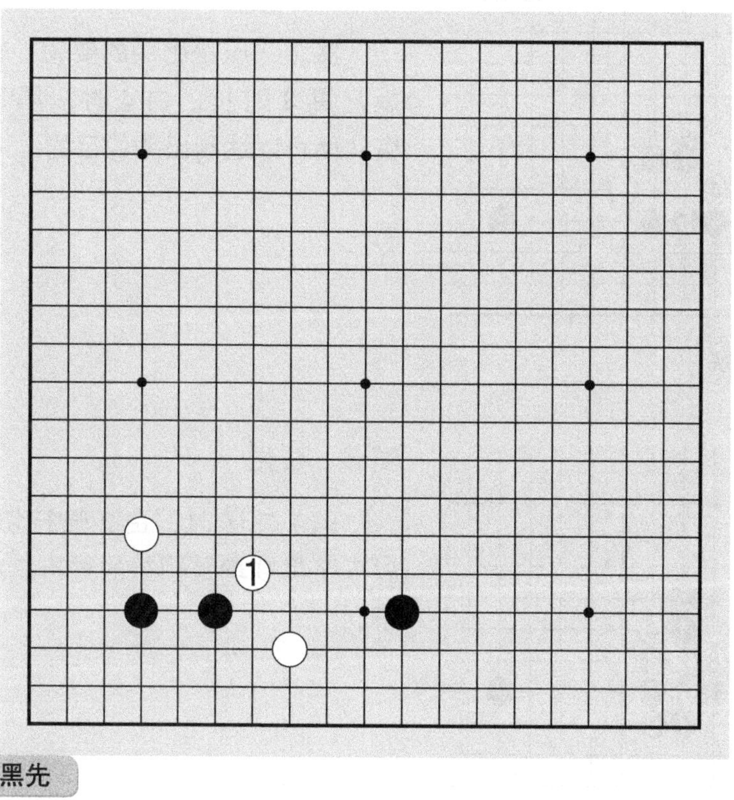

黑先

白 1 飞，意在封锁黑棋，黑棋却欲向中腹出头，请问黑棋的最佳下法是什么?

问题 64 解答

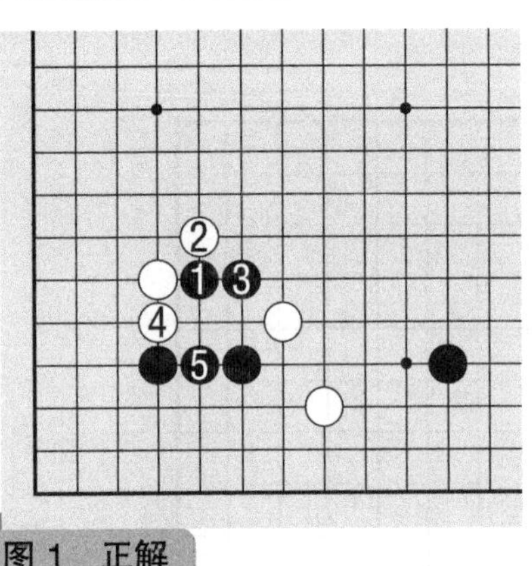
图 1　正解

图 1　正解

黑 1 飞压是出头的要领，白 2 如果扳，黑 3 则长，白 4 时，黑 5 应，黑棋从而可以达到出头的目的。

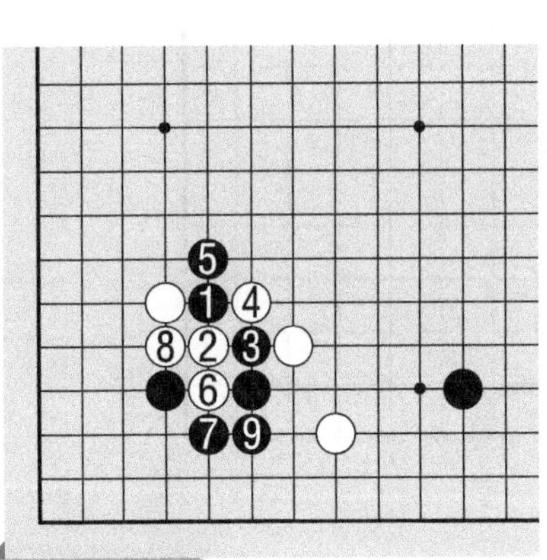
图 2　变化

图 2　变化

黑 1 飞压时，白 2 强行切断无理，以下至黑 9 均是预想的进行，结果白棋不利。

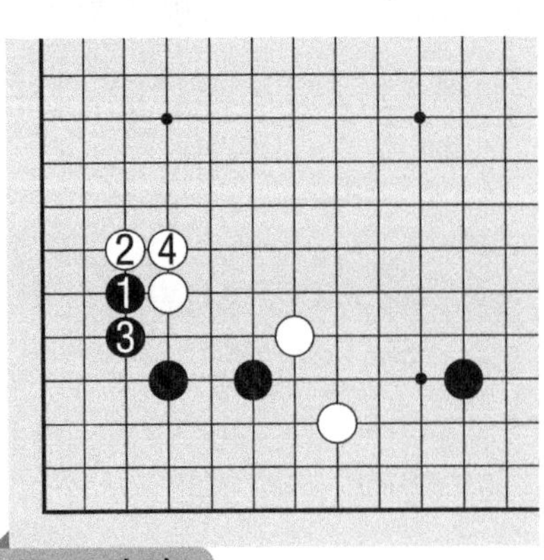
图 3　失败

图 3　失败

黑棋不向中腹出头，黑 1 谋求做活则过于消极，白 2、4 构筑外势，黑棋失败。

问题 65

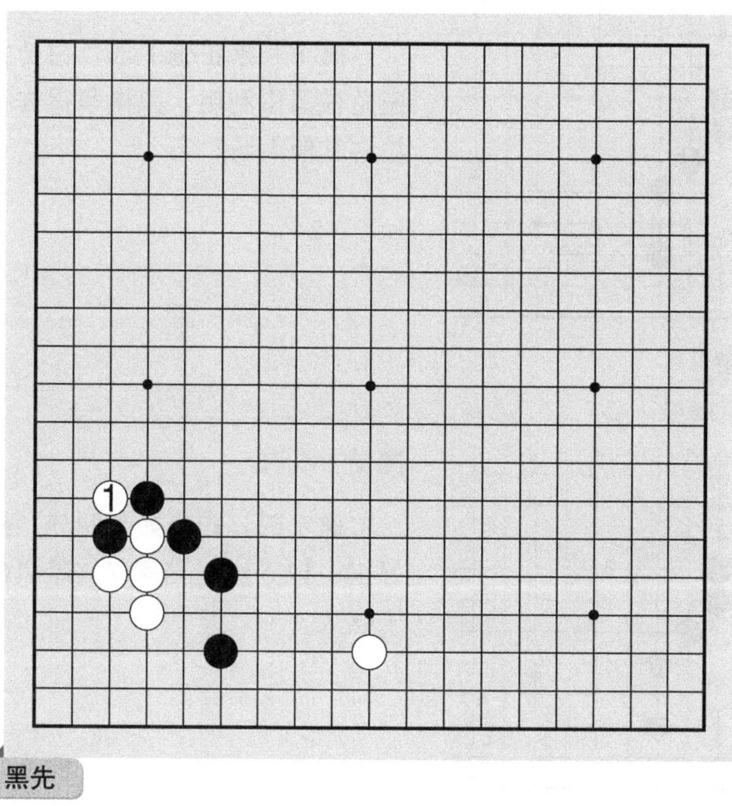

黑先

白 1 打吃时，黑棋应如何利用已被吃的一子来整形？其正确下法是什么？

问题 65 解答

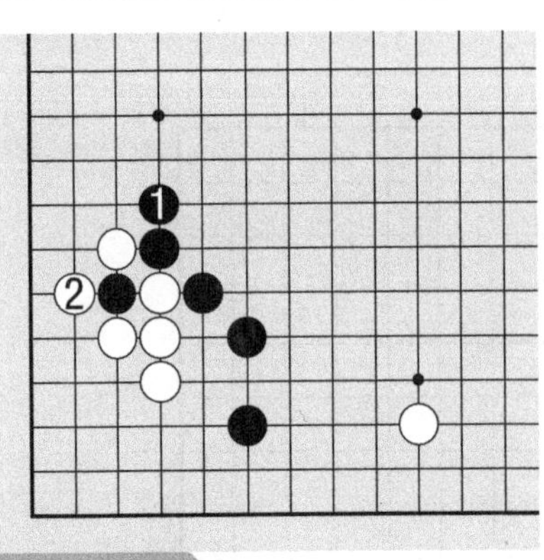

图 1　正解

图 1　正解

黑 1 长是正确下法，白 2 提子，以避免被黑棋利用，黑棋争得先手，可以抢占其他大场。

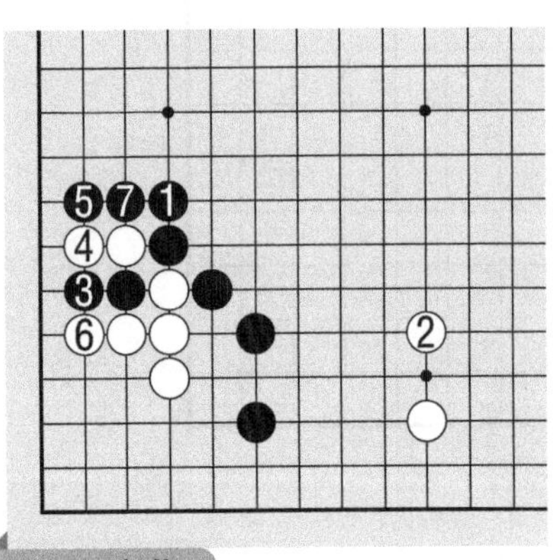
图 2　变化

图 2　变化

黑 1 时，白棋如果脱先，黑 3 立是好棋，以下进行至黑 7，黑棋的外势过于强大。

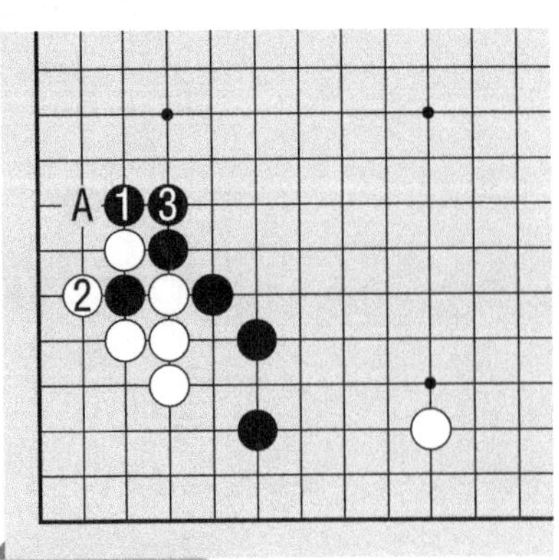
图 3　失败

图 3　失败

黑 1 反打，白 2 提子，黑 3 粘时，白 A 是好点，且白也可脱先，黑棋不满。

问题 66

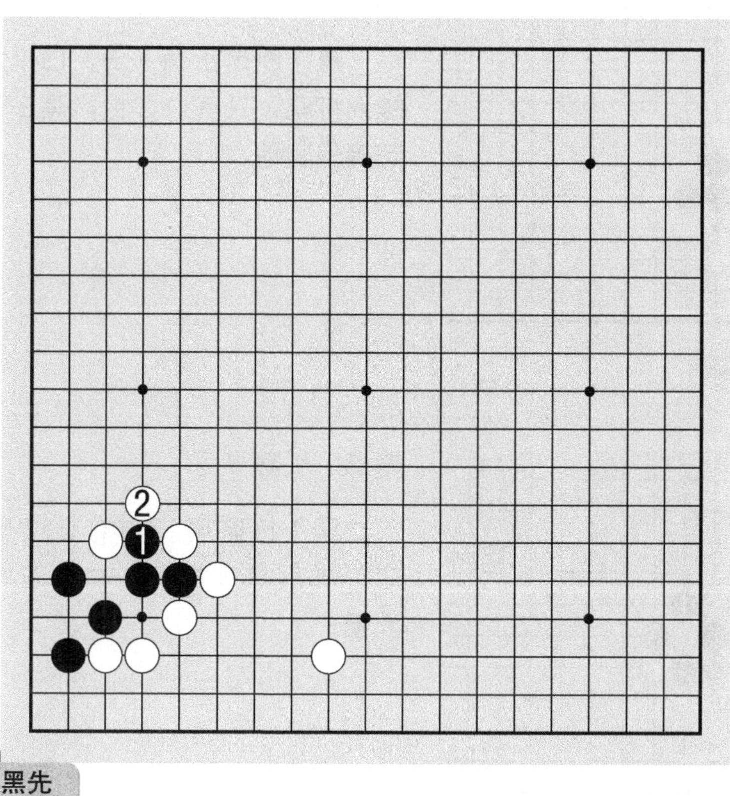

黑 1 冲，白 2 挡时，黑棋如何通过攻击白棋的弱点而获取利益？请问其正确的下法是什么？

问题 66 解答

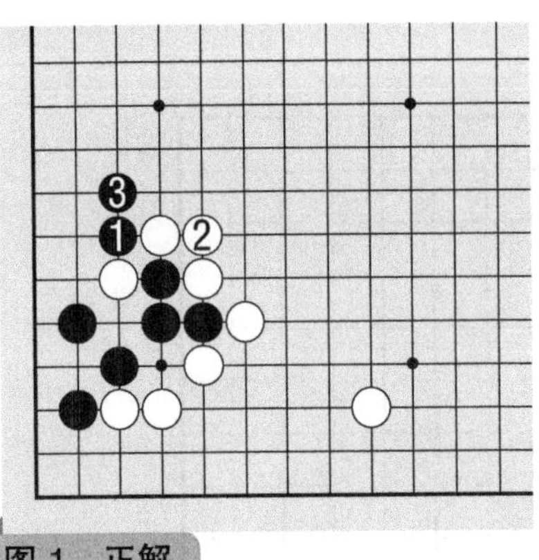
图 1　正解

图 1　正解

黑 1 断是正确下法，白棋为了避免被双打吃，只有白 2 粘，黑 3 长，黑棋可确保实地。

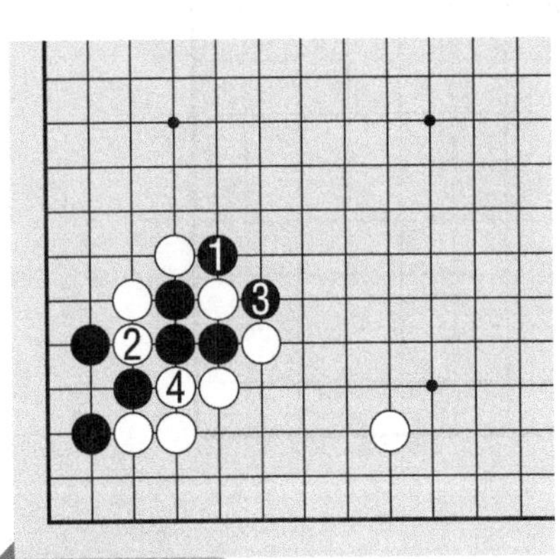
图 2　失败 1

图 2　失败 1

黑 1 打吃时，白有 2 位反打的手段，其后黑 3 提子，白 4 双吃，黑棋大损。

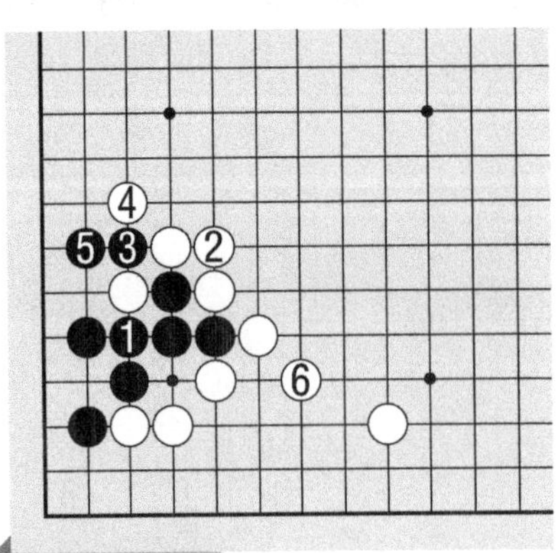
图 3　失败 2

图 3　失败 2

黑棋为了避免被打吃，黑 1 粘则过于消极，以下至白 6，黑棋不好。

问题 67

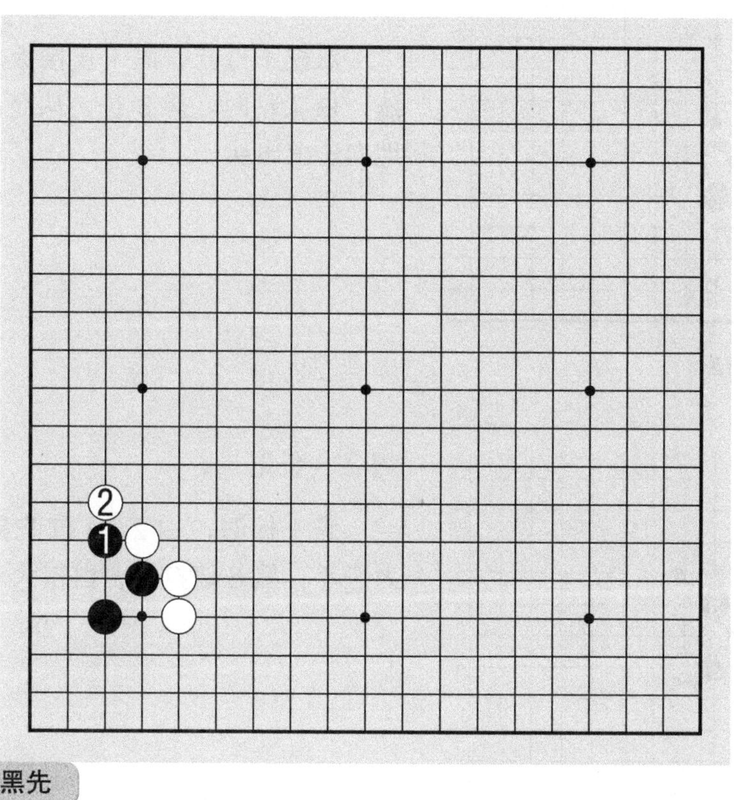

黑先

黑 1 虎，白 2 扳时，黑棋应利用白棋的断点向边上出头，请问其正确的下法是什么?

问题 67 解答

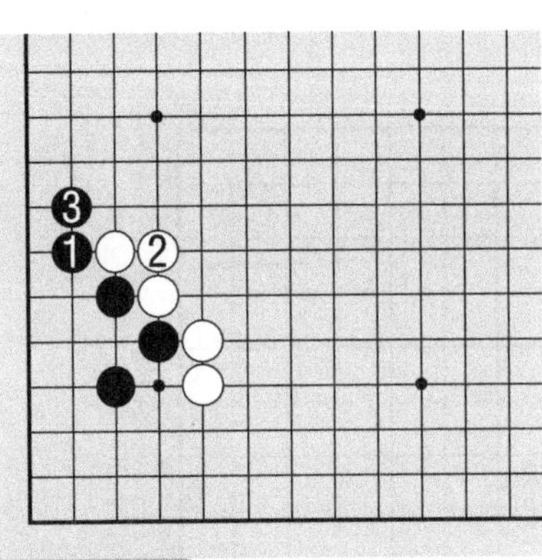

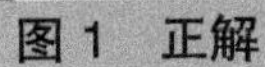

图 1　正解

黑棋不打吃，黑 1 直接扳是正确下法，白 2 粘时，黑 3 长，从而可以成功地向边上出头。

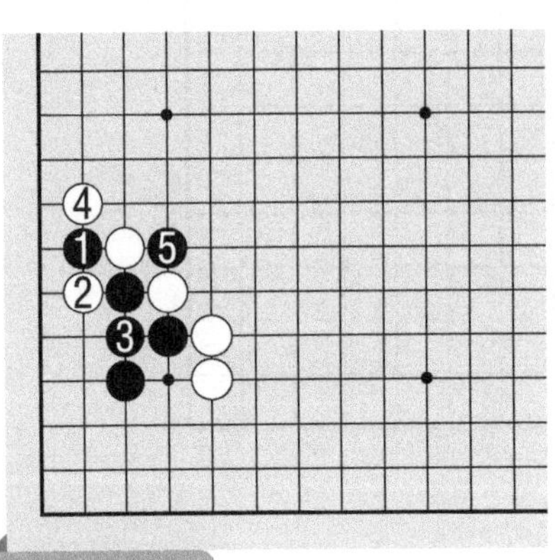

图 2　变化

图 2　变化

黑 1 扳时，白 2、4 打吃黑一子是大恶手，黑 5 双打后，白棋大亏。

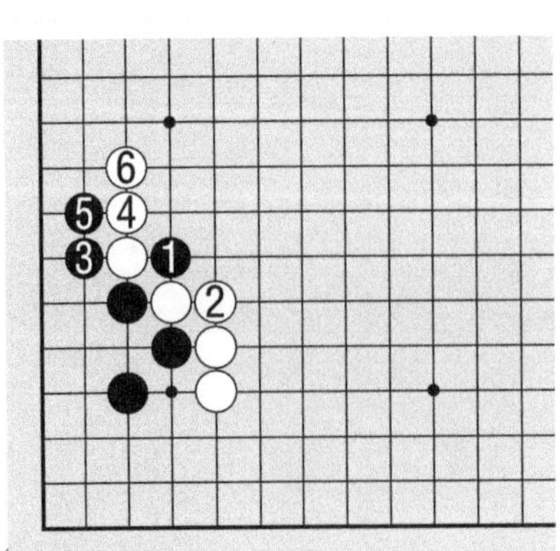

图 3　失败

图 3　失败

黑 1 打吃，其后黑 3、5 谋求做活是恶手。与正解图相比，黑棋让白棋走强。

问题 68

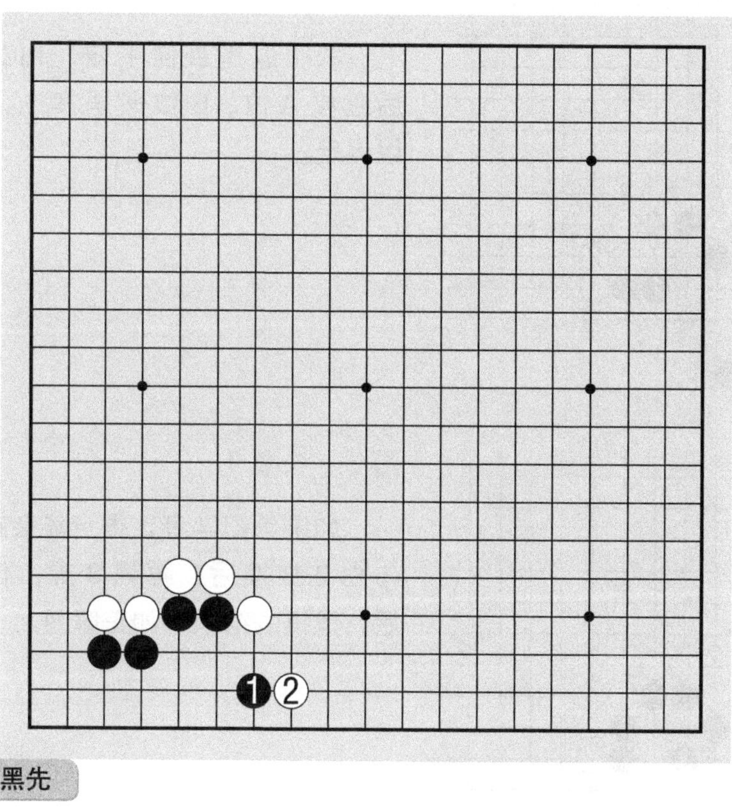

黑 1 飞，白 2 靠，其后黑棋应如何整形？其正确下法是什么？

问题 68 解答

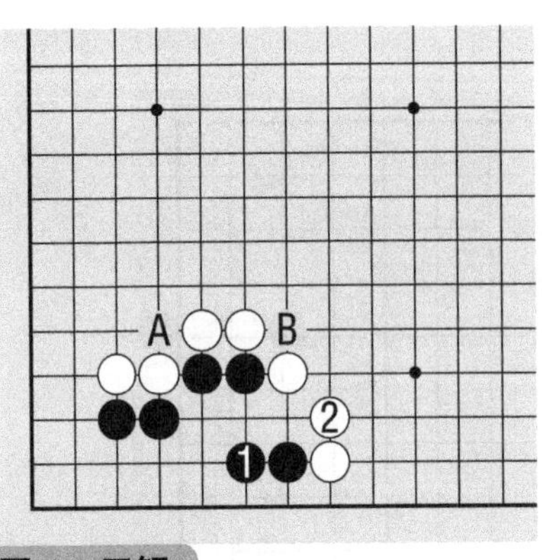

图 1　正解

图 1　正解

黑 1 退是最佳下法，白 2 应，其后黑棋 A 位、B 位必居其一，黑棋可以满足。

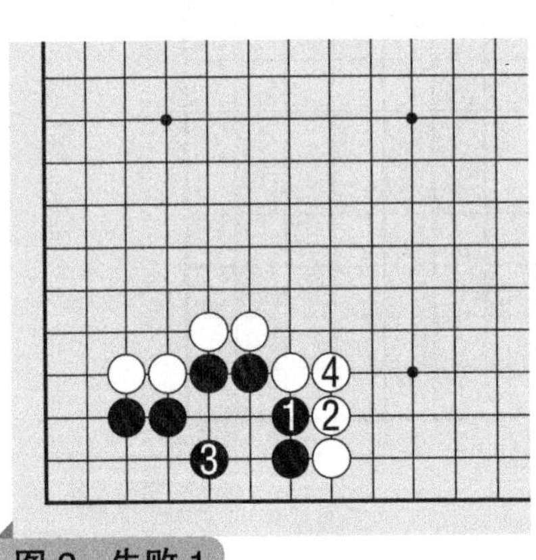
图 2　失败 1

图 2　失败 1

如果是初学者，很可能会在黑 1 顶与白 2 交换后，再黑 3 虎，但白 4 粘后，黑棋的结果不如正解图。

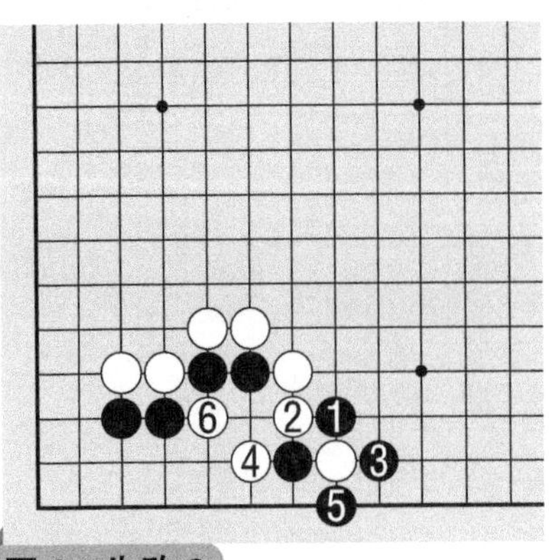
图 3　失败 2

图 3　失败 2

黑 1 扳，其后黑 3 打吃白一子不好，以下进行至白 6，黑棋损失很大。

问题 69

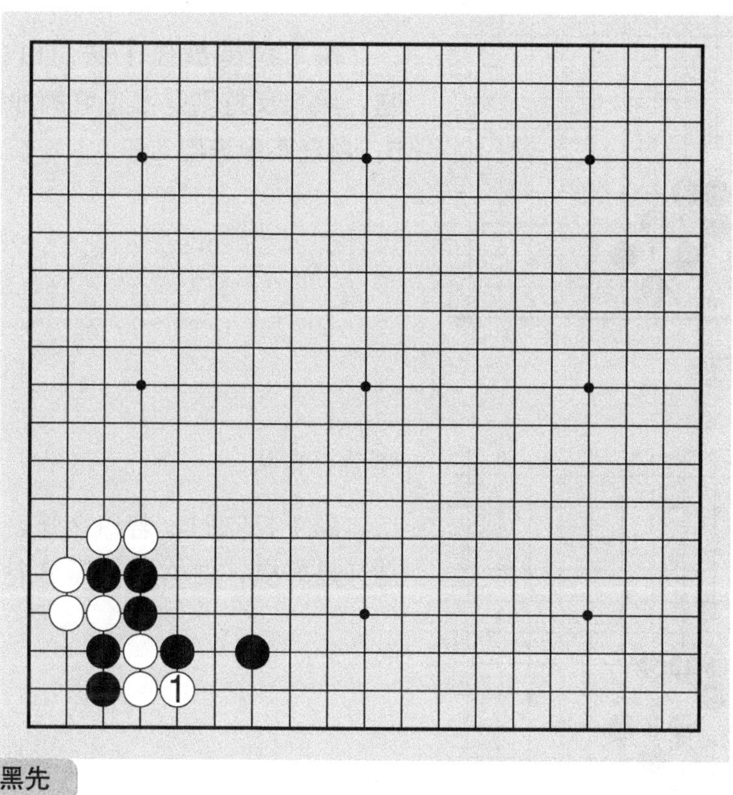

黑先

白 1 拐时，黑棋由于存在被双打吃的弱点，有点不好应。请问在此情况下，黑棋应该如何下？

问题 69 解答

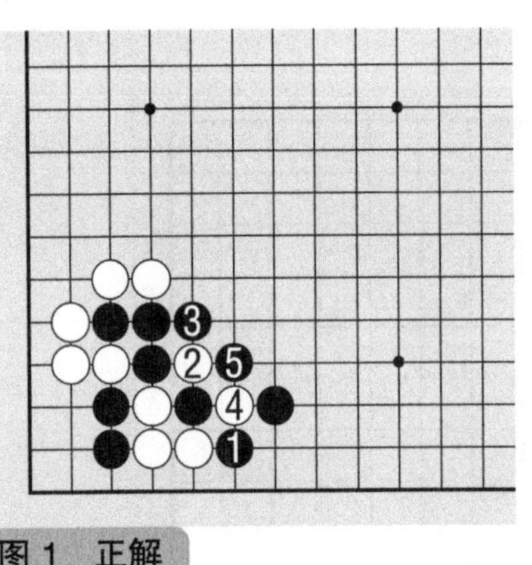

图 1 正解

图 1 正解

黑 1 挡是最佳下法，白 2 如果打吃，黑 3 反打则是准备好的妙手，至黑 5，白已不能连回二子。

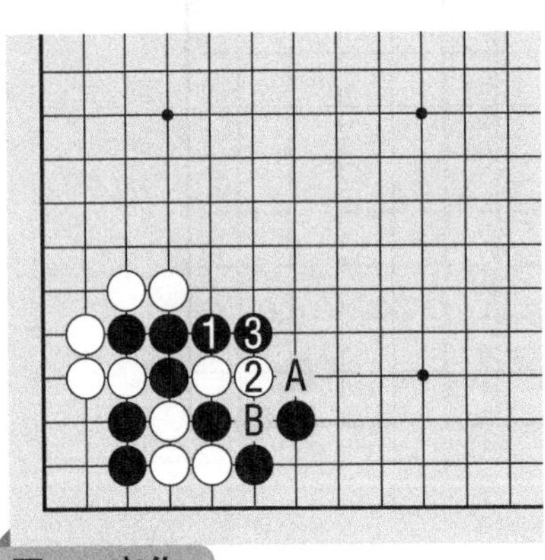

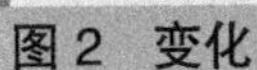
图 2 变化

图 2 变化

黑 1 打吃时，若白 2 长，此时黑 3 贴又是好棋，白 A 时，黑 B 粘即可。

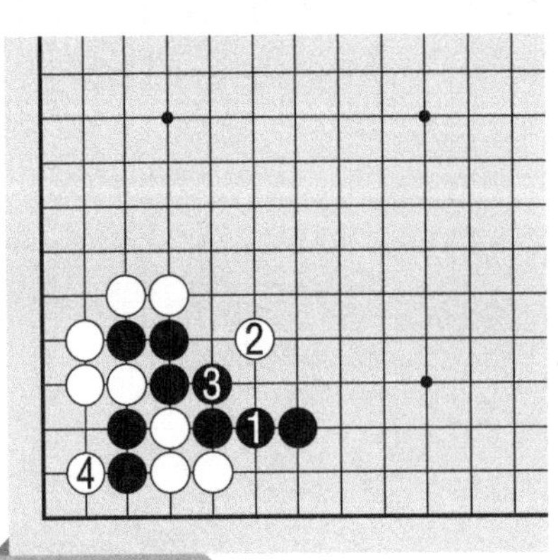

图 3 失败

图 3 失败

黑 1 连接过于软弱，白 2 先手利用很舒服，其后白 4 吃住黑二子，黑棋整体成为被攻击的目标。

问题 70

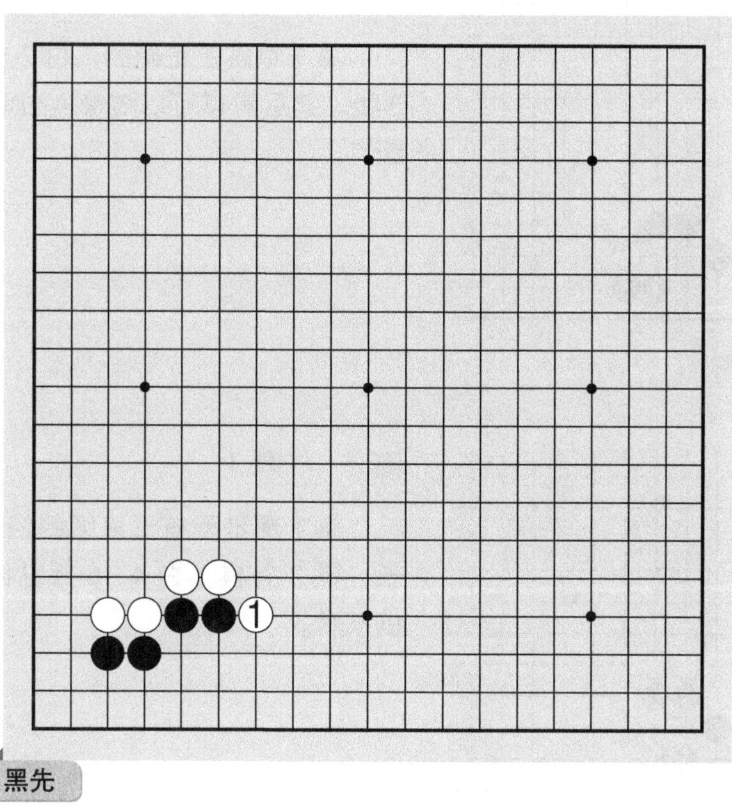

黑先

白 1 扳头，黑棋应如何应付？其正确下法是什么？

问题 70 解答

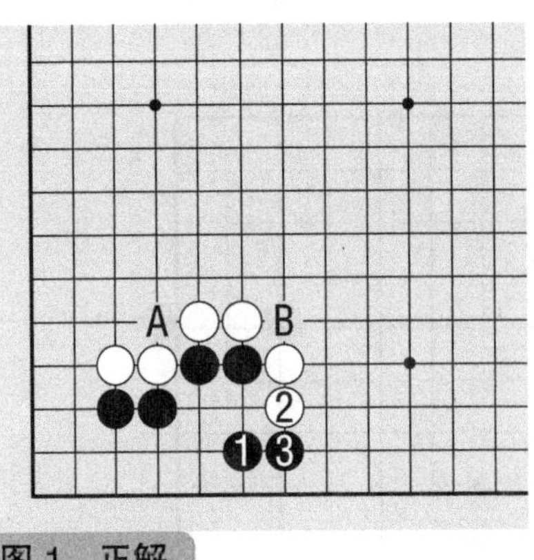

图 1　正解

图 1　正解

黑 1 单跳是正确的，白 2 长时，黑 3 爬，其后黑棋可以瞄着 A 位和 B 位的断点。

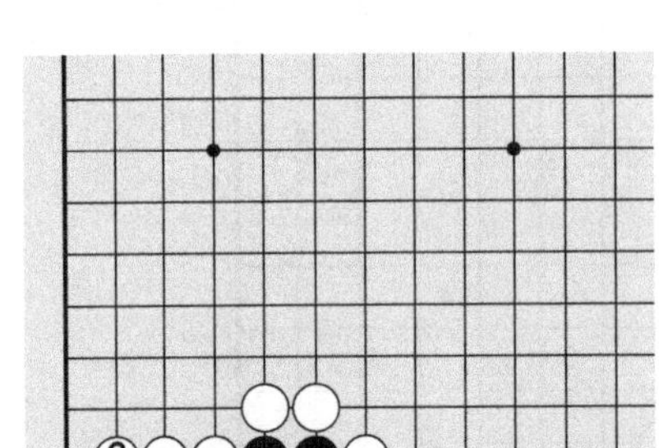

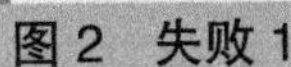

图 2　失败 1

图 2　失败 1

黑 1 虎是受棋形束缚的俗手，白 2 长，黑 3 补棋，白 4、6 扳粘绝好，黑棋不满。

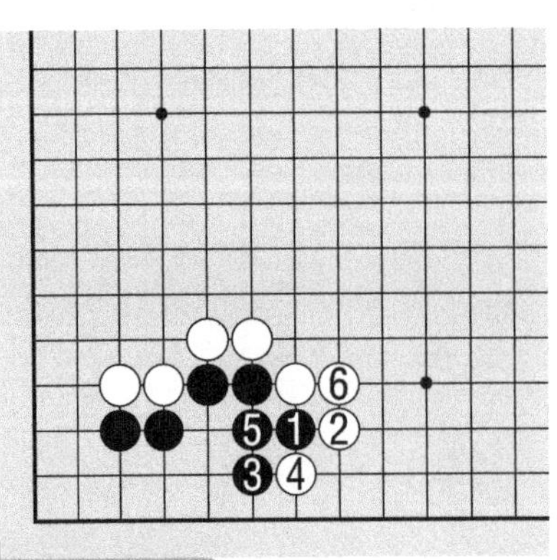

图 3　失败 2

图 3　失败 2

黑 1 扳，白 2 连扳是准备好的强手，以下进行至白 6，黑棋让白棋走强。

问题 71

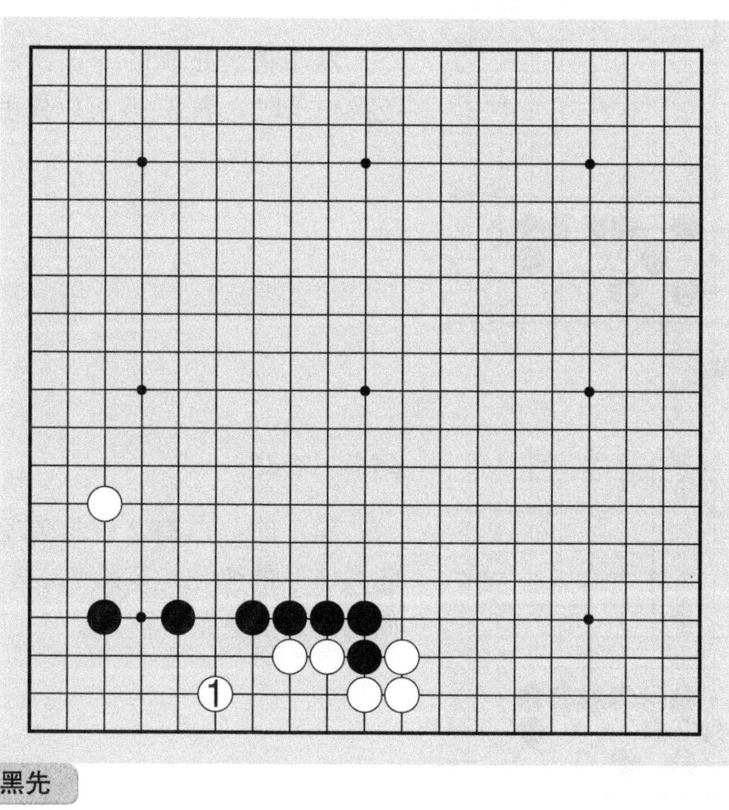

黑先

白 1 飞，蚕食黑棋的角地。黑棋现在要阻止白棋继续向角上发展，请问其正确手段是什么?

问题 71 解答

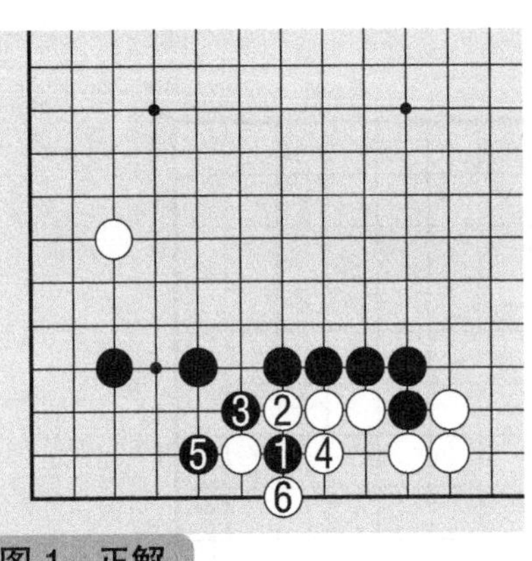

图 1　正解

图 1　正解

黑 1 搭是正确的下法，白 2、4 打吃黑一子时，黑 3、5 可以先手守角。

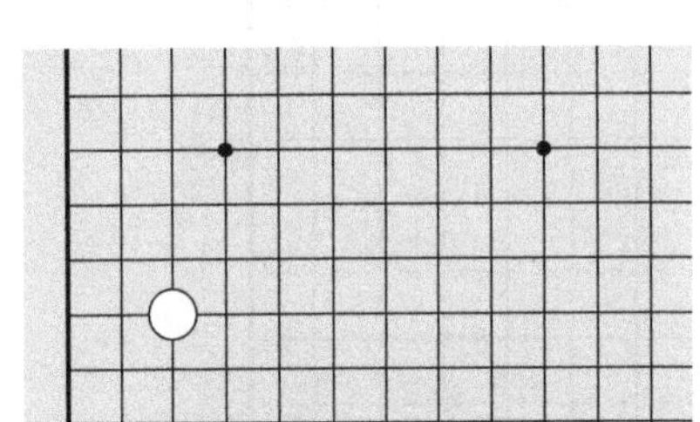

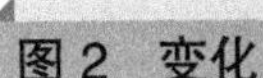

图 2　变化

图 2　变化

黑 1 时，白有 2 位打吃后白 4、6 吃黑一子的变化，至黑 7，与正确图不同的是白棋是先手。

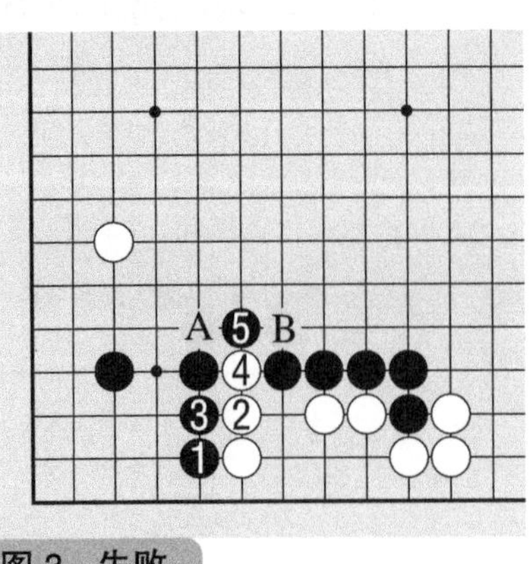

图 3　失败

图 3　失败

黑 1 挡，白 2 长，黑 3 连接，至黑 5，A 位和 B 位的弱点是黑棋的负担。

问题 72

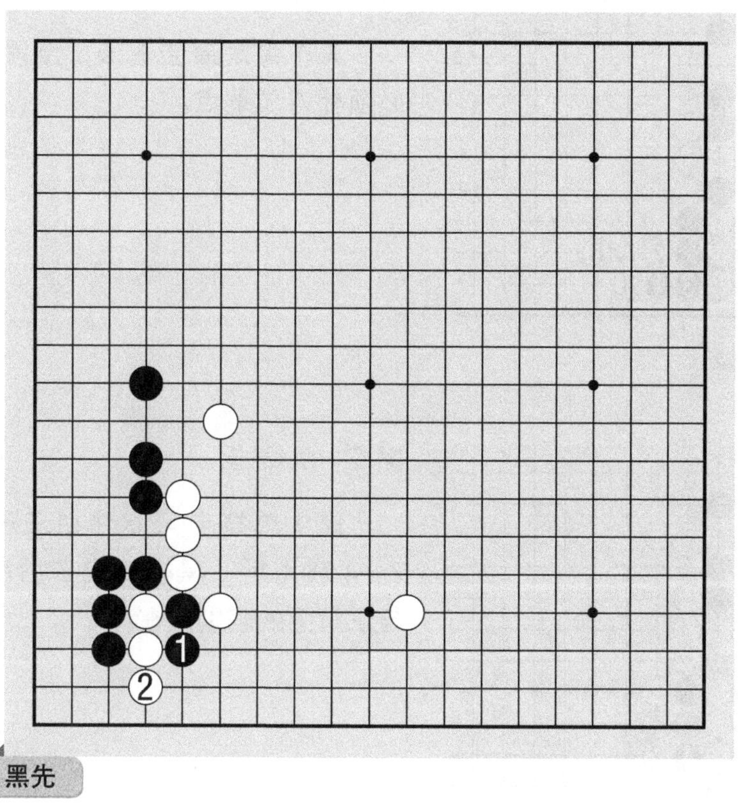

黑先

黑 1 打吃，白 2 立，黑棋准备吃白三子，请问黑棋如何吃法最佳?

问题 72 解答

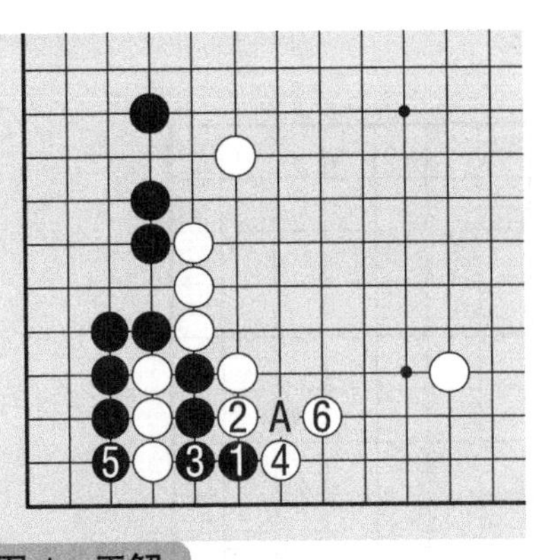

图 1　正解

图 1　正解

黑 1 尖是最佳下法，至黑 5，白 6 必须补 A 位弱点。

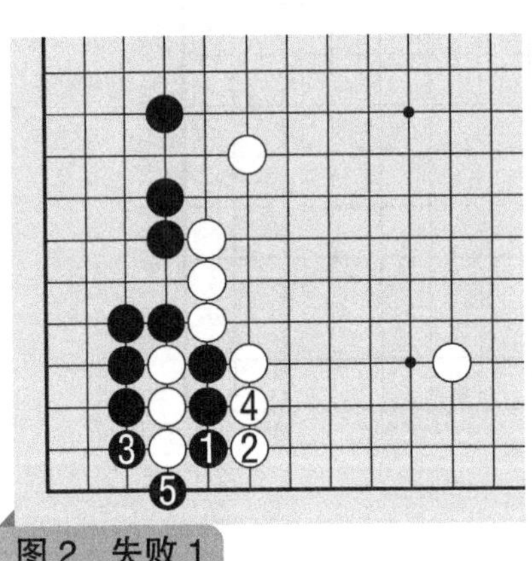
图 2　失败 1

图 2　失败 1

黑 1 单挡虽可吃住白三子，但白 2、4 利用后，黑棋变成了后手，这是与正解图的差别所在。

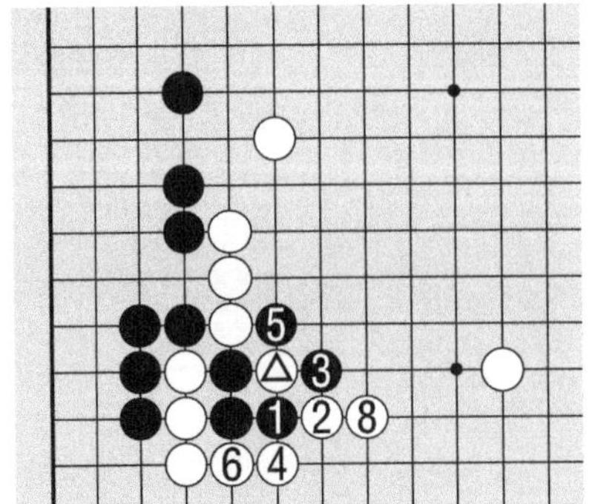
图 3　失败 2　❼ = △

图 3　失败 2

黑 1 拐出过于贪心，白 2 扳，黑 3 时，白 4、6 的反击可以成立，结果黑损。

问题 73

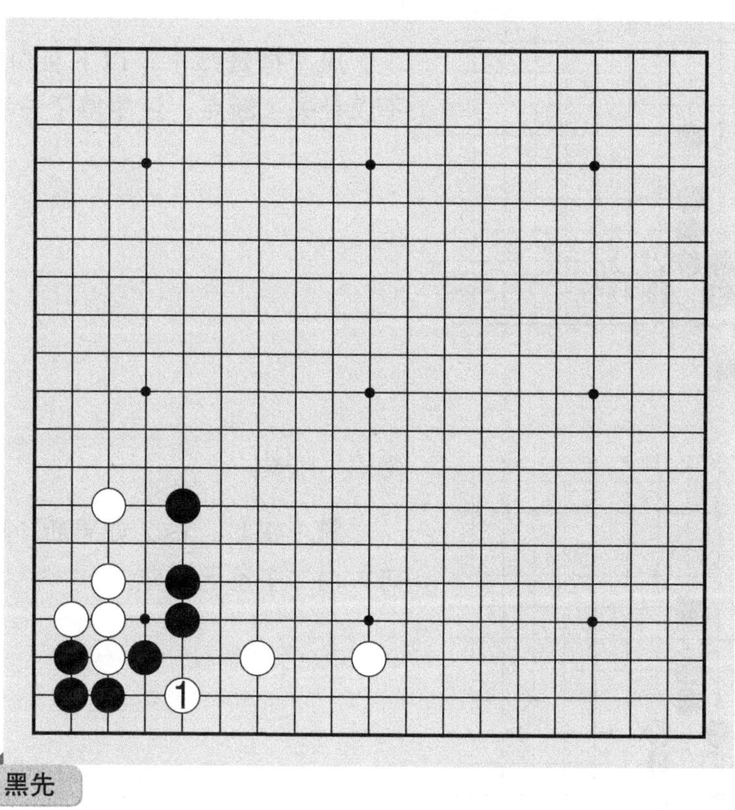

黑先

白 1 点时，黑棋必须补断点，那么请问黑棋最有效的补法是什么？

问题 73 解答

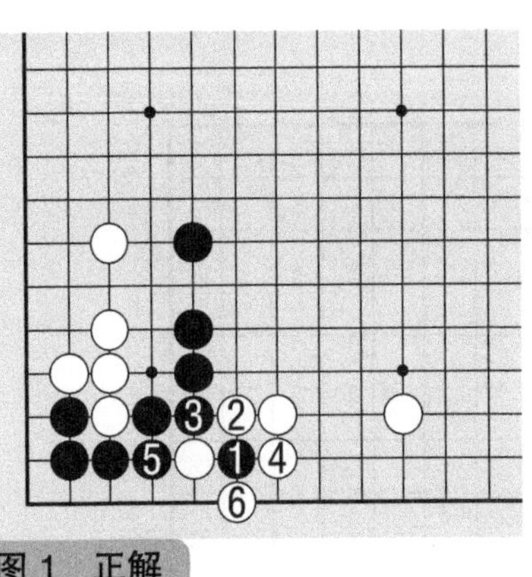

图 1　正解

图 1　正解

黑 1 搭是妙手，以下至白 6，黑棋不仅补去了断点，还争得了先手。

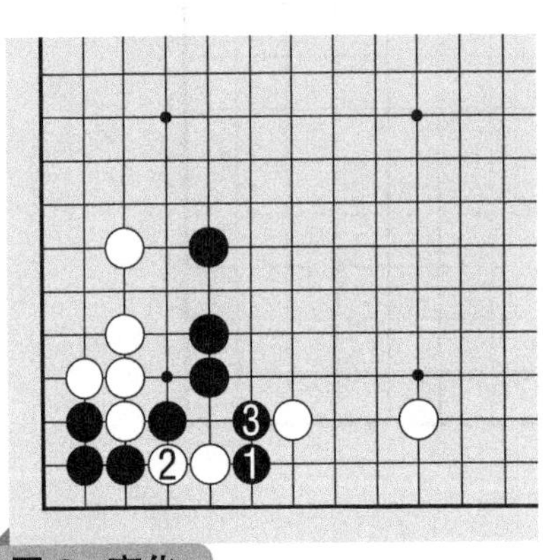

图 2　变化

图 2　变化

黑 1 搭时，白 2 如果断，黑 3 退即可，白二子反而被吃。

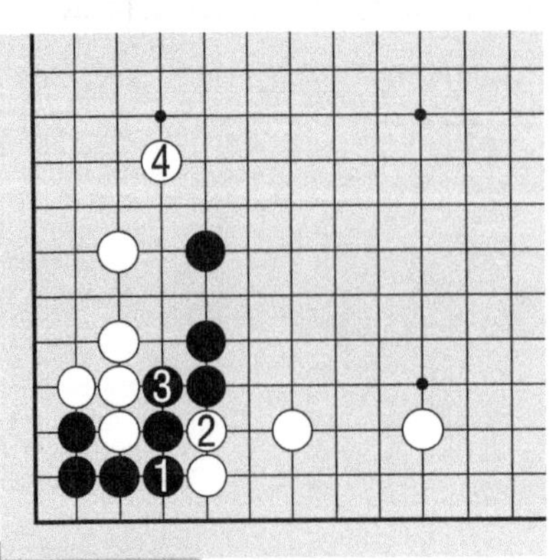

图 3　失败

图 3　失败

黑 1 粘不好，白 2 先手与黑 3 交换后，白 4 可另做他投，结果黑棋仍处于受攻的状态。

问题 74

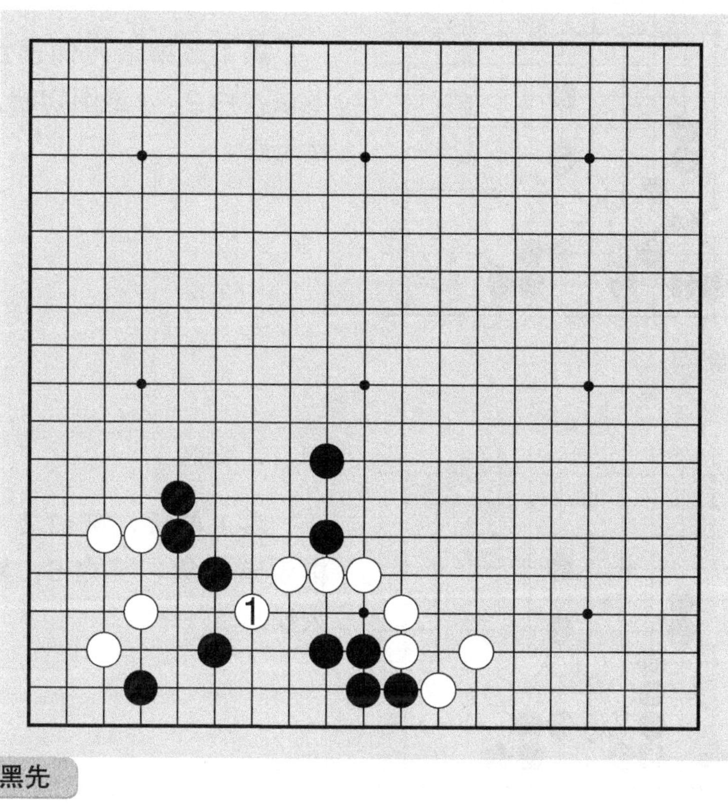

黑先

白 1 刺时，黑棋由于两侧均有弱点，因而不好应。那么请问黑棋应如何补棋？

问题 74 解答

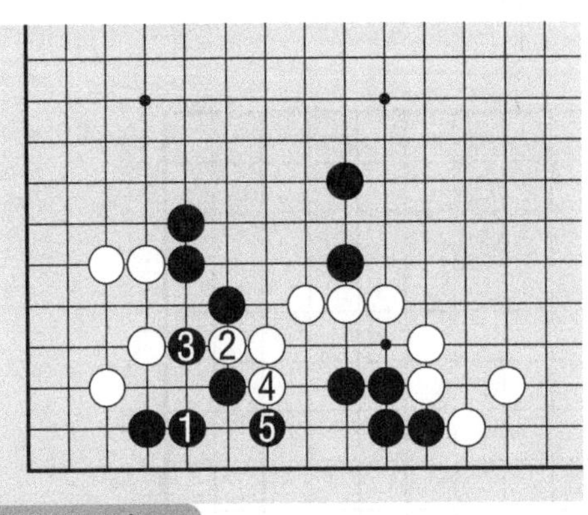

图 1 正解

图 1　正解

黑 1 是解消两侧弱点的正确下法，白 2、4 试图切断，黑棋安然无恙。

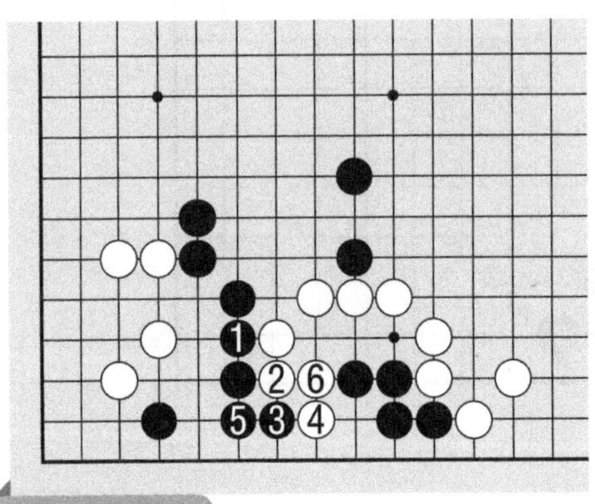
图 2 失败 1

图 2　失败 1

黑 1 单接，被白 2 冲后，黑棋没有对策，至白 6，黑棋实地大损。

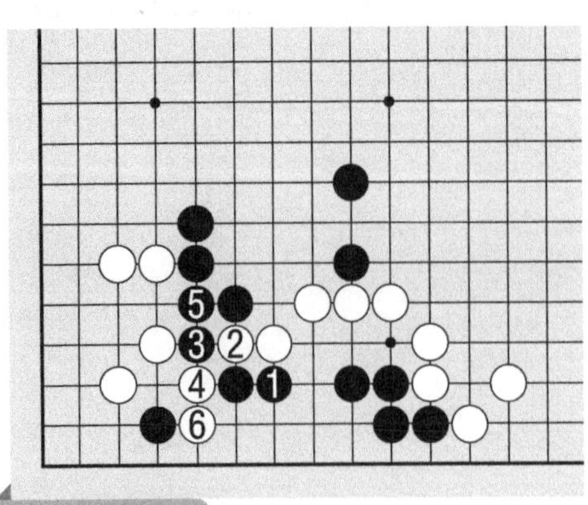
图 3 失败 2

图 3　失败 2

黑 1 补棋，被白 2、4 切断后，黑大损。

问题 75

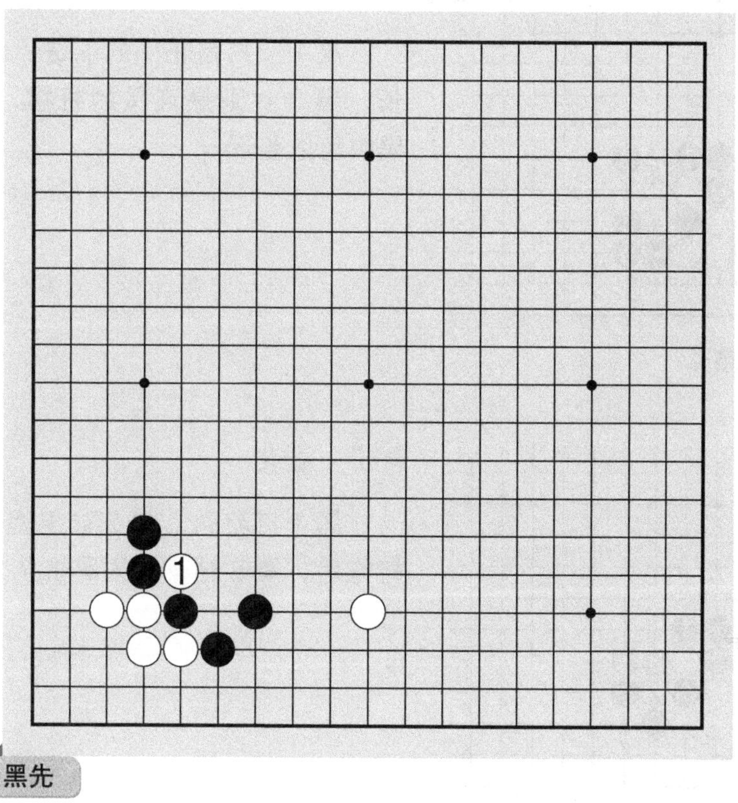

黑先

白 1 打吃时，黑棋如果粘将下成丁四的愚形，因此黑棋准备反击。那么请问黑棋应如何下?

问题 75 解答

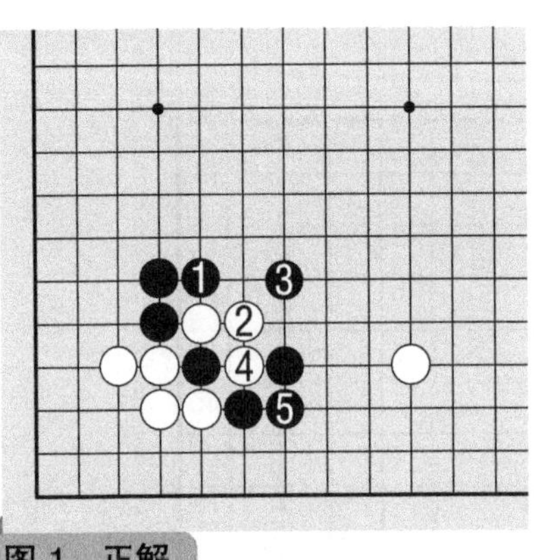

图 1 正解

图 1 正解

黑 1 反打是正确的下法，白 2 如果长，黑 3 封则是连贯的好棋，至黑 5，黑棋可以整形。

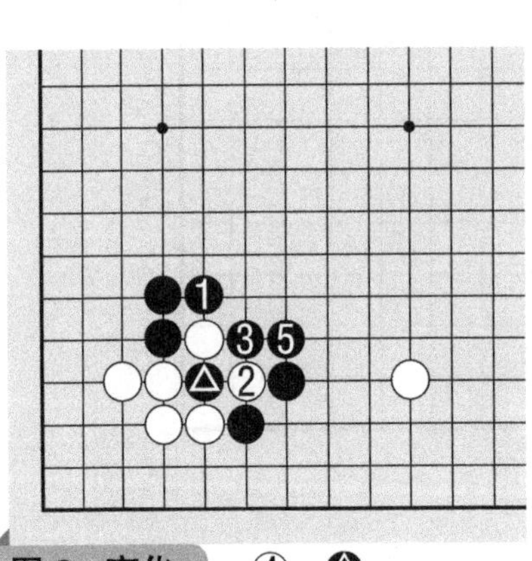

图 2 变化 ④ = ▲

图 2 变化

黑 1 打吃时，白 2 如果提子，黑 3 打吃后，黑 5 粘，结果黑棋充分。

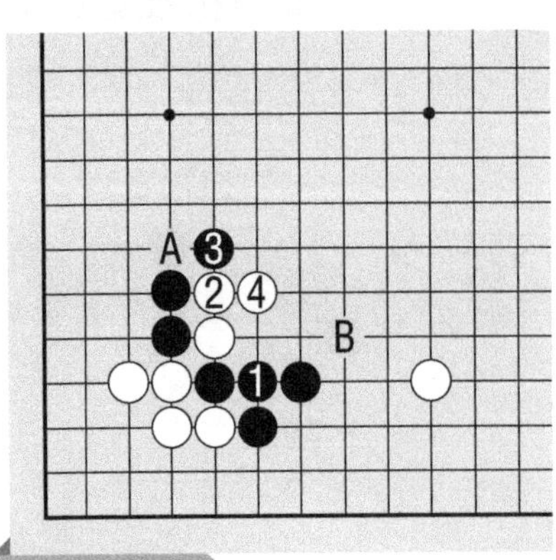

图 3 失败

图 3 失败

黑 1 粘，白 2、4 动出后，黑棋不好应。A 位和 B 位均是黑棋的致命弱点，结果黑棋难受。

问题 76

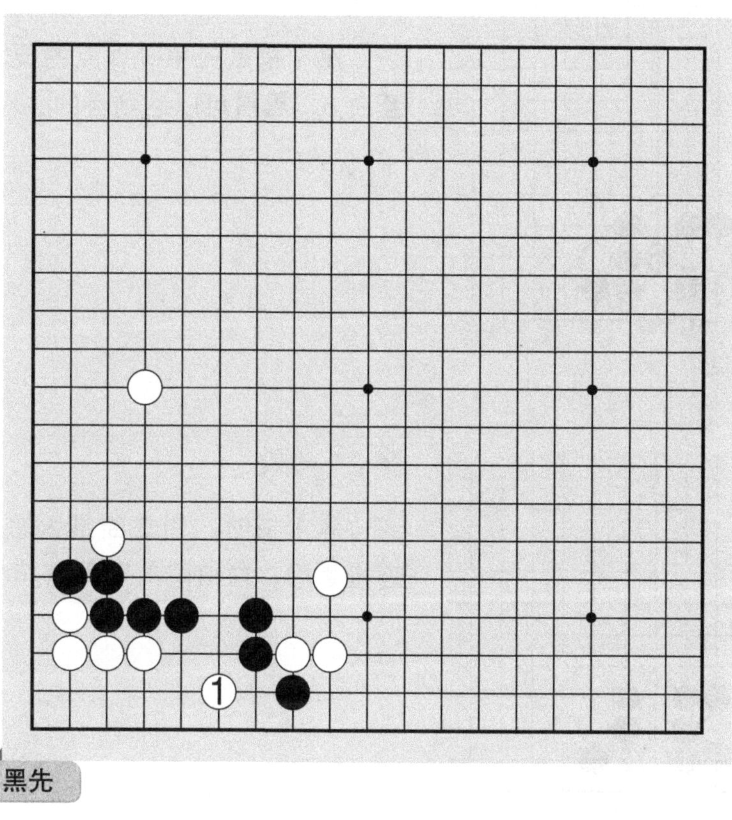

黑先

白 1 点时，黑棋如何先手补去自身的弱点？其正确的下法是什么？

问题 76 解答

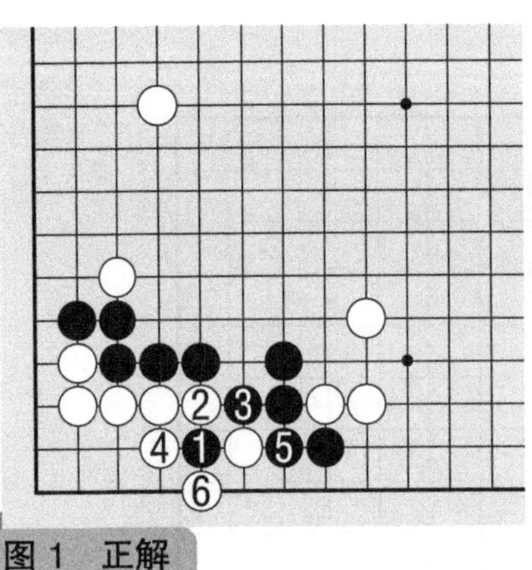

图 1 正解

图 1 正解

黑 1 搭是先手补弱点的要领，以下至白 6，黑棋可以达到目的。

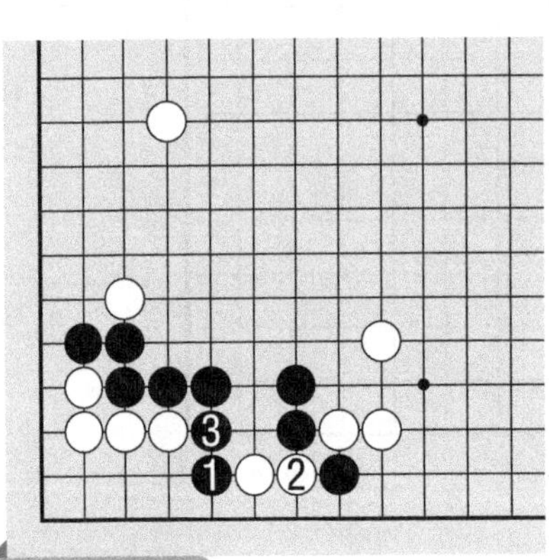

图 2 变化

图 2 变化

黑 1 搭时，白 2 断是大恶手，黑 3 连接之后，白棋陷入了困境。

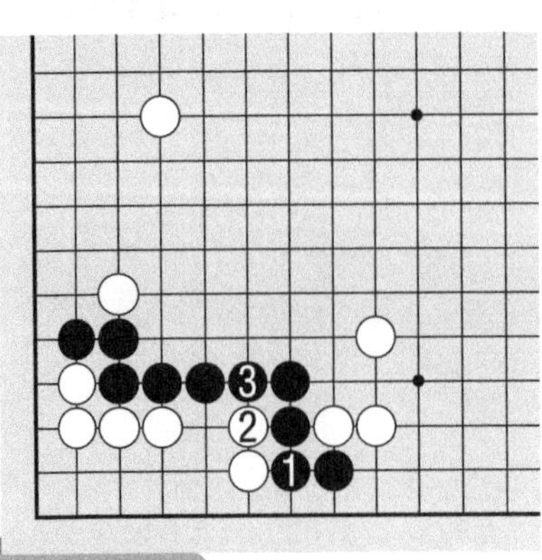

图 3 失败

图 3 失败

黑 1 单粘缺少妙味，白 2、黑 3 之后，白棋反而是先手。

问题 77

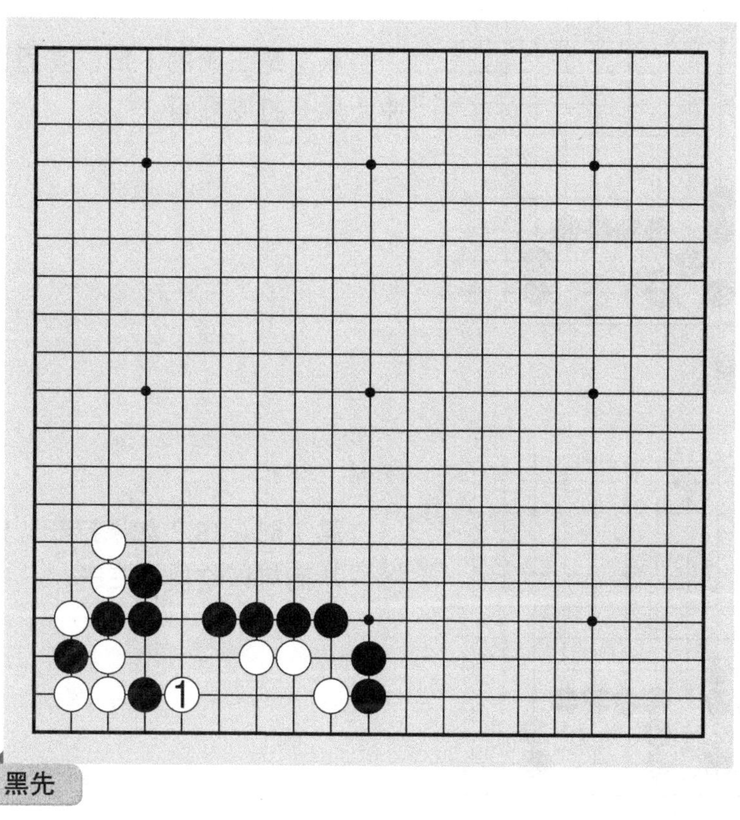

白 1 夹，试图谋求联络，在此形势下黑棋如何应付?

问题 77 解答

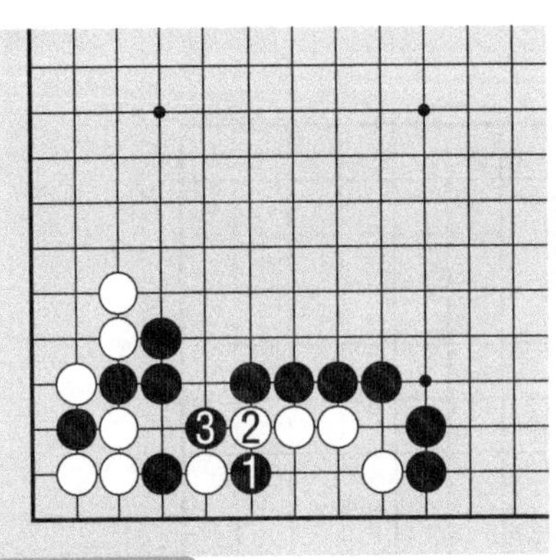

图 1 正解

图 1 正解

黑 1 是正确的下法，其后白 2 如果冲，黑 3 打吃即可。

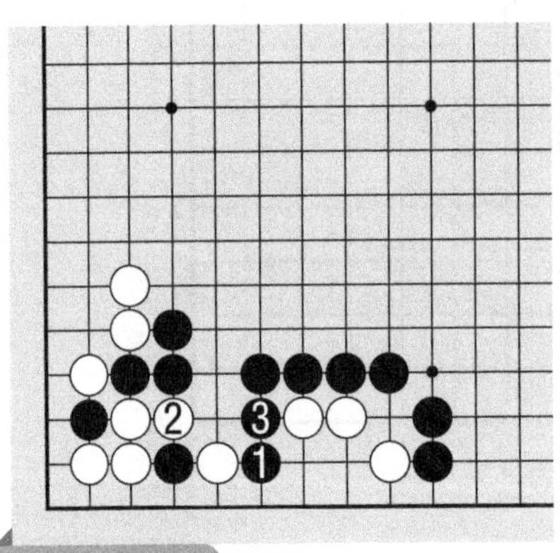

图 2 变化

图 2 变化

黑 1 时，白 2 如果打吃，则黑 3 连接，从而可以吃住白三子。

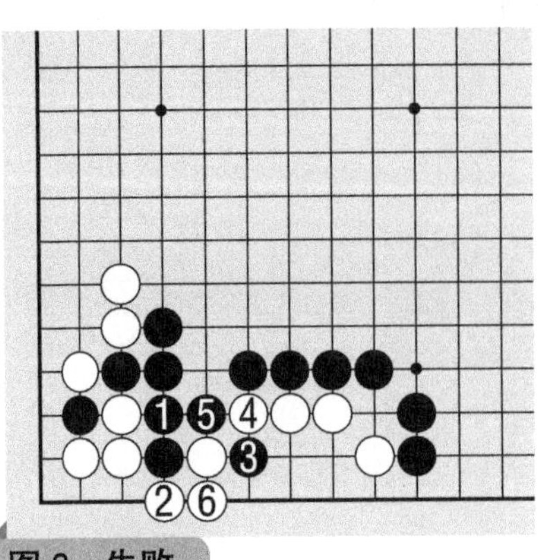

图 3 失败

图 3 失败

黑棋过于顾忌自身的断点，被白 2 渡过，黑 3 搭，以下至白 6，黑棋已无任何手段。

问题 78

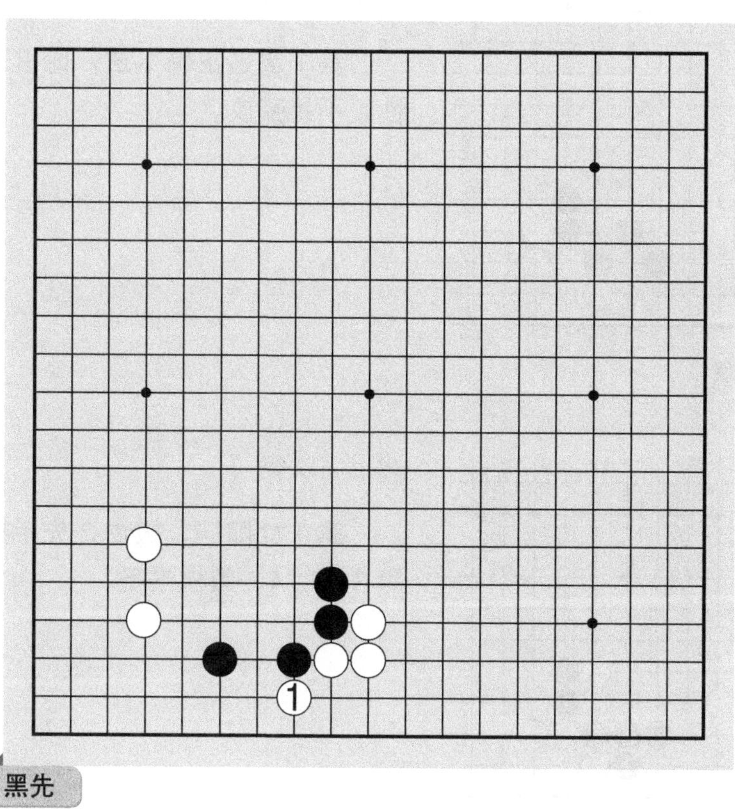

黑先

白 1 扳时，黑棋必须补弱点，那么请问黑棋如何补断最佳?

问题 78 解答

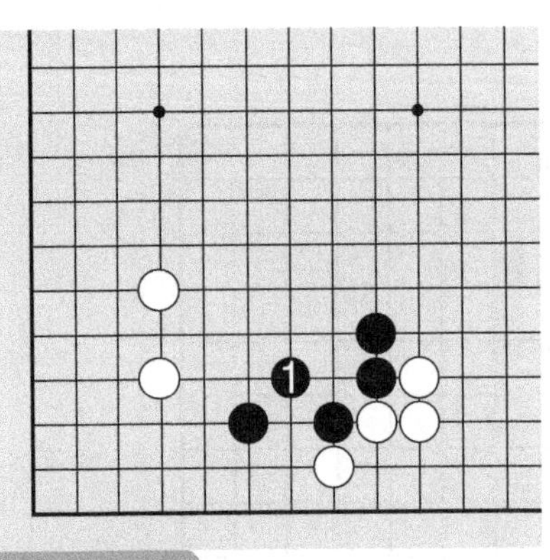
图 1　正解

图 1　正解

黑 1 虎是正确下法，此棋形富有弹性，不易受攻。

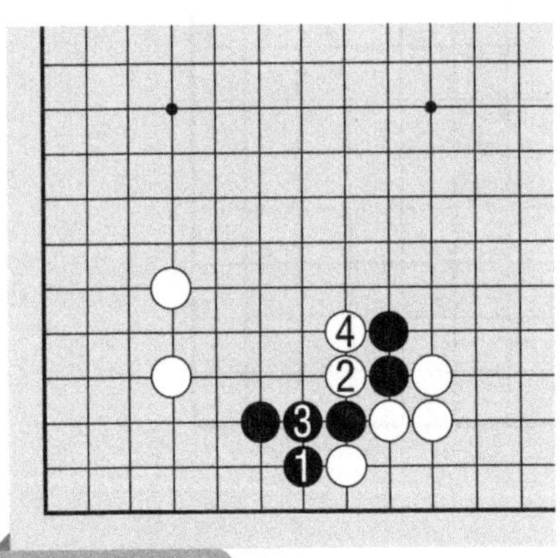
图 2　失败 1

图 2　失败 1

黑 1 立即挡，被白 2 先手打，以下黑 3、白 4，黑棋难受。

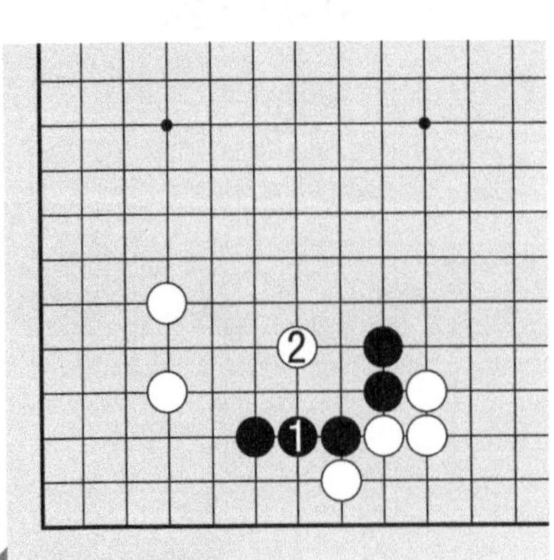
图 3　失败 2

图 3　失败 2

黑 1 补棋时，被白 2 点方，黑棋形崩溃。

问题 79

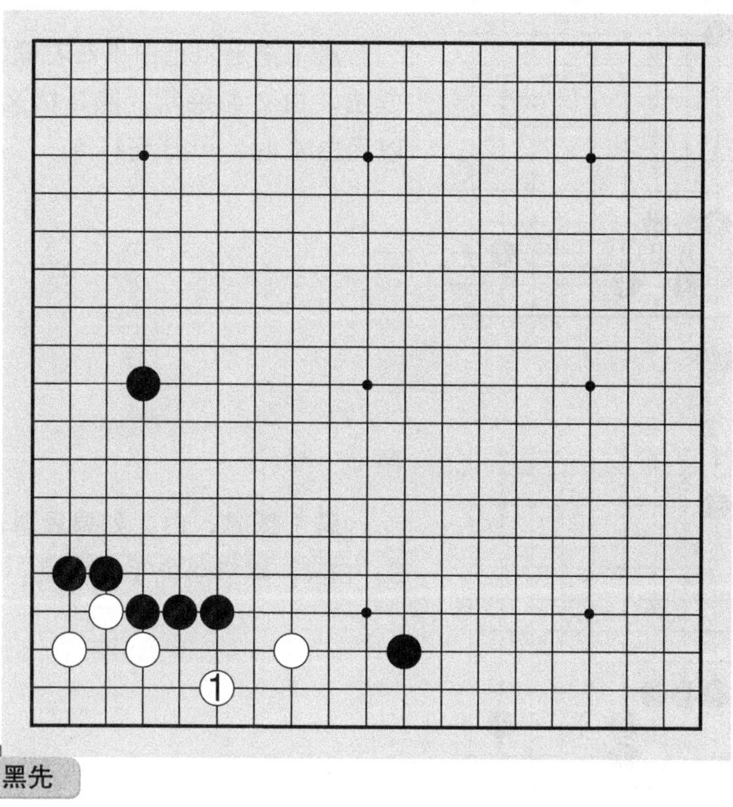

黑先

白 1 飞，欲谋求左右联络，此时黑棋如何应付最佳?

问题 79 解答

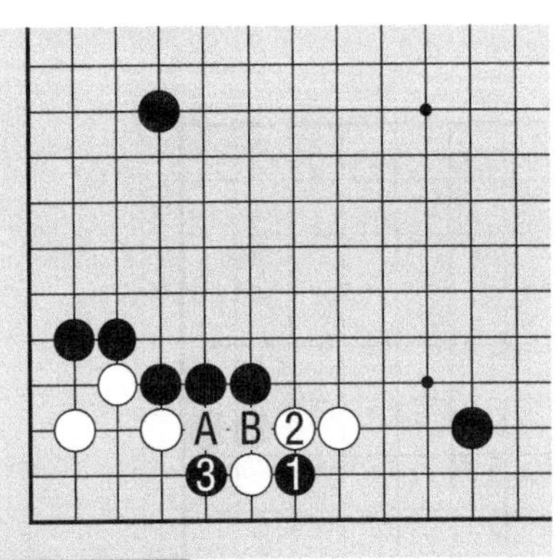

图 1　正解

图 1　正解

黑 1 搭是阻止白棋左右联络的有效方法，白 2 如果断，黑 3 搭又是好棋，以后白 A 时，黑 B 可打吃。

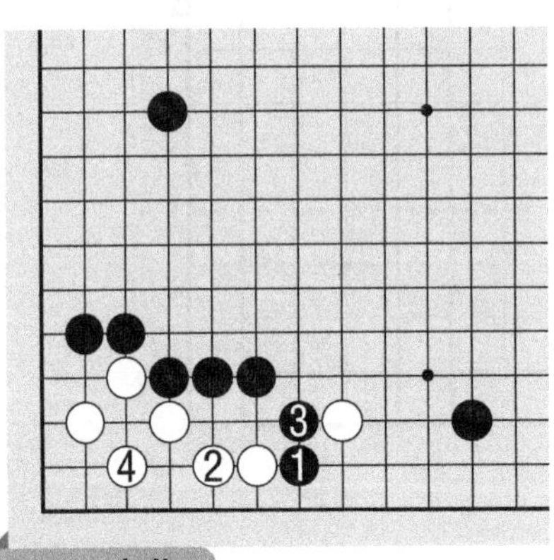

图 2　变化

图 2　变化

黑 1 搭时，白 2 如果后退，以下黑 3、白 4，黑棋可先手占便宜。

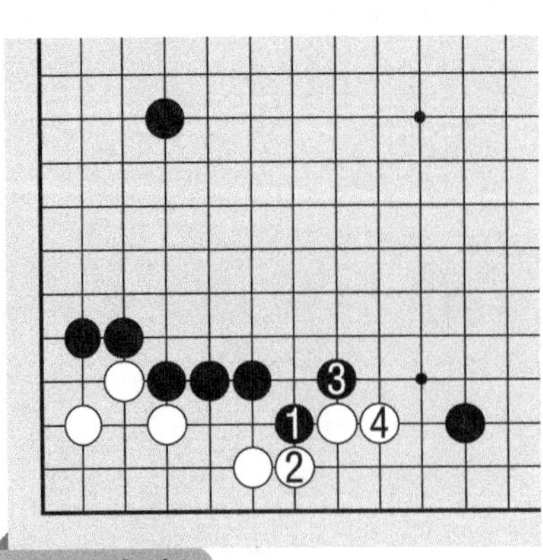

图 3　失败

图 3　失败

黑 1 尖，白 2 挡，其后黑 3 虎，白 4 长，黑棋不能满意。

问题 80

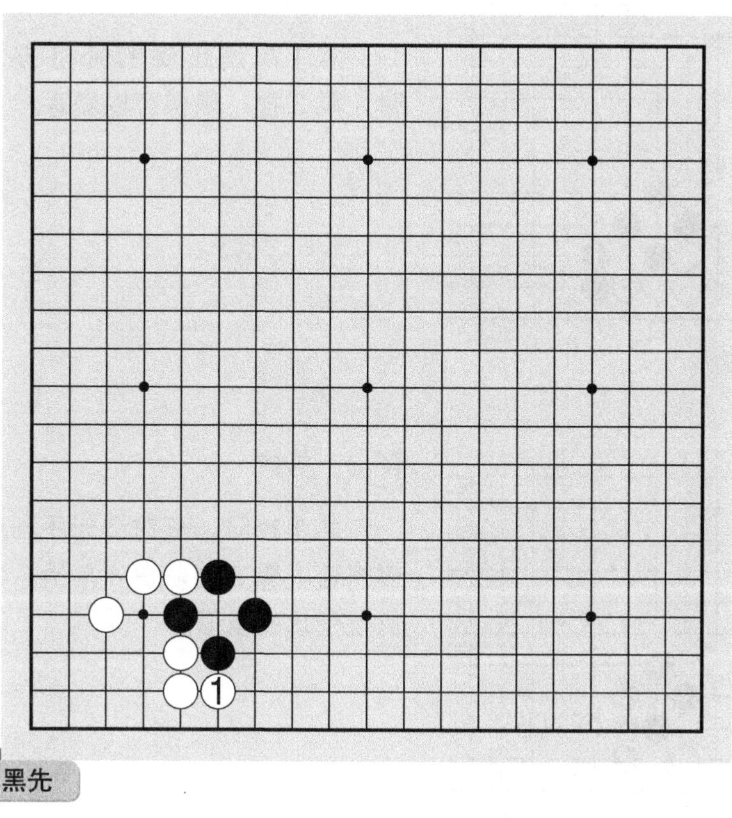

黑先

白 1 拐头，这手棋由于有帮对方走强之嫌，故不应急着下。那么在此形势下，黑棋如何应付最佳?

问题 80 解答

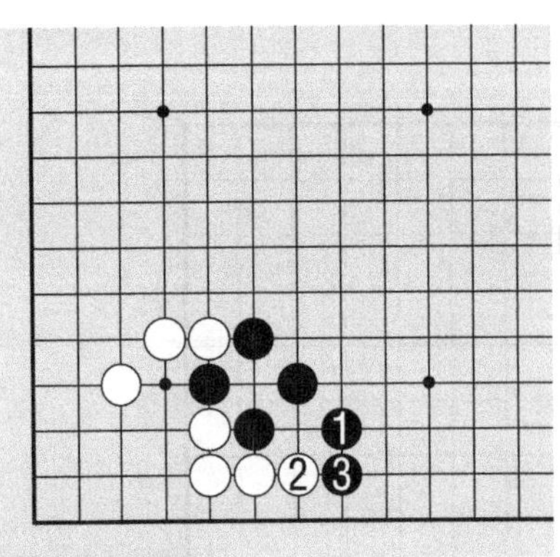

图 1　正解

图 1　正解

黑 1 虎是正确的补棋方法，白 2 时，黑 3 挡，黑棋可以满意。

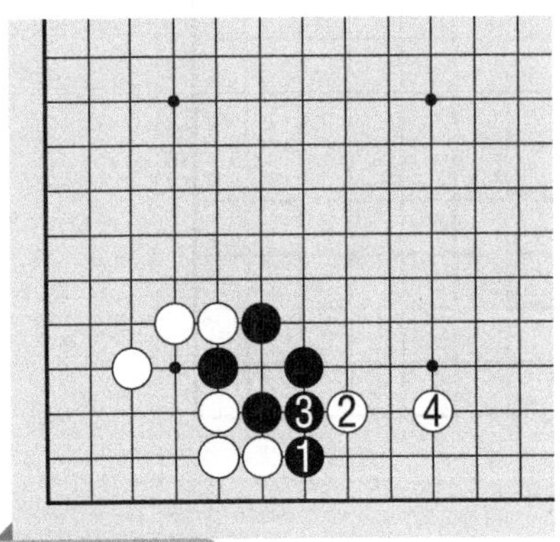

图 2　失败

图 2　失败

黑 1 挡时，被白 2 先手利用后，黑棋痛苦。黑 3 粘，白 4 单拆，黑棋整体仍是受攻的棋形。

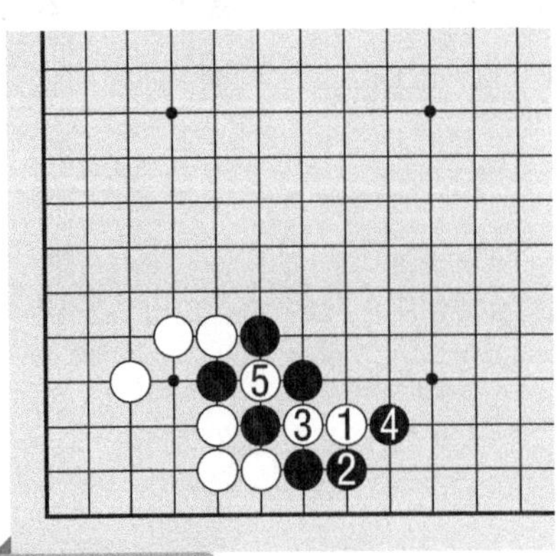

图 3　变化

图 3　变化

白 1 点时，黑棋如果为避免图 2 的进行，而于 2 位长，白 3、5 则可打拔一子，结果白棋充分。

问题 81

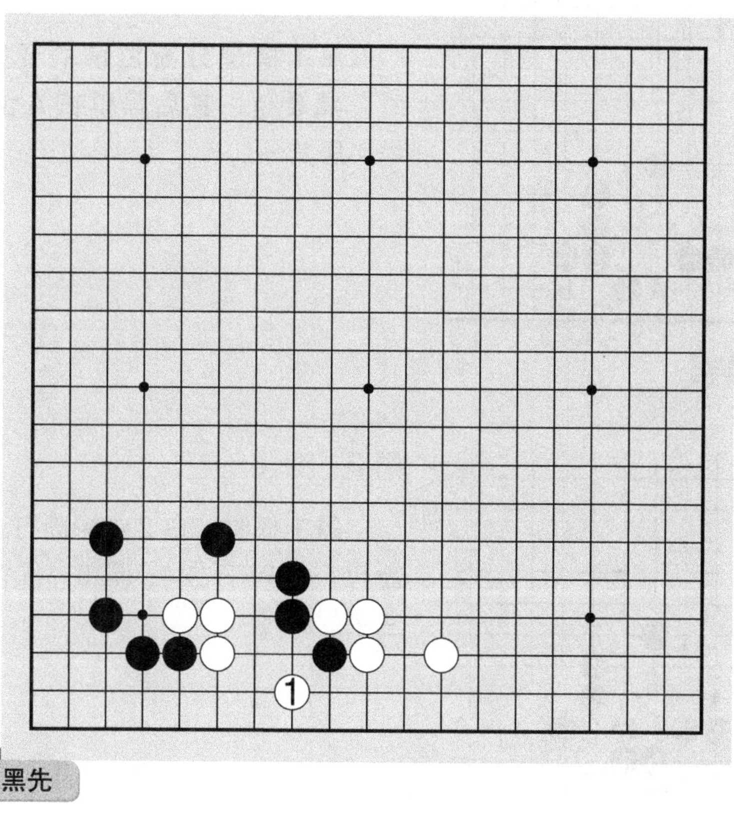

黑先

白1飞，谋求左右联络，而黑棋却想分断白棋，并对其实施攻击。那么请问黑棋的有效方法是什么？

问题 81 解答

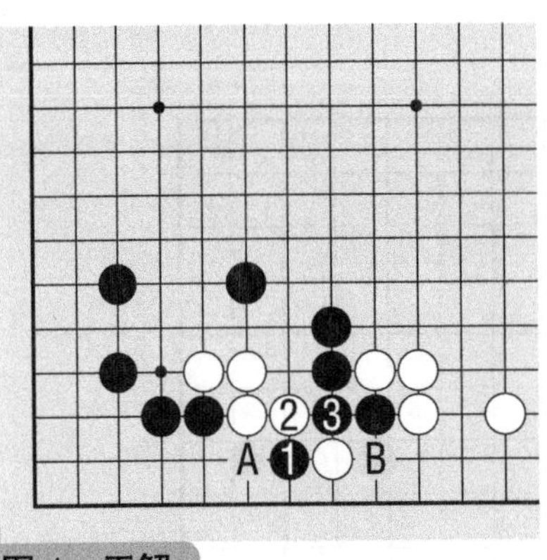

图 1　正解

图 1　正解

黑 1 搭是分断白棋的要领，白 2 时，黑 3 断，其后黑棋在 A 位和 B 位中必居其一。

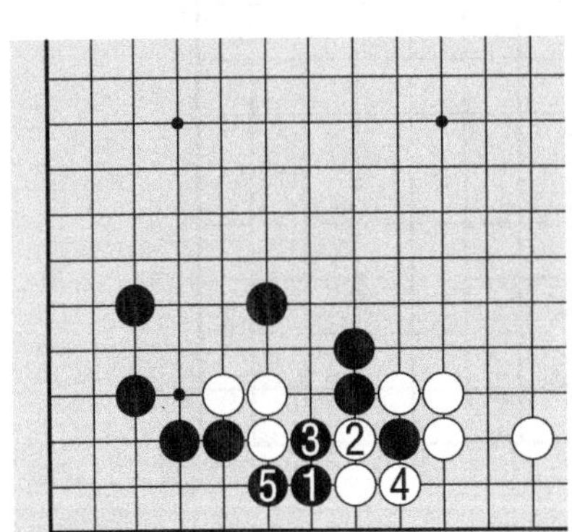
图 2　变化

图 2　变化

黑 1 搭时，白 2 如果断打，黑 3 切断可行，以下白 4、黑 5，黑棋吃住白三子。

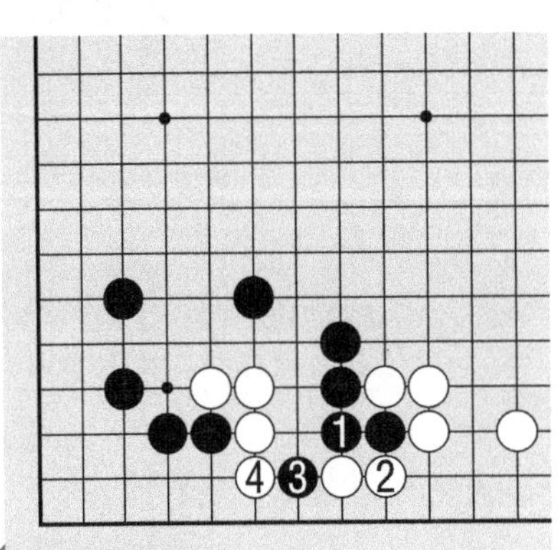
图 3　失败

图 3　失败

黑 1 单粘，被白 2 拉回后，黑棋已不可能切断白棋。黑 3 时，白 4 是联络的手筋。

问题 82

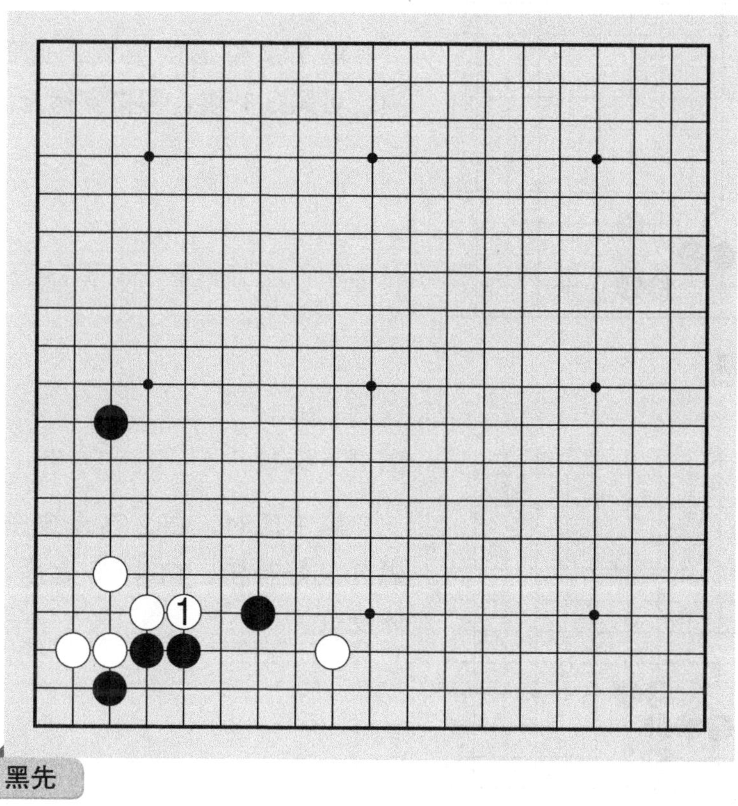

黑先

白 1 长时，黑棋要防备白扳二子头，其最有效的下法是什么？

问题 82 解答

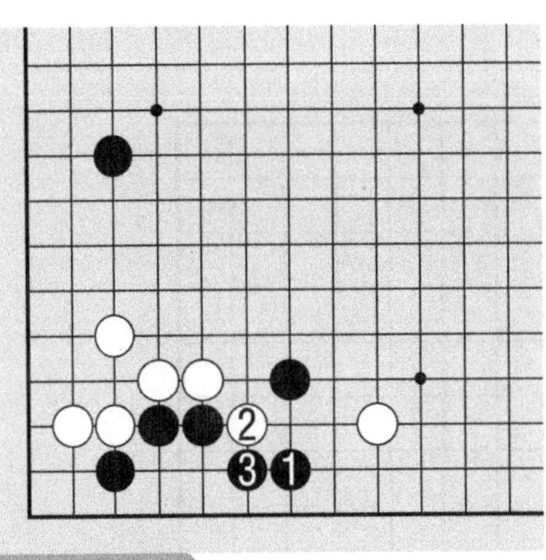
图 1　正解

图 1　正解

黑 1 是整形的要领，此时白 2 扳头，可黑 3 补棋，黑棋安然无恙。

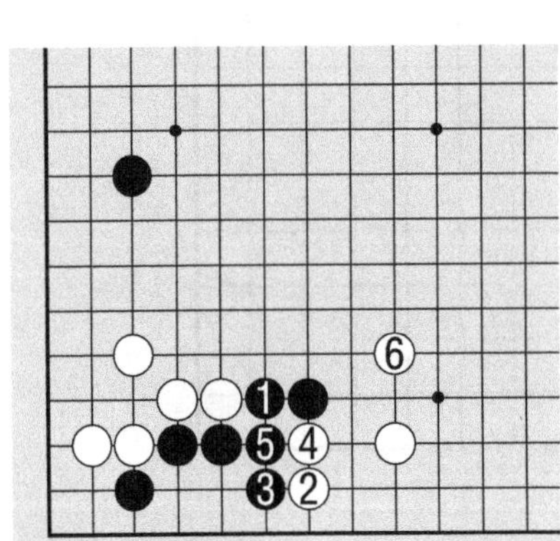
图 2　失败 1

图 2　失败 1

黑 1 顶时，白 2 飞是攻击的急所，黑 3 只好补棋，白 4、6 之后，黑棋整体受攻。

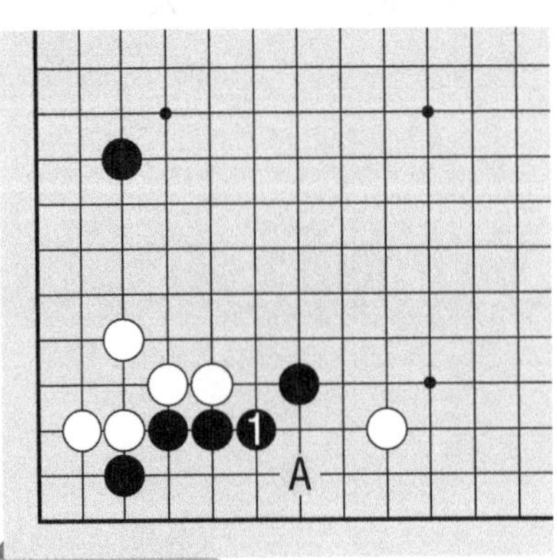

图 3　失败 2

图 3　失败 2

黑 1 缺少妙味，黑棋虽可避免图 2 中白棋的利用，但由于白 A 位飞仍是好点，因而黑棋不满。

问题 83

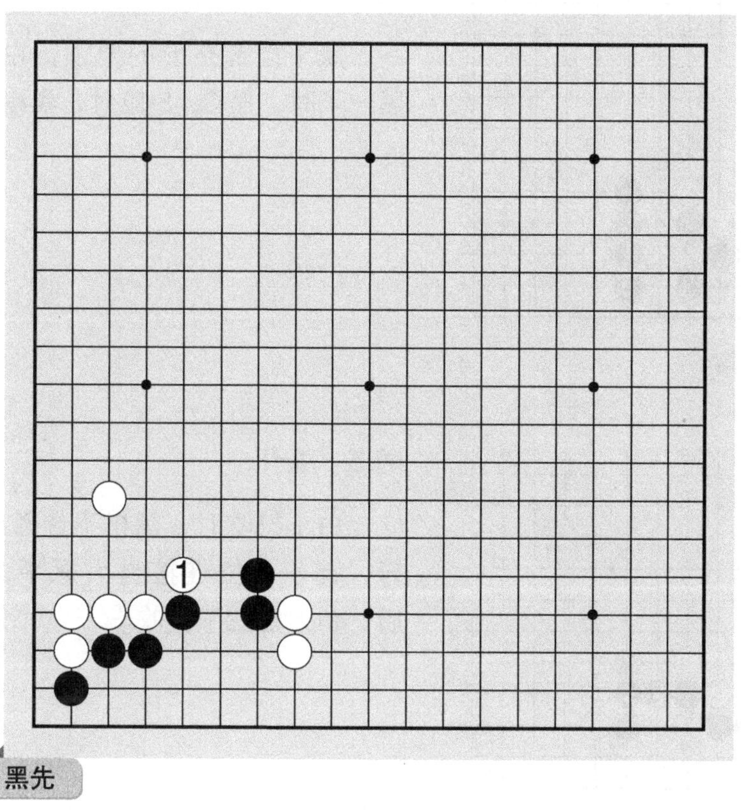

黑先

白 1 扳时，黑棋最有效的整形方法是什么？

问题 83 解答

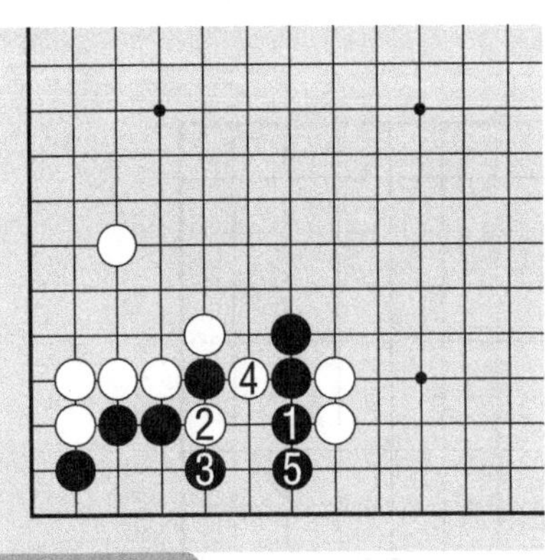

图 1　正解

图 1　正解

黑 1 挡是整形的要领，白 2、4 提黑一子时，黑 3、5 应对，黑棋充分。

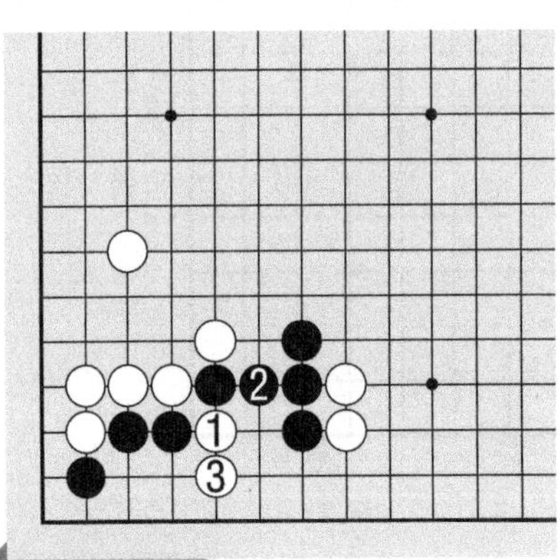

图 2　变化

图 2　变化

白 1 打吃时，黑棋不选择正解图进行，而于 2 位连接是大恶手，白 3 长后，角上黑三子被吃。

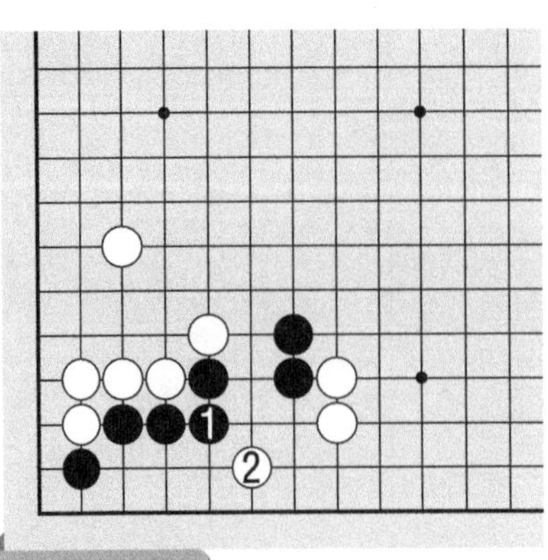

图 3　失败

图 3　失败

黑 1 单粘不好，白 2 飞后，黑棋整体处于受攻状态。

问题 84

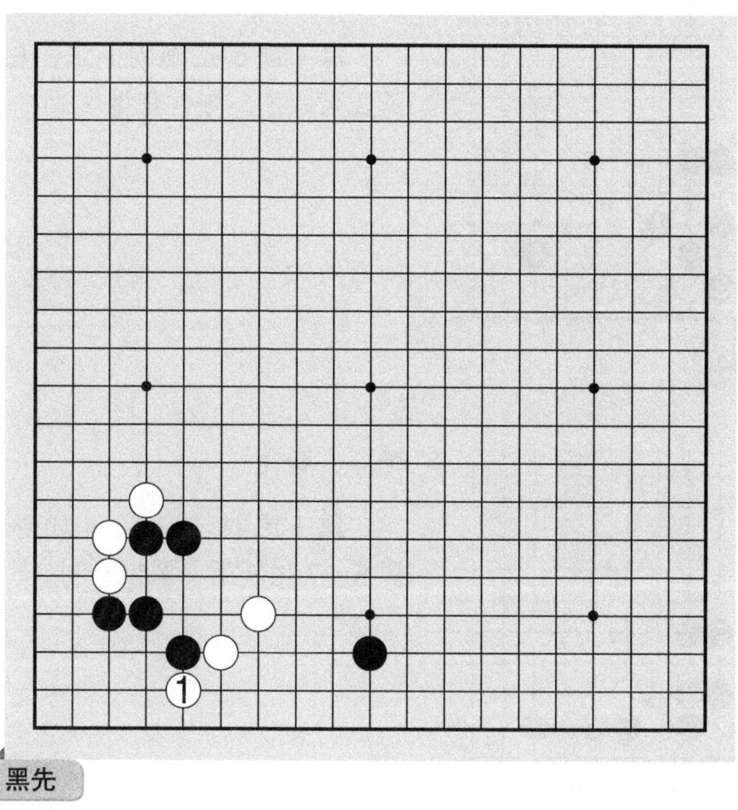

黑先

白 1 扳时，黑棋应充分考虑到自身的弱点，请问黑棋最佳的应手是什么?

问题 84 解答

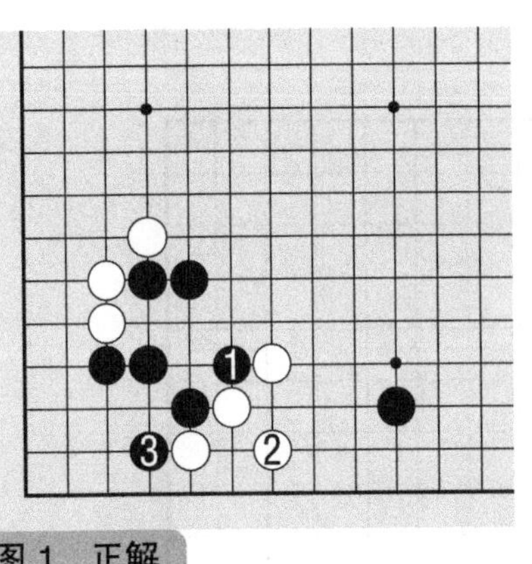

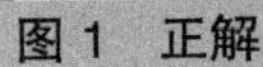
图 1　正解

图 1　正解

黑 1 虎是正确的下法，白 2 虎时，黑 3 可以挡，守住角地。

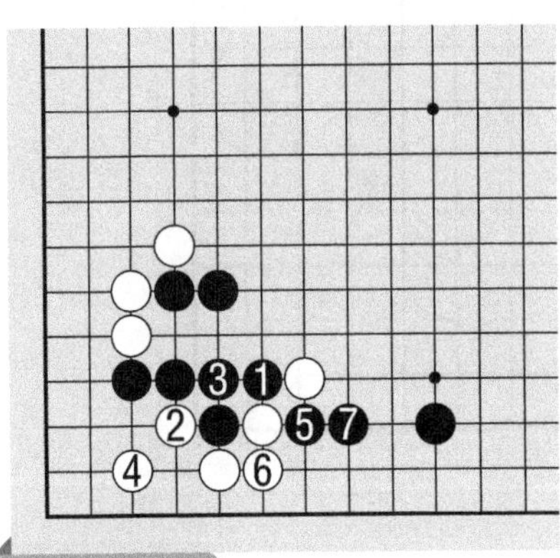
图 2　变化

图 2　变化

黑 1 虎时，白 2、4 如寻求变化，黑 5、7 强断后，黑棋有利。

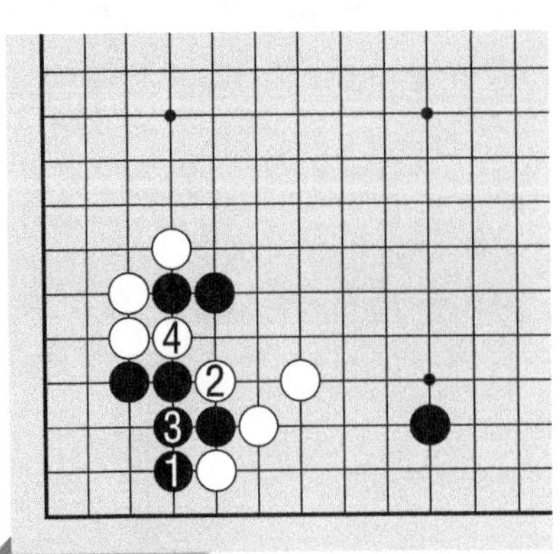
图 3　失败

图 3　失败

黑 1 挡，白 2 打吃，白 4 断，上方的黑二子被孤立，黑棋难受。

问题 85

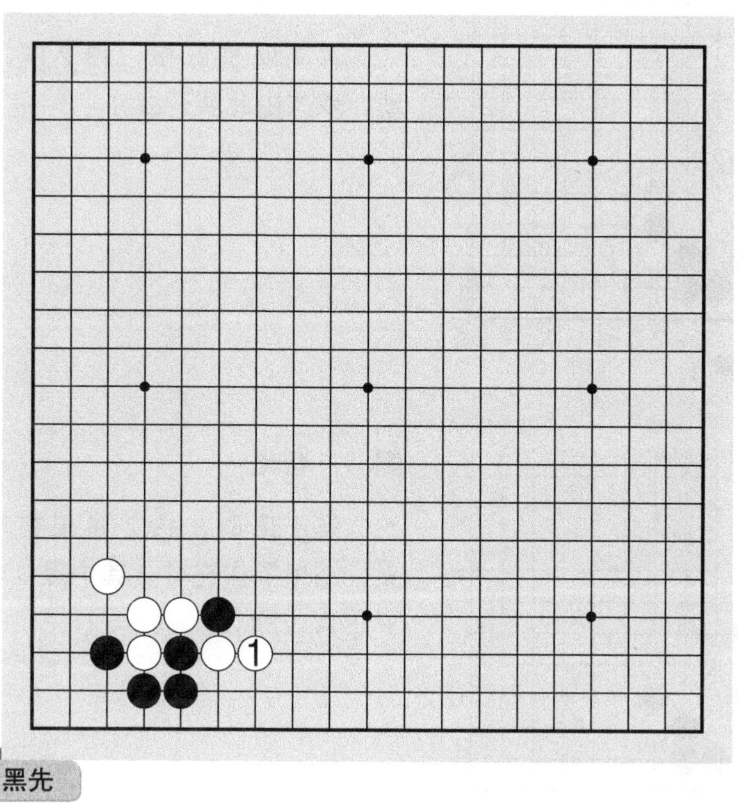

黑先

白 1 长时，黑棋应首先安定角地，再策动被白棋切断的一子。那么请问其有效的下法是什么？

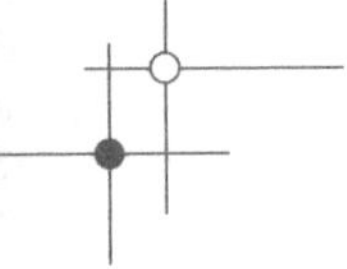

问题 85 解答

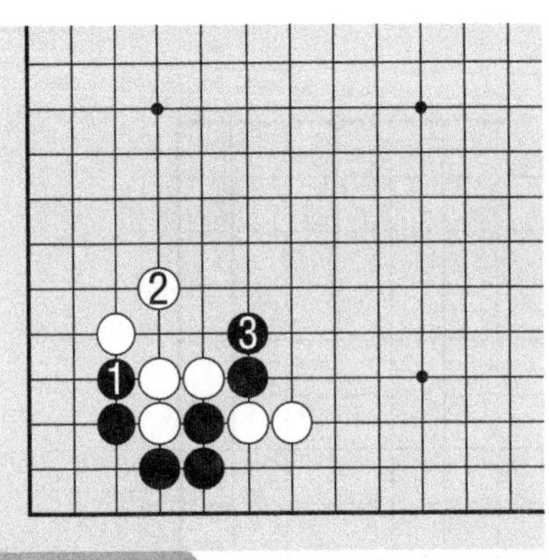

图 1　正解

图 1　正解

黑 1 顶是好棋，白 2 虎，黑 3 出动，双方由此展开战斗。

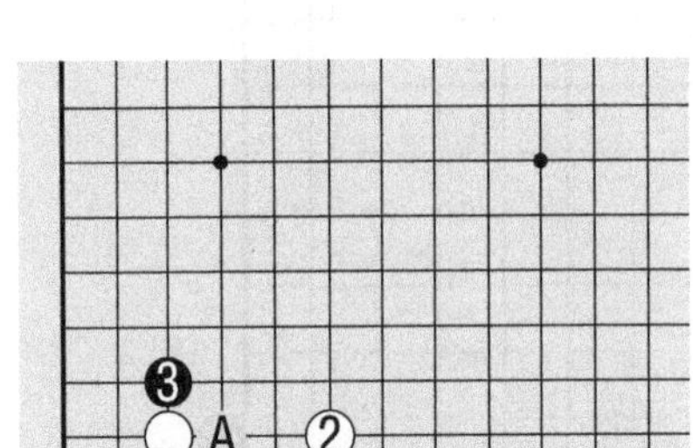

图 2　变化

图 2　变化

黑 1 顶时，白 2 如果打吃，黑 3 夹，结果黑棋充分。其中黑 3 也有可能下在 A 位断。

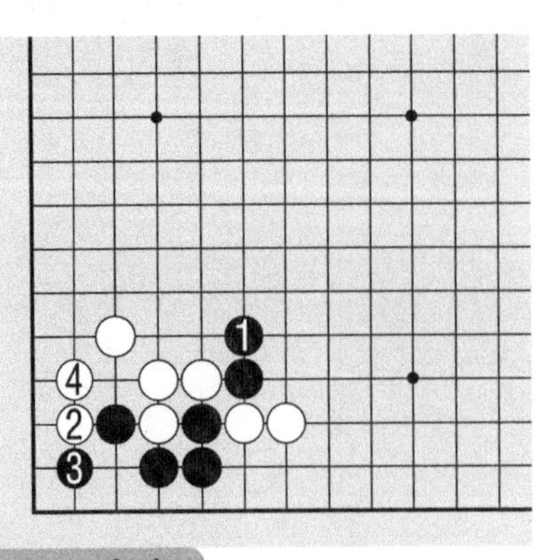

图 3　失败

图 3　失败

黑 1 先出动一子，被白 2、4 托退后，黑棋将陷入困境。

问题 86

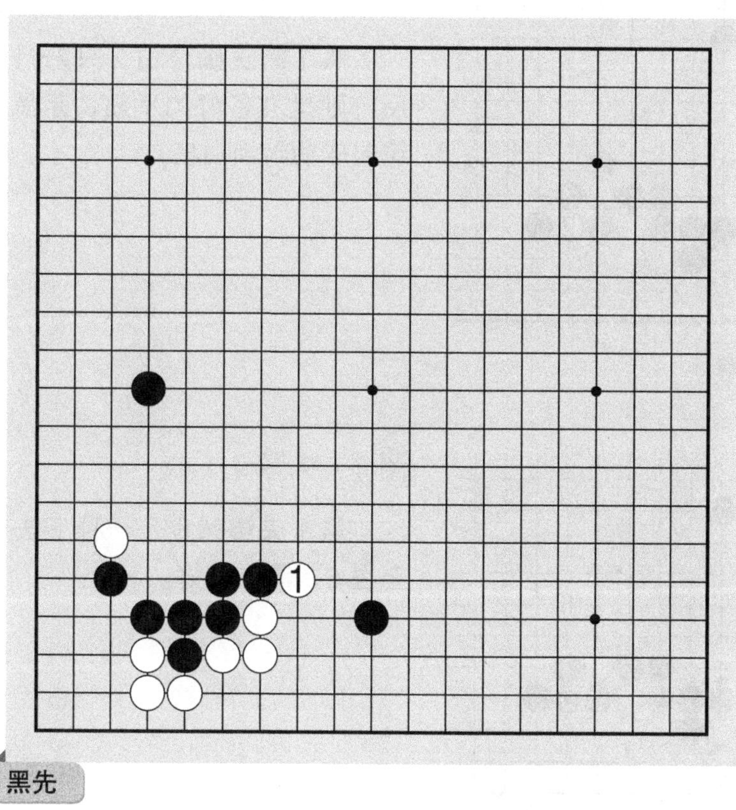

黑先

白 1 扳时，黑棋应如何阻止白棋向中腹出头？其有效的手段是什么？

问题 86 解答

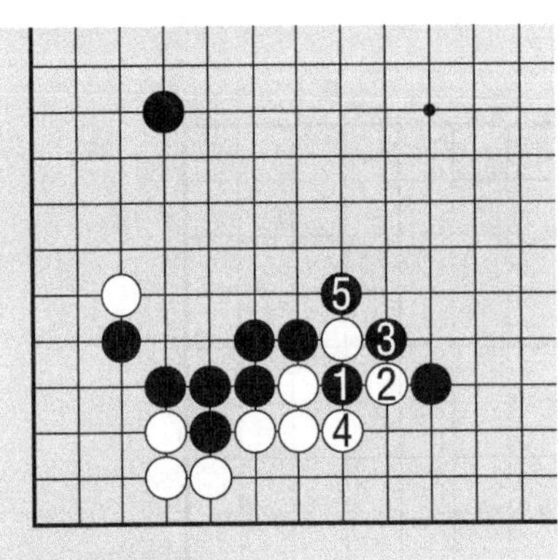
图 1 正解

图 1 正解

黑 1 断正确，白 2 只好打吃，黑 3 反打则是准备好的手筋，至黑 5，黑棋可以成功封锁白棋。

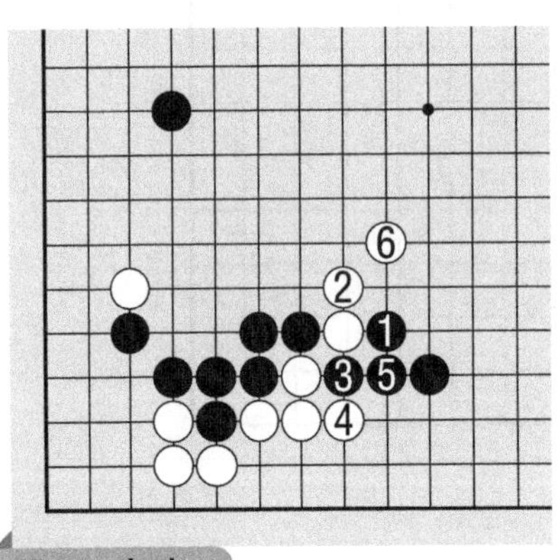
图 2 失败 1

图 2 失败 1

黑 1 夹虽然也是一种下法，但以下至白 6，黑棋不好。

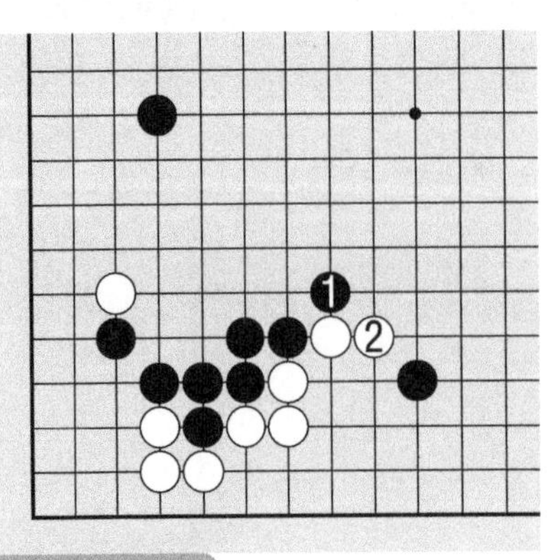
图 3 失败 2

图 3 失败 2

黑 1 扳，让白 2 长，黑棋是在帮助白棋向中腹出头。

问题 87

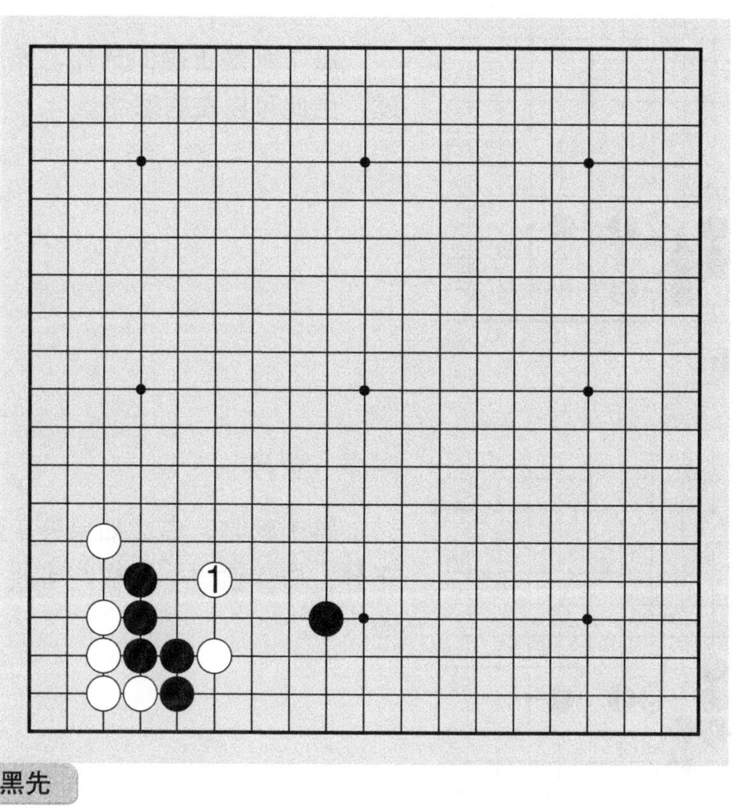

黑先

白 1 单跳后，好像黑棋被左右分割，形势有点危急。那么请问黑棋如何才能摆脱危机?

问题 87 解答

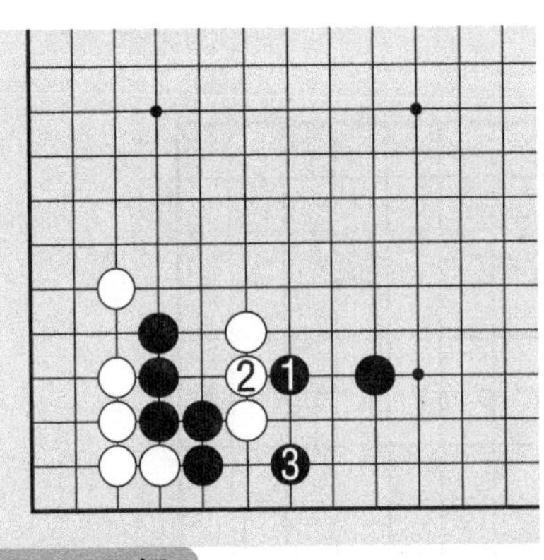

图 1　正解

图 1　正解

黑 1 刺是正确的选择，其后黑 3 渡过，由此可以左右联络。

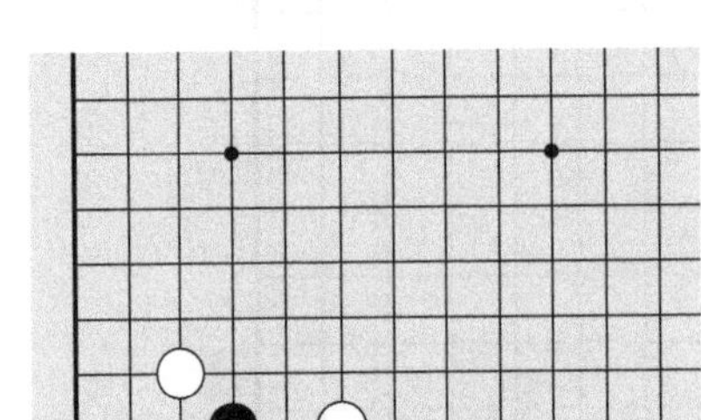

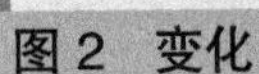

图 2　变化

图 2　变化

黑 1 刺时，白 2 如果夹，黑 3 断很充分，白 4 渡过，黑棋则可脱先抢占其他大场。

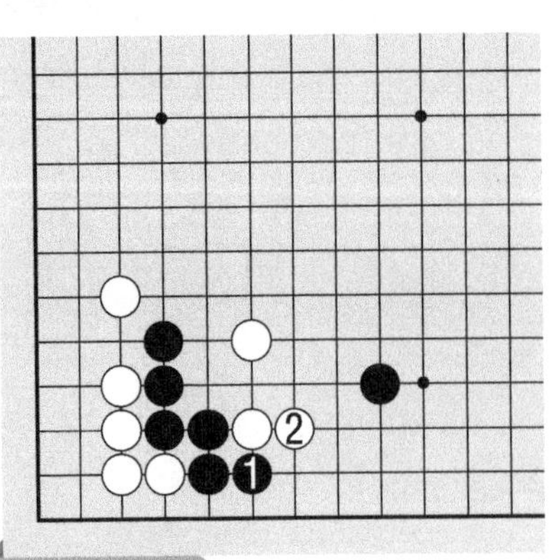

图 3　失败

图 3　失败

黑 1 爬，被白 2 长后，黑 1 成为大恶手。黑棋由于被左右分断，将会面临苦战。

问题 88

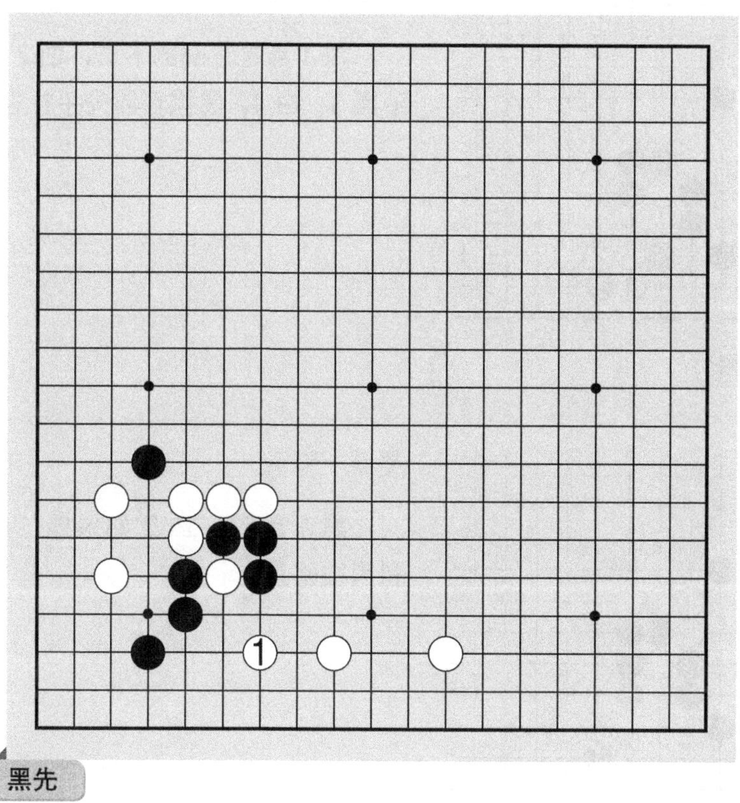

黑先

白 1 点时，黑棋如何补自身毛病为好？其有效的方法是什么？

问题 88 解答

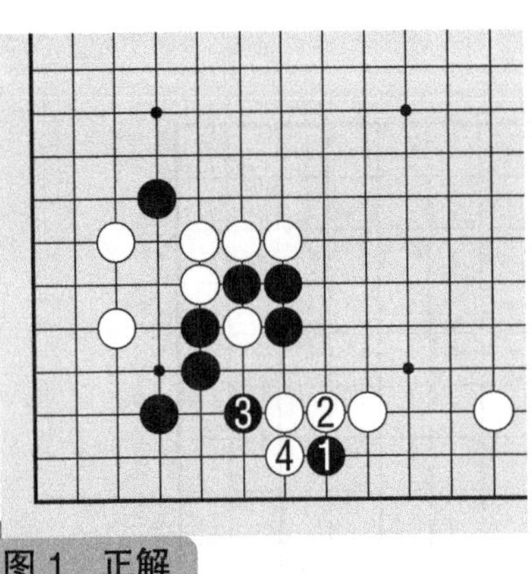
图 1　正解

图 1　正解

黑 1 点是正确的下法，白 2 连接，以下黑 3、白 4，黑棋可以先手补去弱点。

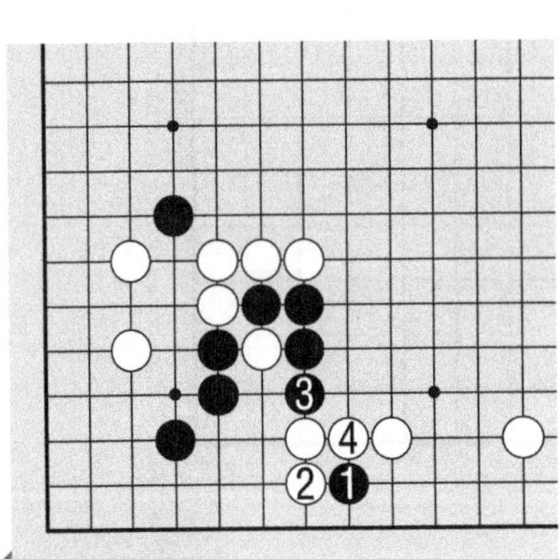
图 2　变化

图 2　变化

黑 1 点时，白 2 如果挡，黑 3 先手利用很舒服。

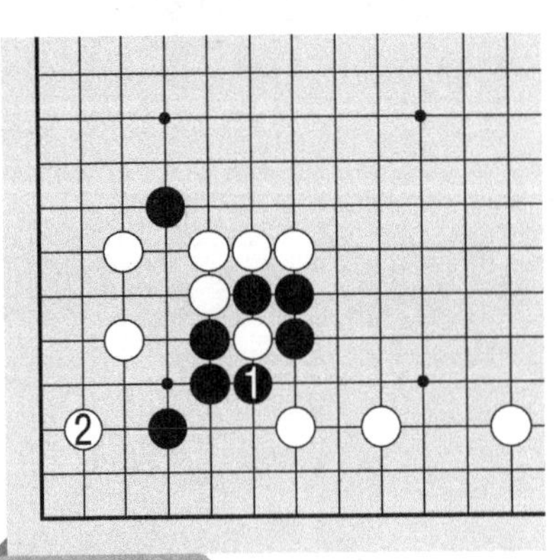
图 3　失败

图 3　失败

黑 1 直接提子，白 2 飞，黑棋整体受攻。

问题 89

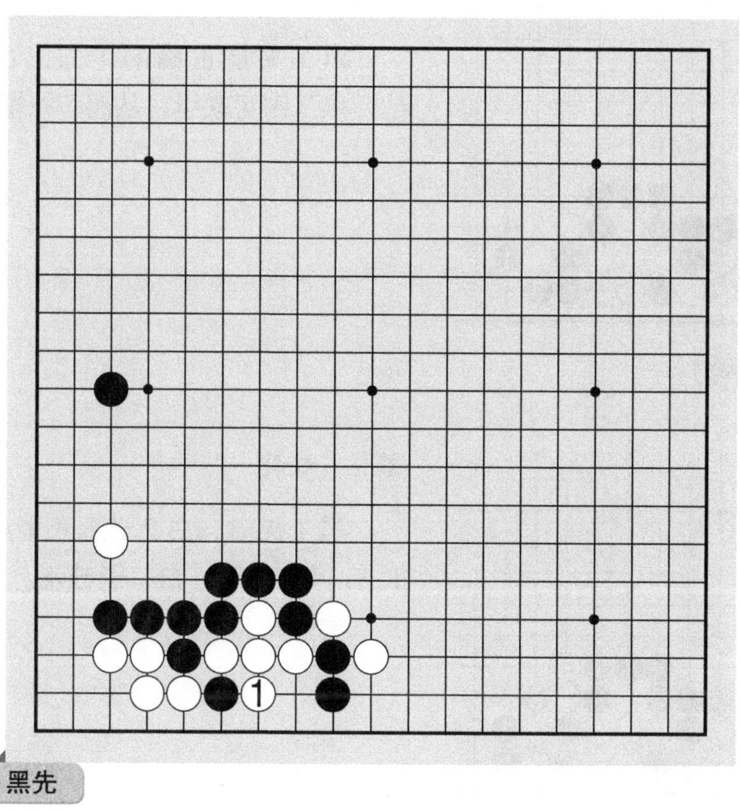

黑先

白 1 打吃黑一子时，黑棋如何下才能救出右侧二子?

问题 89 解答

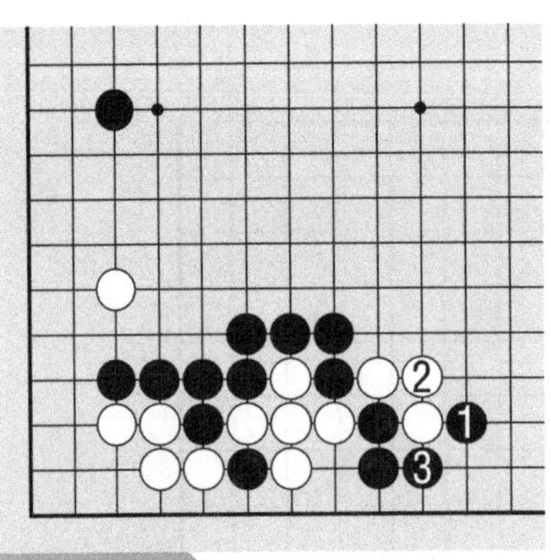

图 1　正解

图 1　正解

黑 1 夹是正确的下法，白 2 如果粘，黑子则可联络，从而可以摆脱危机。

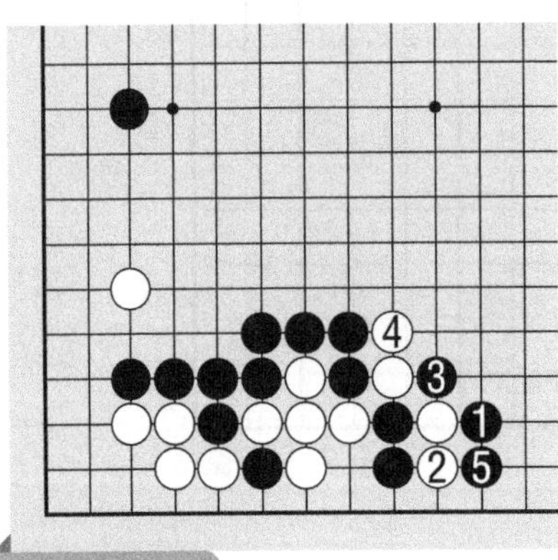

图 2　变化

图 2　变化

黑 1 夹时，白 2 分断不能成立，黑 3、5 打吃之后，白二子被吃。

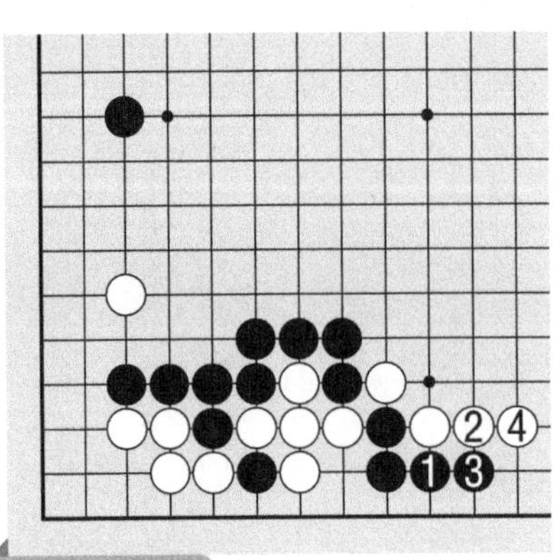

图 3　失败

图 3　失败

黑 1、3 在二路爬不好，白 2、4 走强，黑棋得不偿失。

问题 90

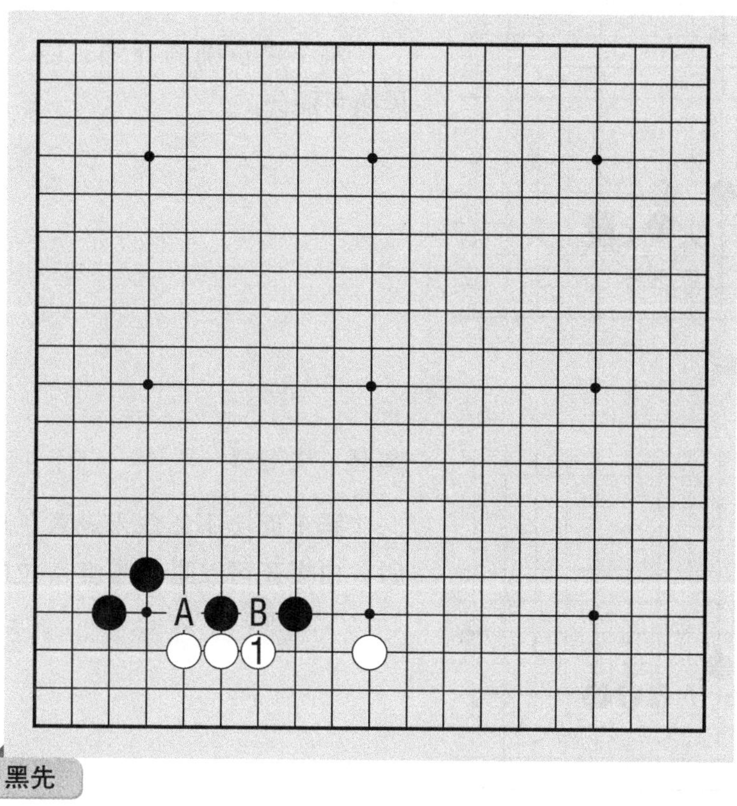

黑先

白 1 长，瞄着黑棋的弱点。那么请问黑棋如何才能同时补去 A 位和 B 位两处断点？其有效的方法是什么？

问题 90 解答

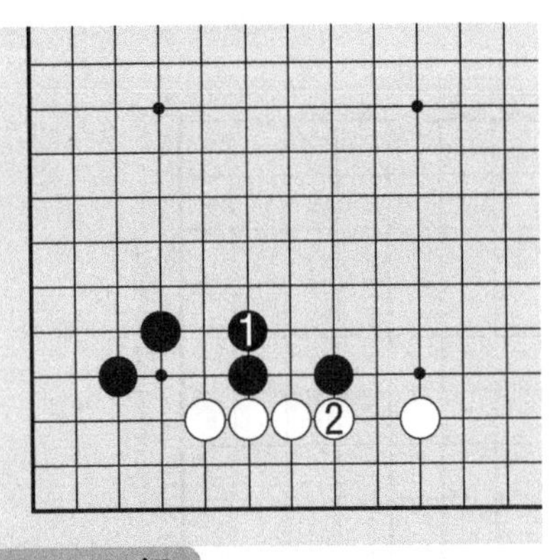

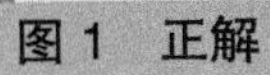

图 1 正解

图 1 正解

黑 1 是正确的补法，白 2 联络时，黑棋可脱先。

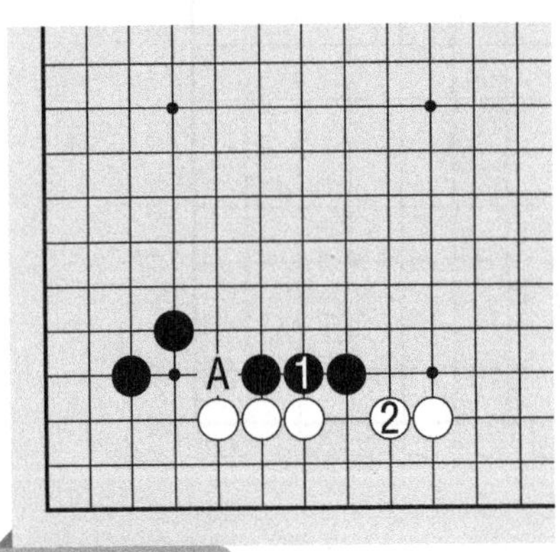

图 2 失败 1

图 2 失败 1

黑 1 连接不能令人满意，白 2 补棋后，白棋还可以瞄着黑棋 A 位的弱点。

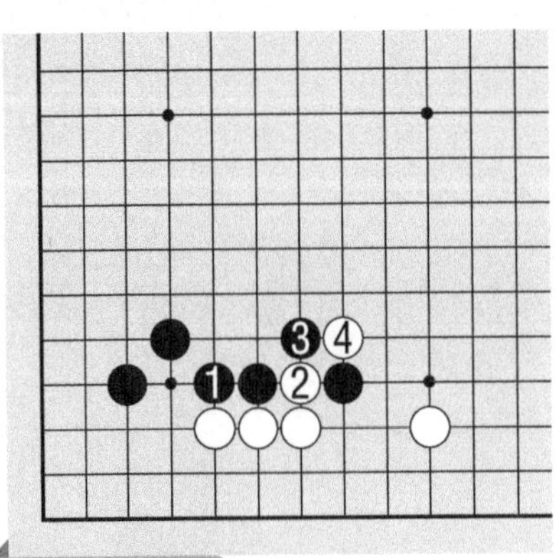

图 3 失败 2

图 3 失败 2

黑 1 联络时，白棋有 2、4 强行冲断的下法，黑棋不好。

问题 91

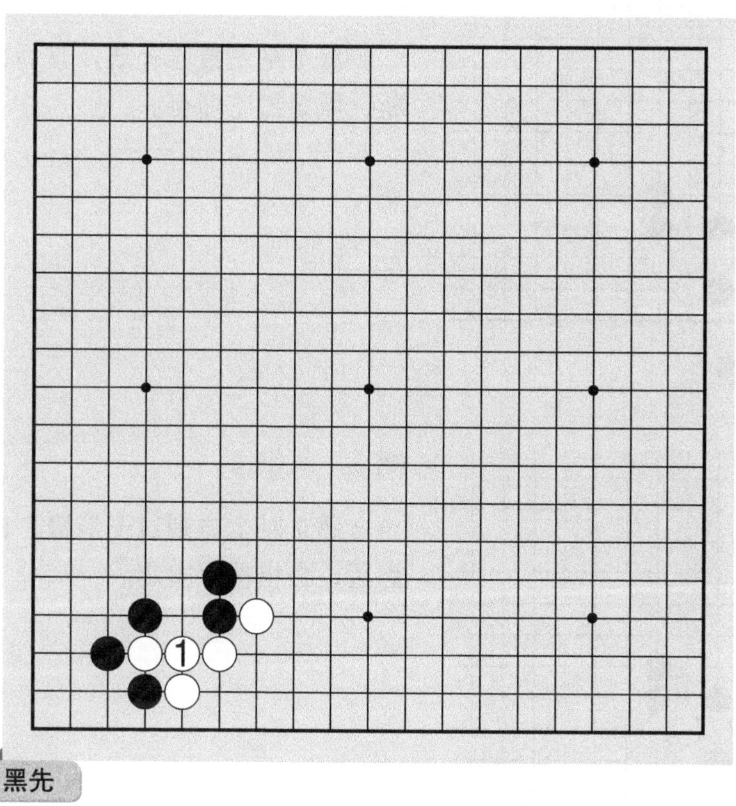

黑先

白 1 粘时，黑棋各处的弱点均已显露出来，请问黑棋应如何补棋?

问题 91 解答

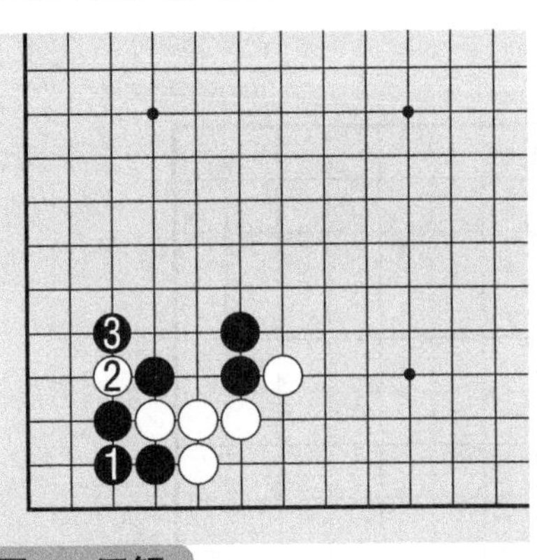

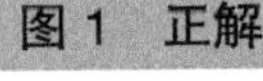

图 1　正解

图 1　正解

黑 1 粘是最佳补法，其后白 2 如果断，黑 3 打吃即可。

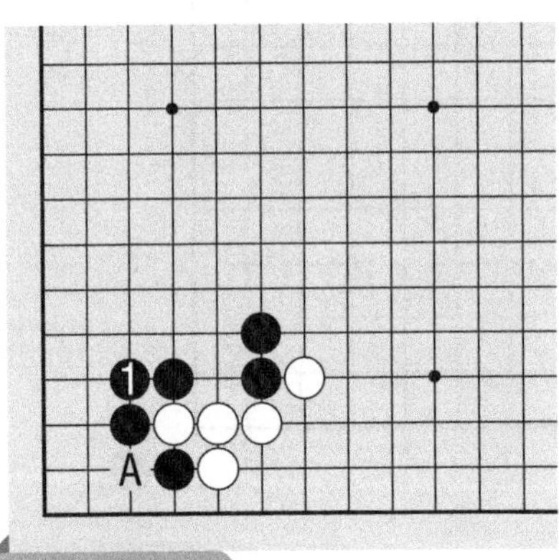

图 2　失败 1

图 2　失败 1

黑 1 粘上方则过于消极，白 A 打吃之后，白棋得以安定。

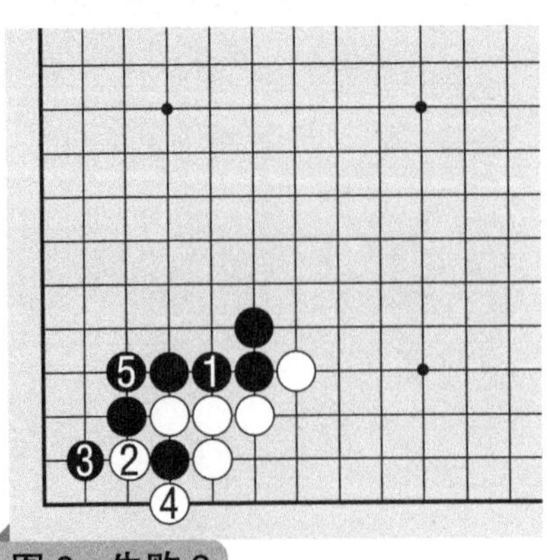

图 3　失败 2

图 3　失败 2

黑 1 连接过于笨拙，白 2 打吃，以下至黑 5，白棋可以先手捞取实地，黑棋失败。

问题 92

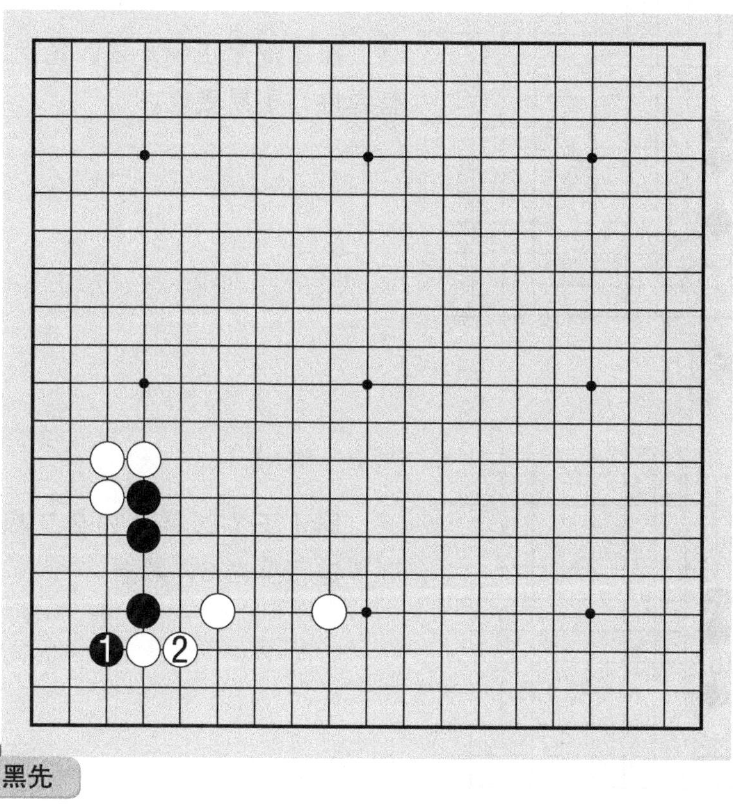

黑先

黑 1 扳，白 2 退，其后黑棋必须补断点。那么请问黑棋应如何补？

问题 92 解答

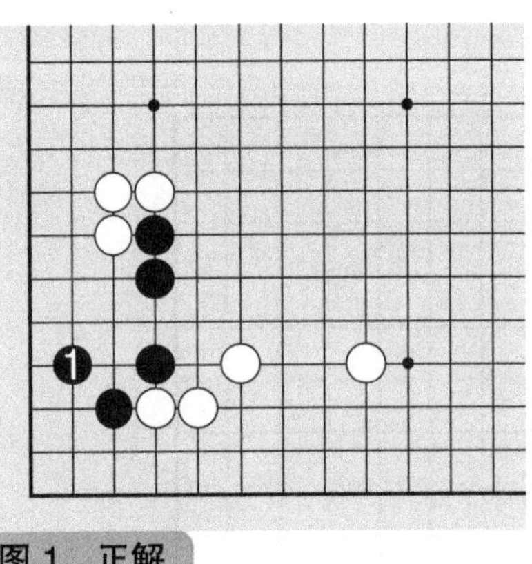

图 1　正解

图 1　正解

黑 1 虎是正确下法，角上黑棋形富有弹性，不易受攻。

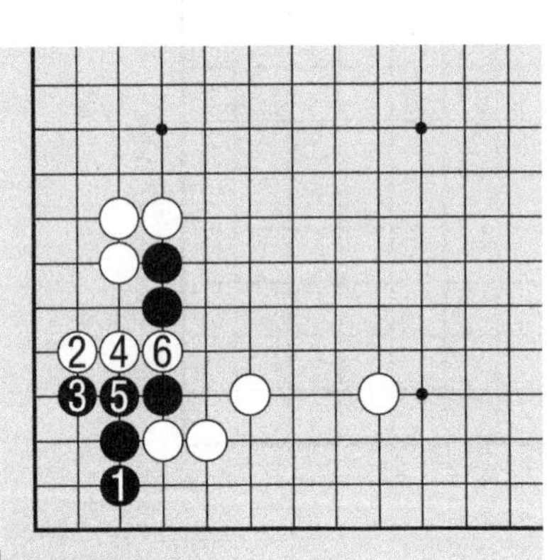

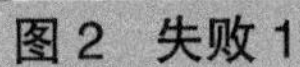

图 2　失败 1

图 2　失败 1

黑 1 下立过强，白 2 飞极其严厉，以下进行至白 6，黑损。

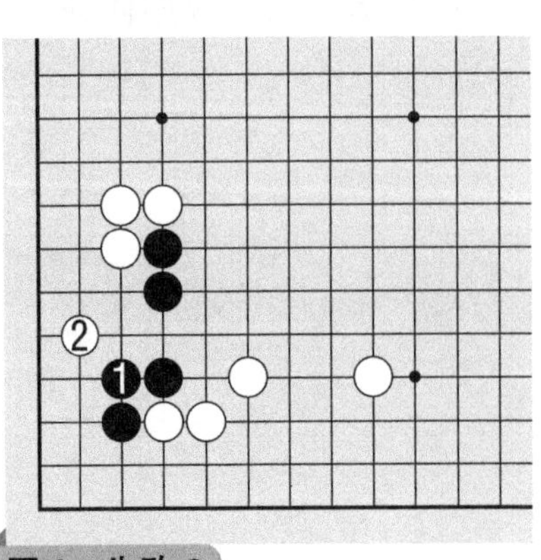

图 3　失败 2

图 3　失败 2

黑 1 单粘缺少妙味，白 2 飞后，黑棋整体受攻。

问题 93

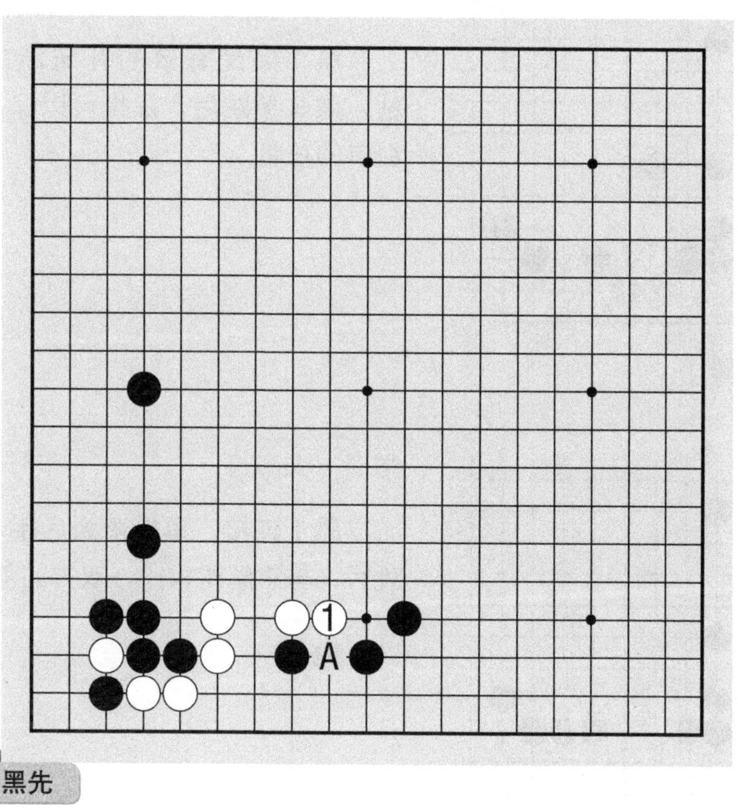

黑先

白 1 长抢占要点，现在黑棋必须补 A 位的弱点。请问其有效的方法是什么?

问题93解答

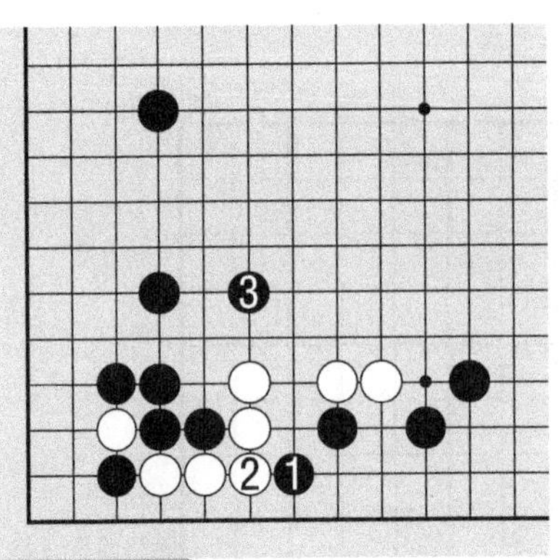
图1 正解

图1 正解

黑1尖是有效的补法，白2如果粘，黑3单跳后，黑棋可以保持对整块白棋的攻势。

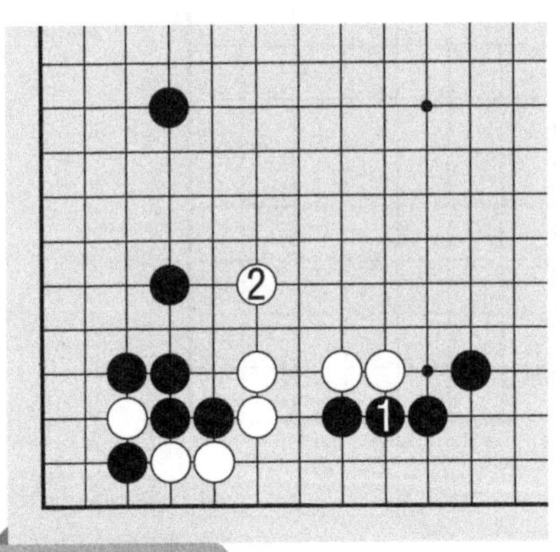
图2 失败1

图2 失败1

黑1连接，黑棋落为后手，白2单跳后，与正解图相比，双方的差别很大。

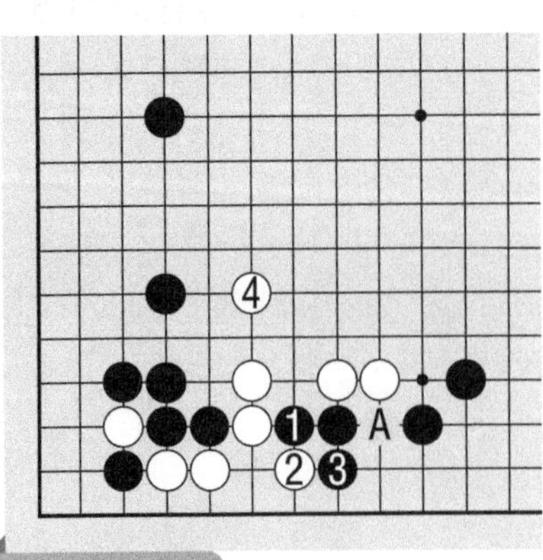

图3 失败2

图3 失败2

黑1顶同样不好，白2虎后，黑棋由于有A位的弱点，只好黑3挡，其后白4跳，结果与图2大同小异。

问题 94

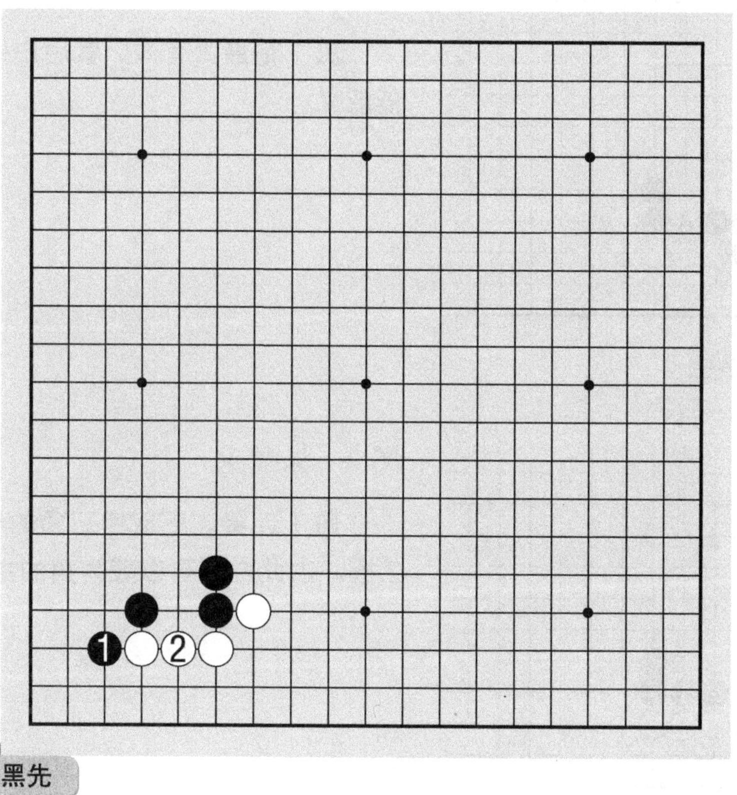

黑先

黑 1 扳，白 2 连接，此时黑棋必须补自身的弱点，请问其有效的补法是什么?

问题 94 解答

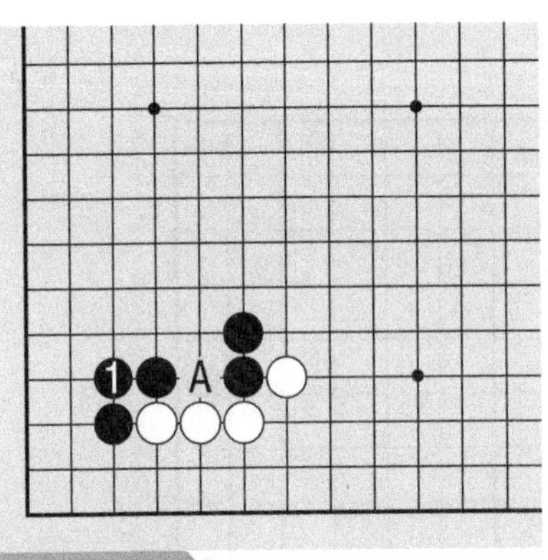

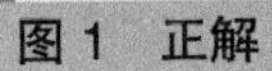

图 1　正解

图 1　正解

黑 1 粘最为有效，其后白 A 冲断不能成立。

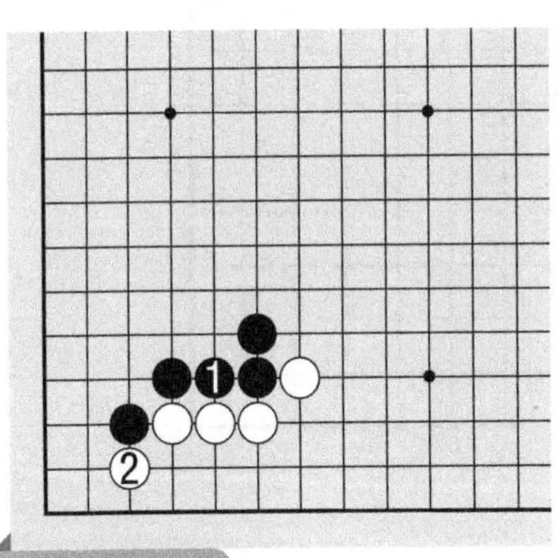

图 2　失败 1

图 2　失败 1

黑 1 连接，下成空三角的愚形，白 2 扳，由此白棋可以成为角的主人。

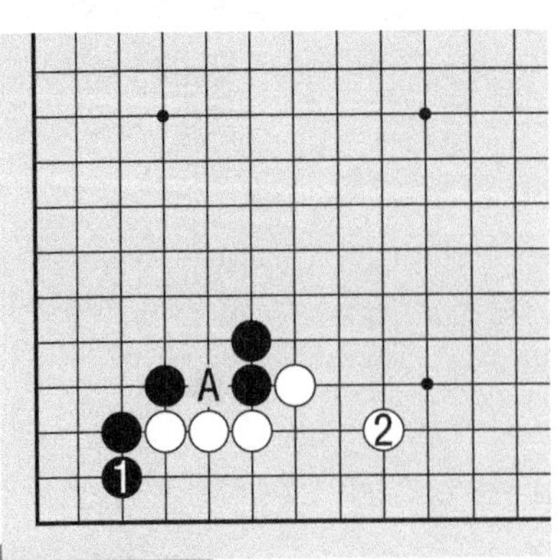

图 3　失败 2

图 3　失败 2

黑 1 下立，虽重视实地，但白 2 补棋后，A 位的弱点成为黑棋的负担。

问题 95

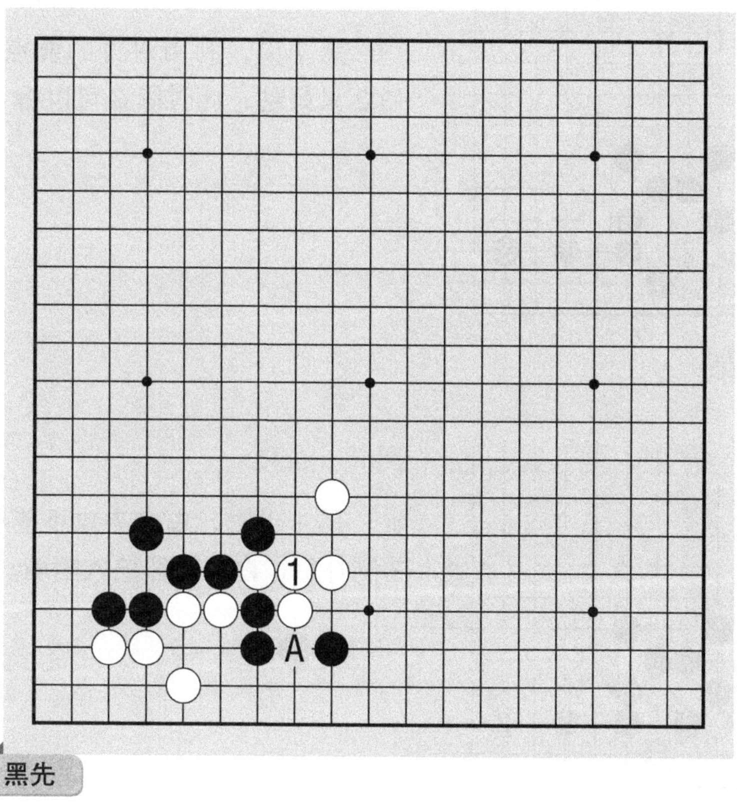

黑先

白 1 粘后，黑棋必须补 A 位的弱点，请问其有效的补法是什么?

问题 95 解答

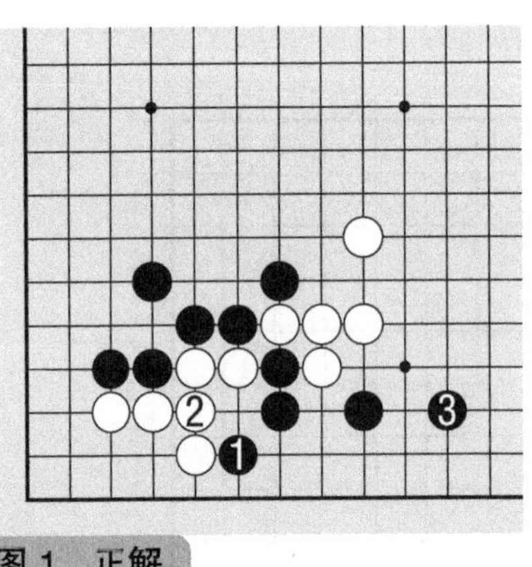
图 1　正解

图 1　正解

黑 1 尖，利用对方的弱点来补棋，白 2 只好粘，此时黑 3 可以拆一生根。

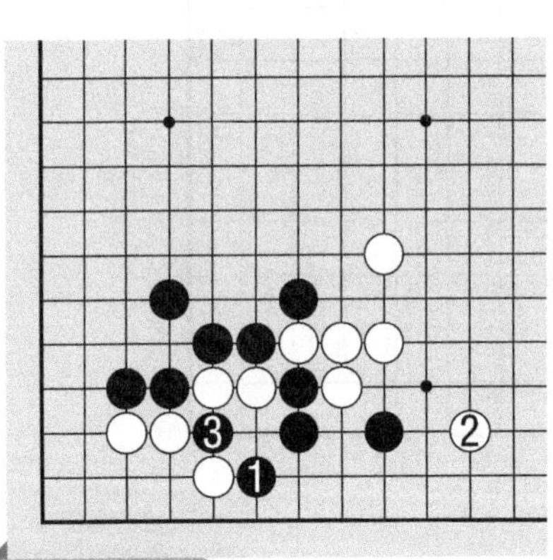
图 2　变化

图 2　变化

黑 1 尖时，白 2 夹攻不能成立，黑 3 倒扑后，白角立即陷入困境。

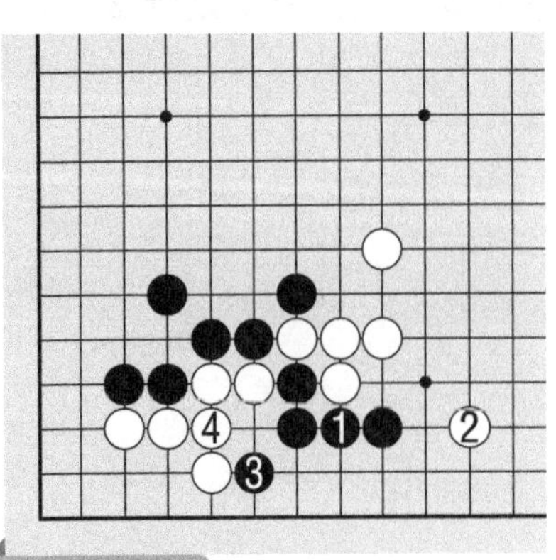
图 3　失败

图 3　失败

黑 1 连接非常不好，白 2 夹攻后，黑四子将陷入困境。其后黑 3 尖，白 4 补棋即可。

问题 96

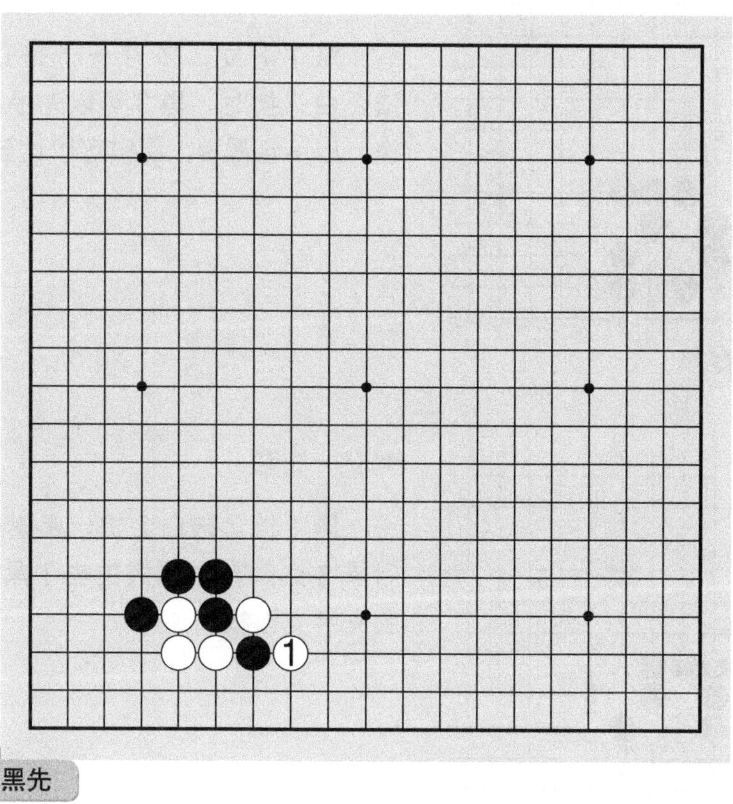

黑先

白 1 打吃时，黑棋可以利用弃子整形，那么请问黑棋正确的选择是什么?

问题 96 解答

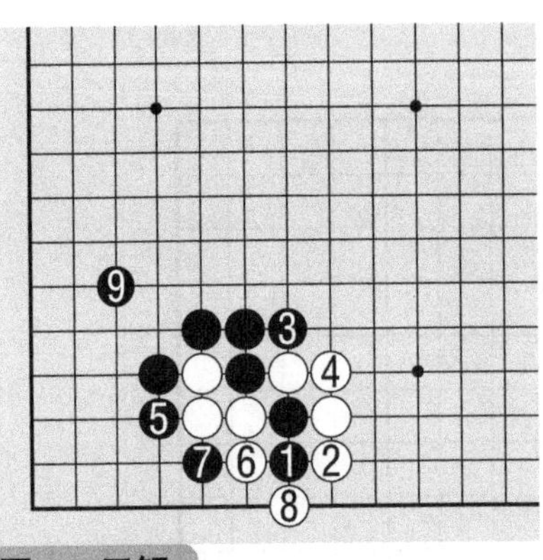
图 1　正解

图 1　正解

黑 1 下立，多弃一子是正确的下法，白 2 挡时，黑 3 可以先手与白 4 交换，以下至黑 9，黑棋可以达到目的。

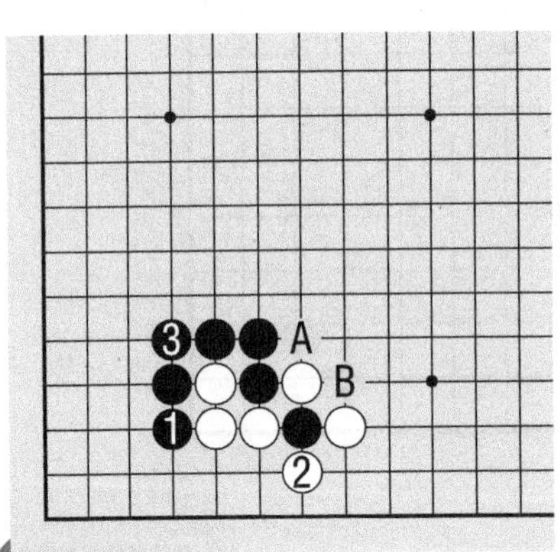

图 2　失败 1

图 2　失败 1

黑 1 挡，被白 2 提，黑棋失败。其后黑 3 必须粘，黑棋失去了黑 A、白 B 的先手交换权利。

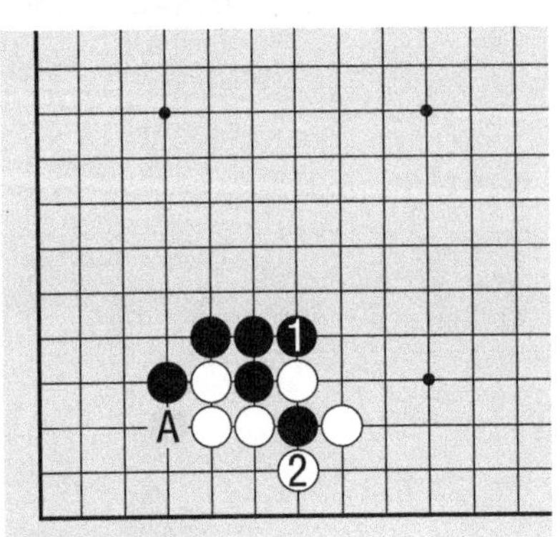

图 3　失败 2

图 3　失败 2

黑 1 打吃，同样是次序错误，白 2 提子后，黑 A 挡的先手权利不复存在。与正解图相比，差距很大。

问题 97

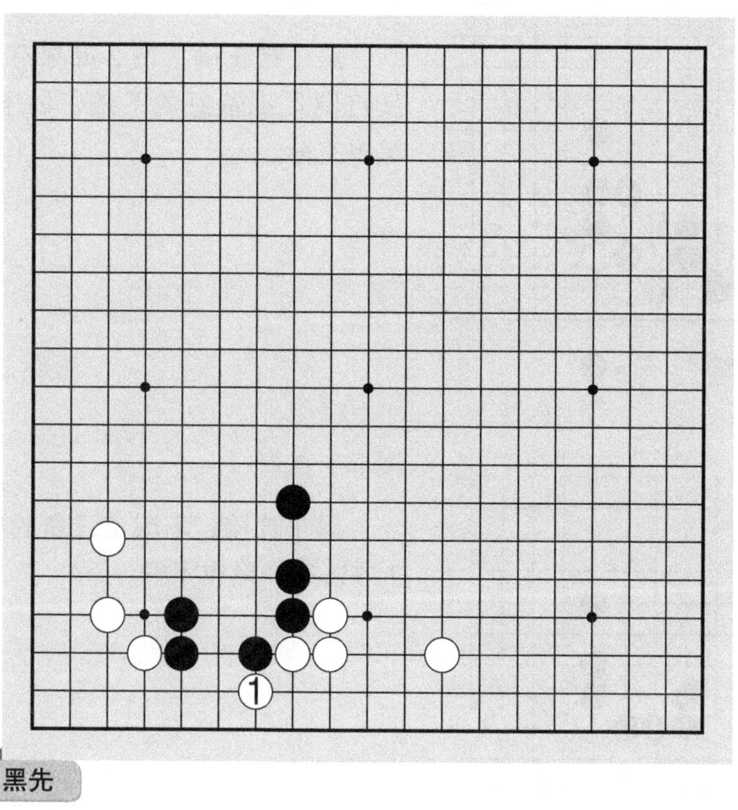

黑先

白 1 扳，黑棋面临的问题是如何整形。请问黑棋应如何选择?

问题 97 解答

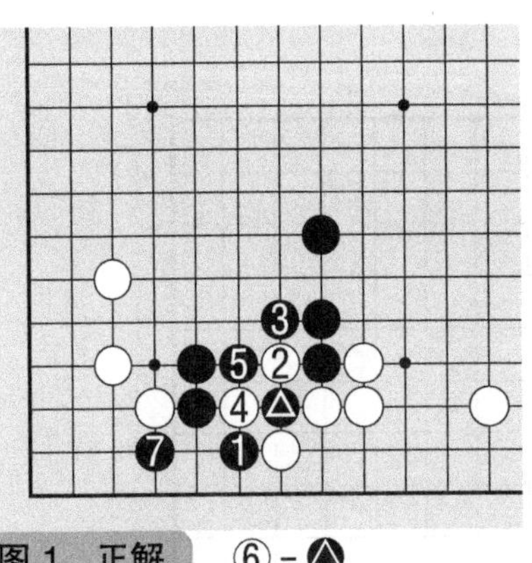

图 1　正解　⑥=▲

图 1　正解

黑 1 挡正确，白 2 如果打吃，黑 3 反打则是准备好的下法，以下至黑 7，黑棋充分。

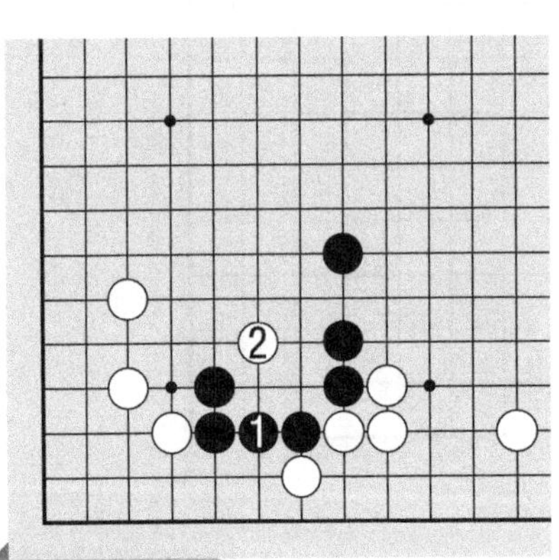

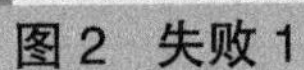

图 2　失败 1

图 2　失败 1

黑 1 连接，下成空三角的愚形，白 2 攻击后，黑棋不好。

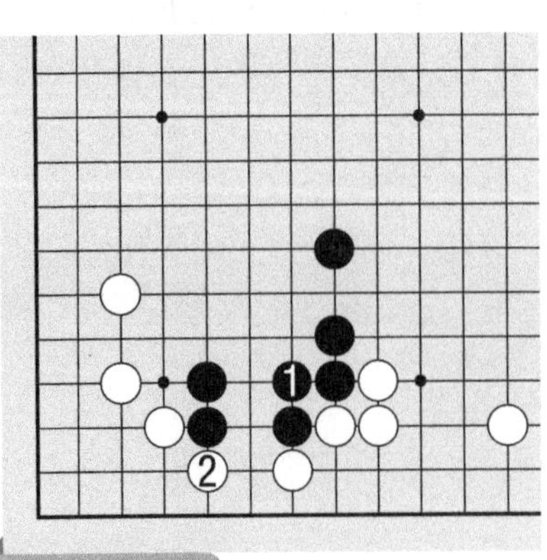

图 3　失败 2

图 3　失败 2

黑 1 同样下成空三角的愚形，不好。白 2 渡过后，白棋收获很大。

问题 98

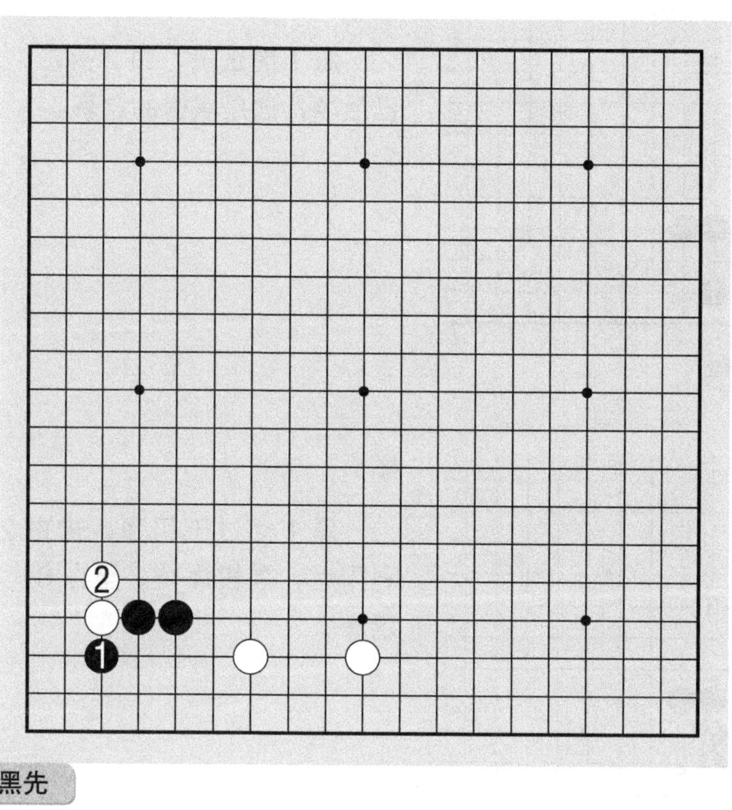

黑先

黑 1 扳，白 2 长，其后黑棋应该确保角地，请问其最佳下法是什么？

问题 98 解答

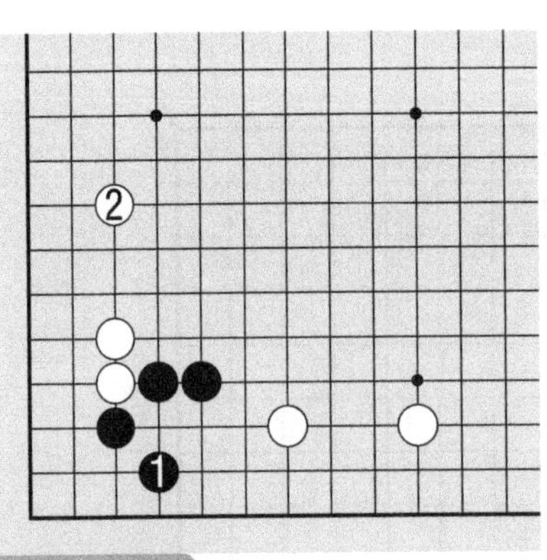
图 1　正解

图 1　正解

黑 1 虎正确，白 2 拆二，角上黑棋已活净，这是黑棋的自豪。

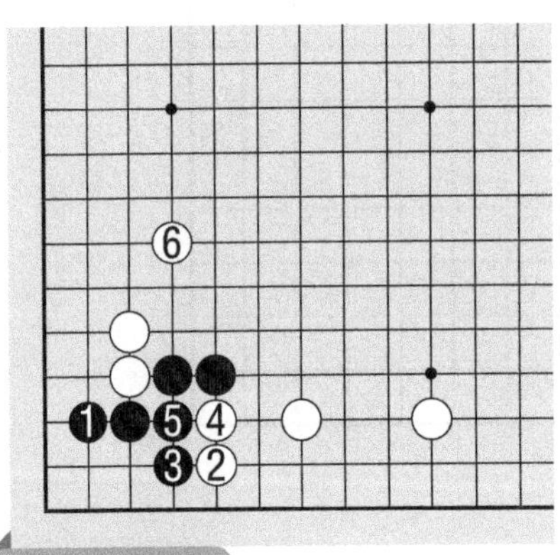
图 2　失败 1

图 2　失败 1

黑 1 立过于用强，被白 2、4 先手利用后，黑棋痛苦。至白 6，黑角仍未活净。

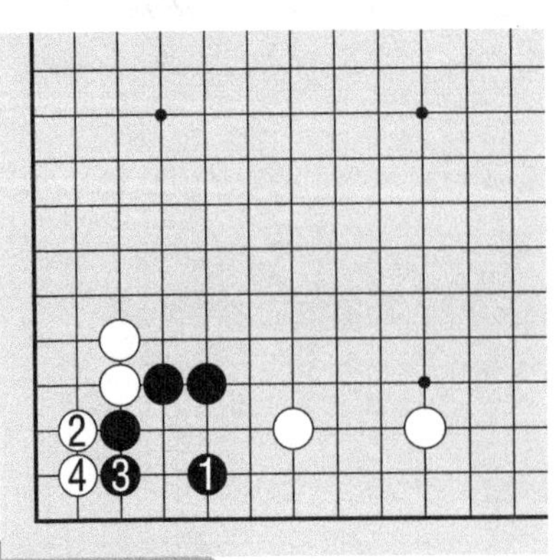
图 3　失败 2

图 3　失败 2

黑 1 单跳不好，白 2 扳，其后白 4 挡，黑棋仍然受攻。

问题 99

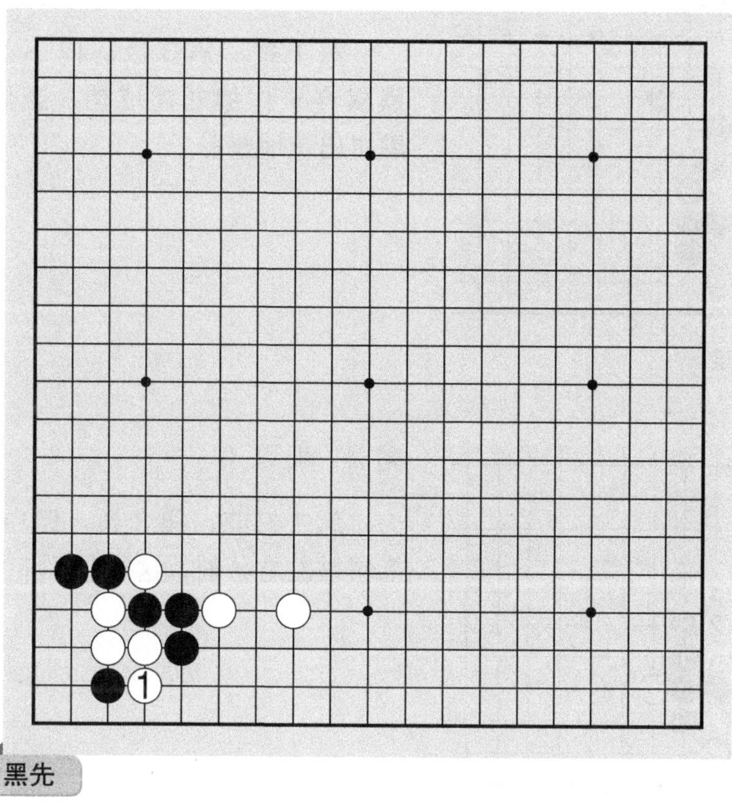

黑先

白 1 挡，谋求在角上做活。其后黑棋可以利用对方的弱点来整形，请问其最佳下法是什么？

问题 99 解答

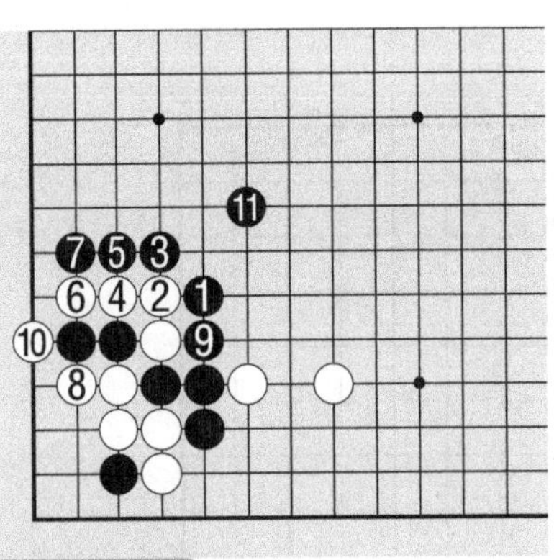
图 1　正解

图 1　正解

黑 1 封，黑 3 扳，以下至白 10，黑棋弃子作战非常成功，至黑 11 飞，黑棋出色地整形。

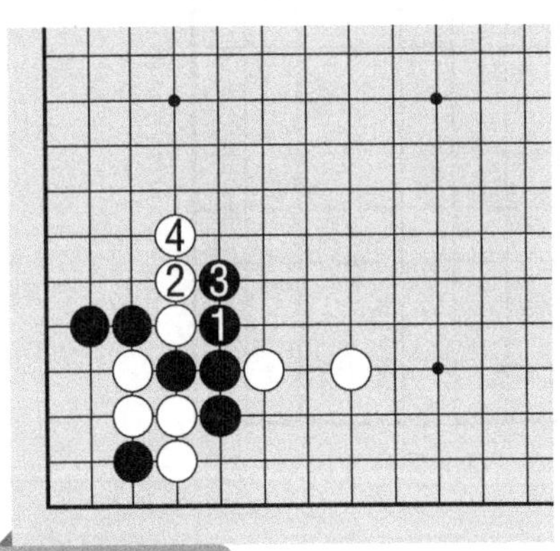
图 2　失败 1

图 2　失败 1

黑 1 打吃、黑 3 长，但白 4 长后，黑棋被左右分割，这是非常坏的结果。

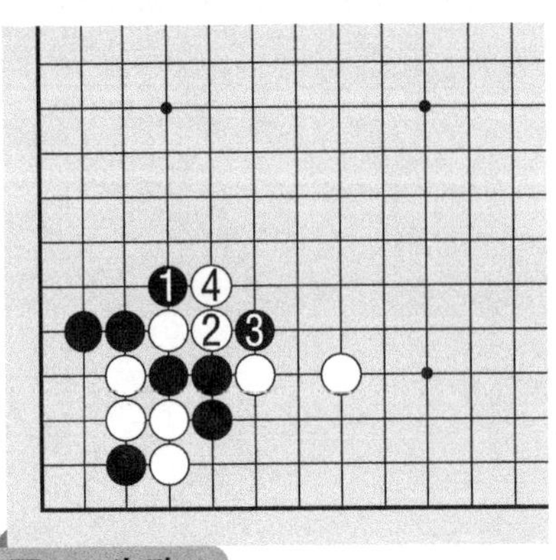
图 3　失败 2

图 3　失败 2

黑 1 打吃，让白 2 长，无疑是黑棋的自杀行为，黑棋以后不好下。

问题 100

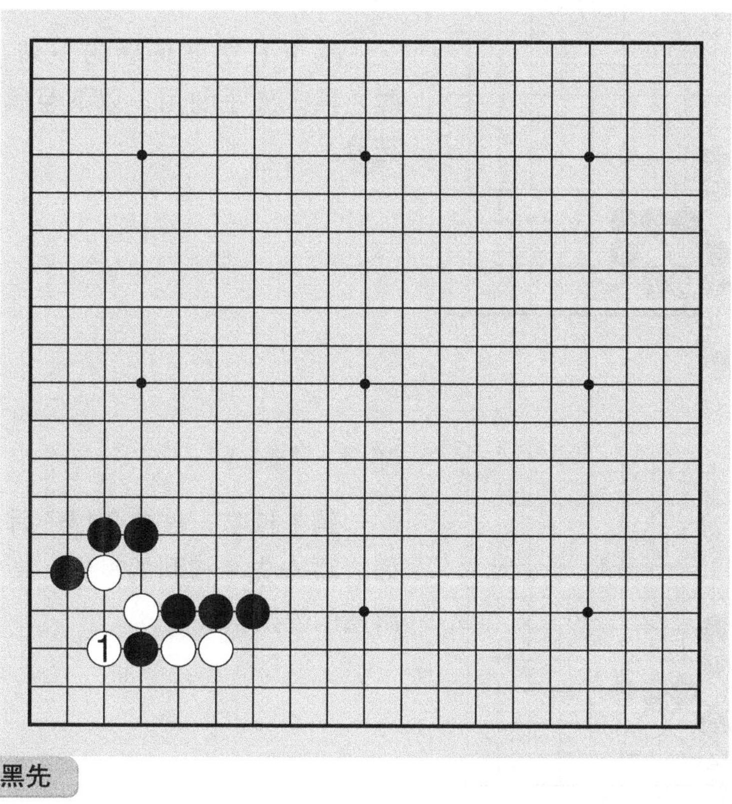

黑先

白 1 打吃时，黑棋欲利用被吃住的一子来整形。那么请问其正确的选择是什么?

问题 100 解答

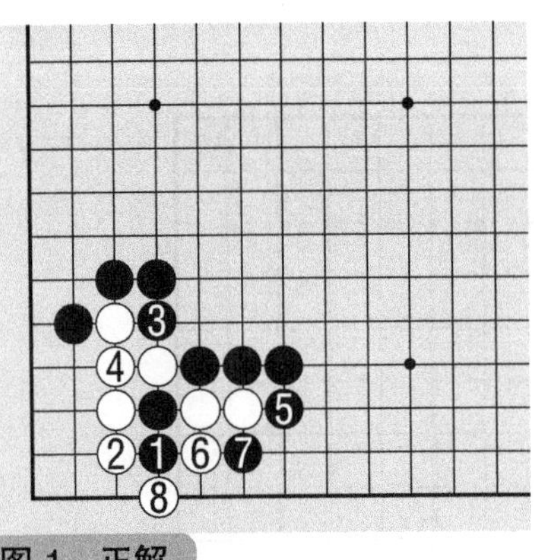
图 1　正解

图 1　正解

黑 1 下立是正确的下法，白 2 挡时，黑 3 先手利用，以下至黑 7，黑棋充分。

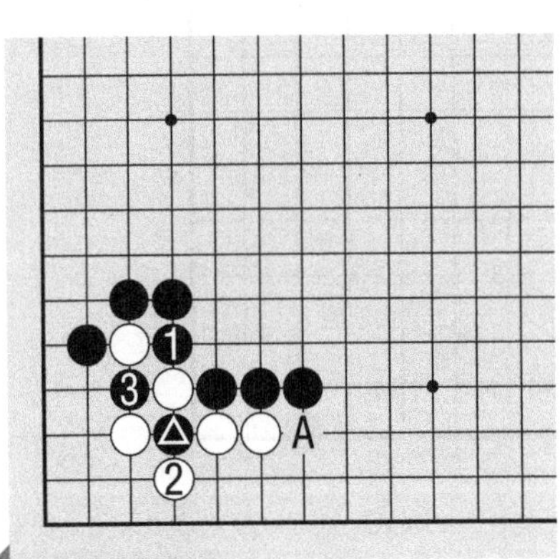

图 2　失败 1　④ = ▲

图 2　失败 1

黑 1 打吃，被白 2 提子后，黑棋不好。黑 A 先手权利的丧失，是本图与正解图的差别所在。

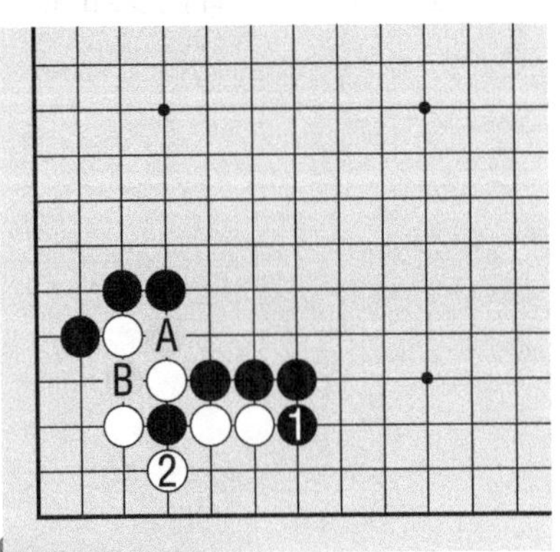

图 3　失败 2

图 3　失败 2

黑 1 挡，白 2 同样提子，黑棋仍然不好。其后黑 A 打吃时，白棋可不在 B 位粘。

问题 101

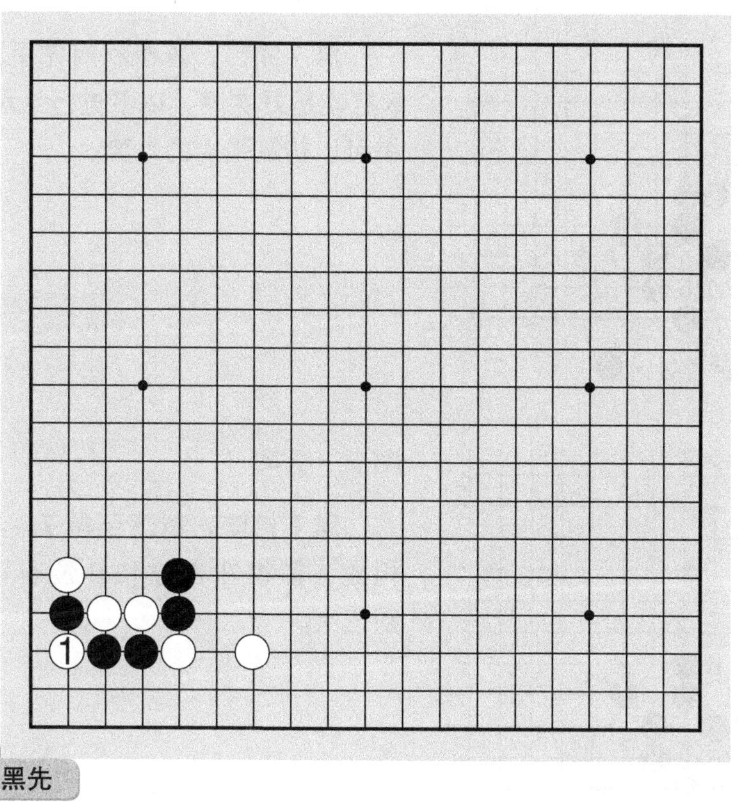

黑先

白 1 打吃时，黑棋欲利用白棋的弱点来整形，请问其正确下法是什么？

问题 101 解答

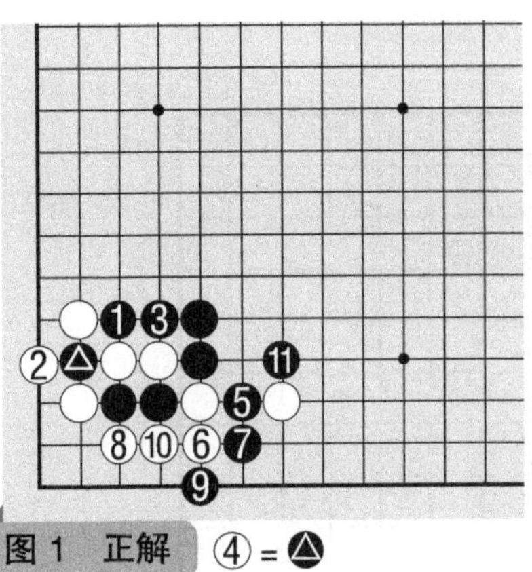
图 1　正解　④ = ▲

图 1　正解

黑 1 断打，黑棋利用先手后，再黑 5 打吃是好次序，以下进行至黑 11，黑棋可以构筑强大的外势。

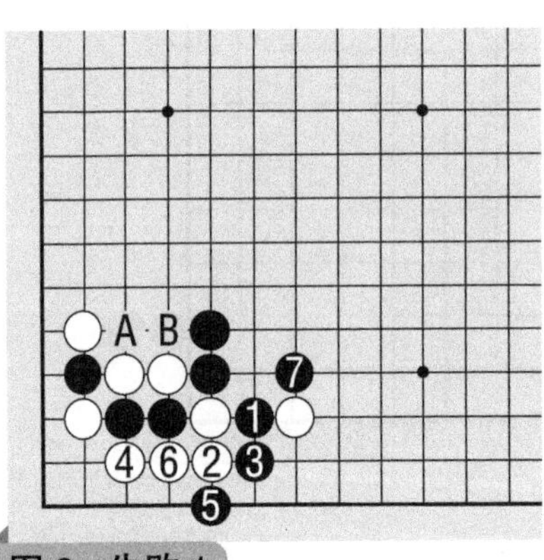
图 2　失败 1

图 2　失败 1

黑 1 打吃，以下至黑 7，与正解图相比，黑棋在 A 位和 B 位有子无子差别很大。

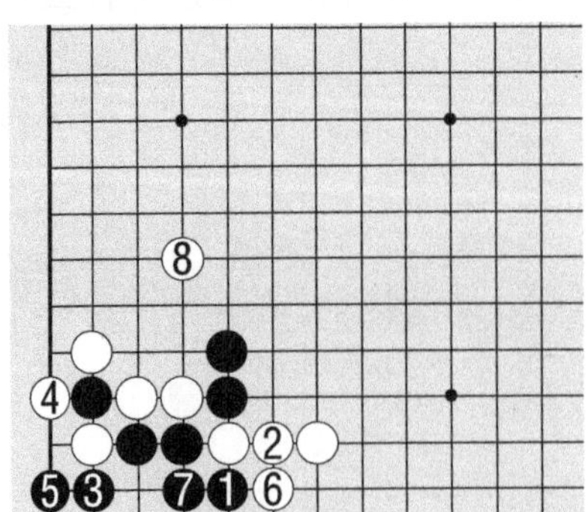
图 3　失败 2

图 3　失败 2

黑 1 打吃，以下至黑 7，黑棋虽可做活，但实际上却是最坏的选择。白 8 跳后，黑二子受攻。

问题 102

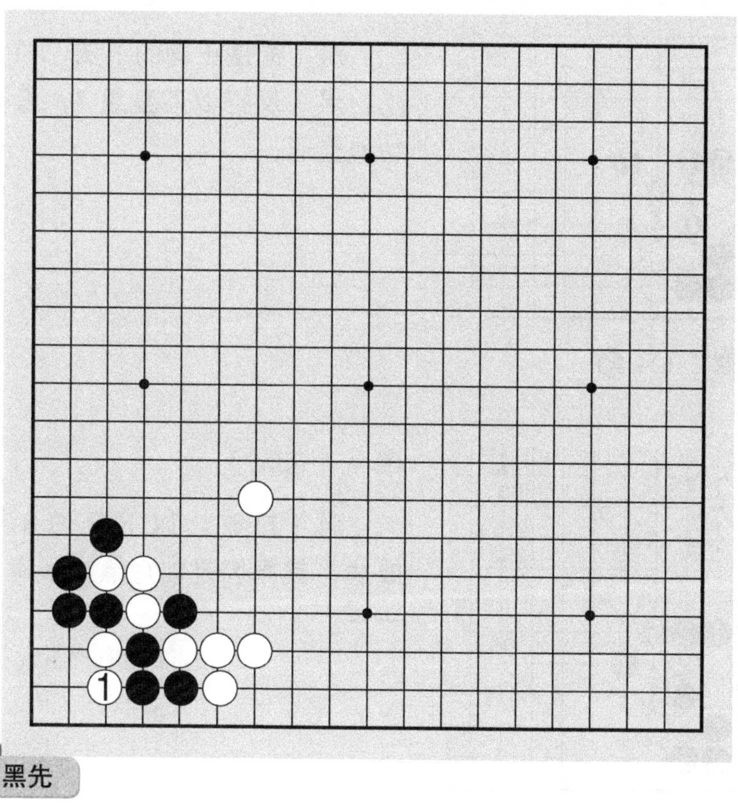

黑先

白 1 挡时，黑三子虽然不能救活，但黑棋可以利用弃子来获取更大的利益。请问黑棋应如何下？

问题 102 解答

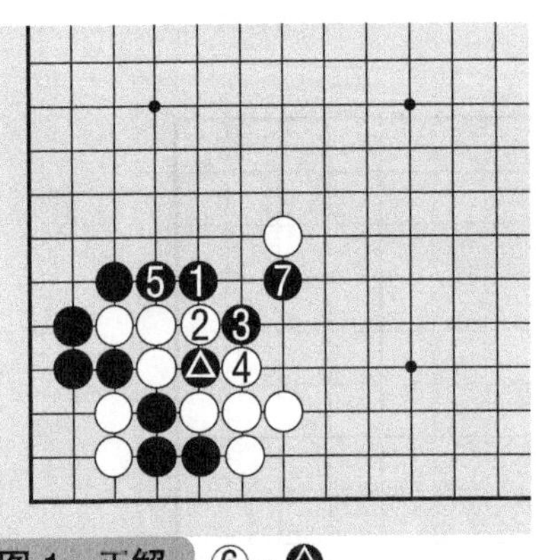

图 1　正解

图 1　正解

黑 1 枷是正确的下法，白 2 如果冲吃，黑 3 反打以下至黑 7，黑棋可以成功地整形。

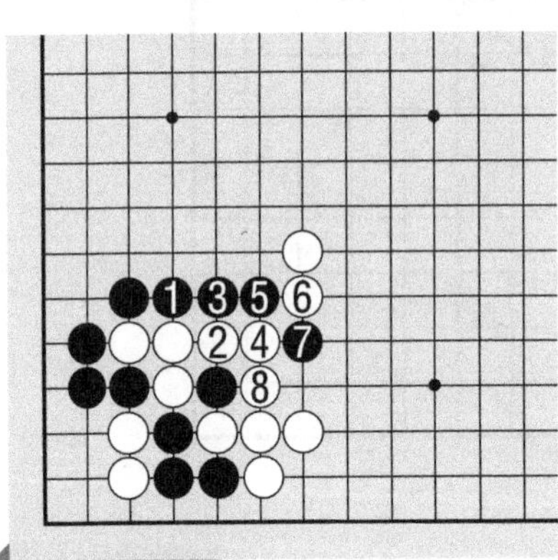

图 2　失败 1

图 2　失败 1

黑 1 打吃，以下至白 8，黑棋不成功，其原因是以后黑棋很难处理黑 7 一子。

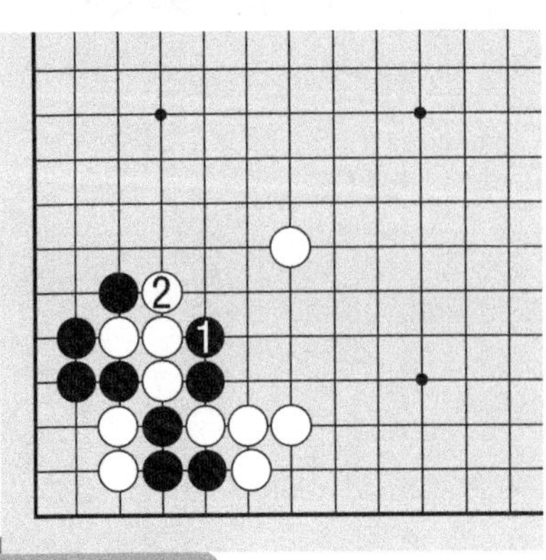

图 3　失败 2

图 3　失败 2

黑 1 打吃，让白 2 长，这是黑棋的最坏选择。由于黑棋征子不利，黑棋以后很难下。

问题 103

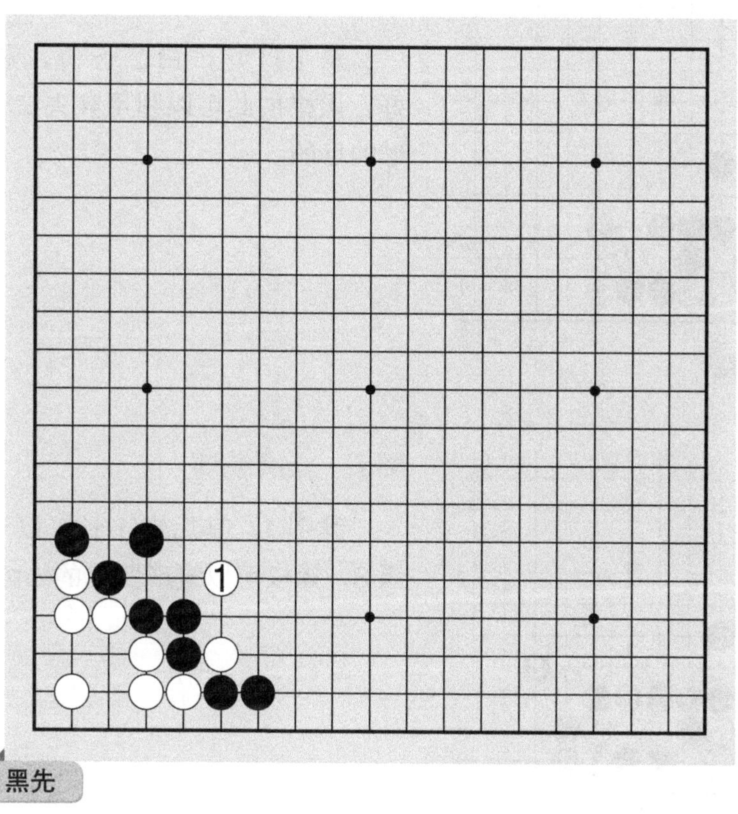

黑先

白 1 单跳，准备攻击黑棋，那么黑棋如何利用白棋的弱点来整形？其最佳方法是什么？

问题 103 解答

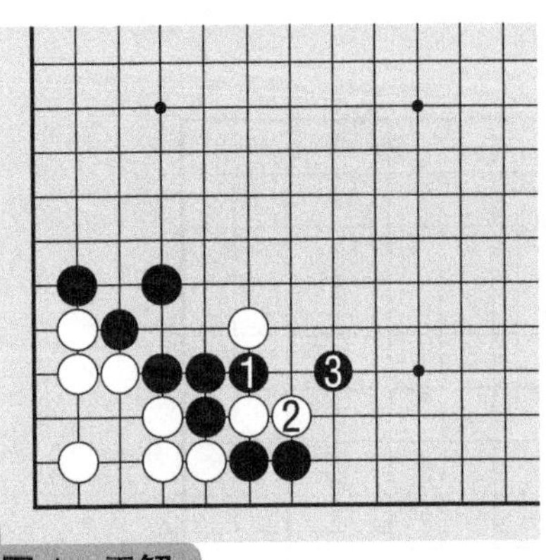

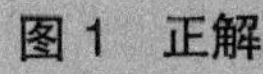

图 1 正解

图 1 正解

黑 1 打吃，白 2 长时，黑 3 封很好，黑棋由此可以利用弃去二子达到整形的目的。

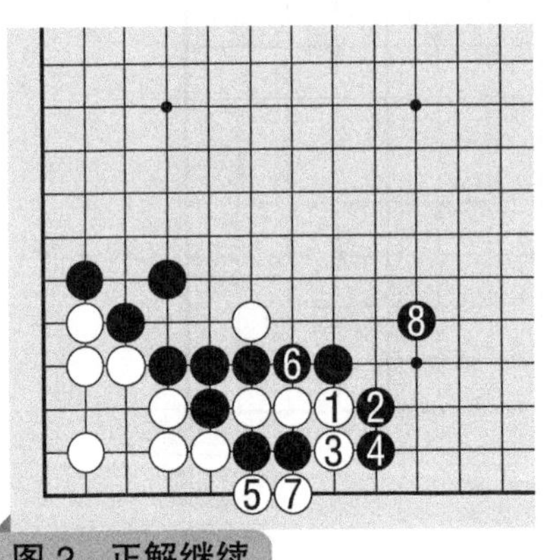

图 2 正解继续

图 2 正解继续

续图 1，其后白 1 长，以下进行至黑 8，黑棋可以筑成坚厚的外势。

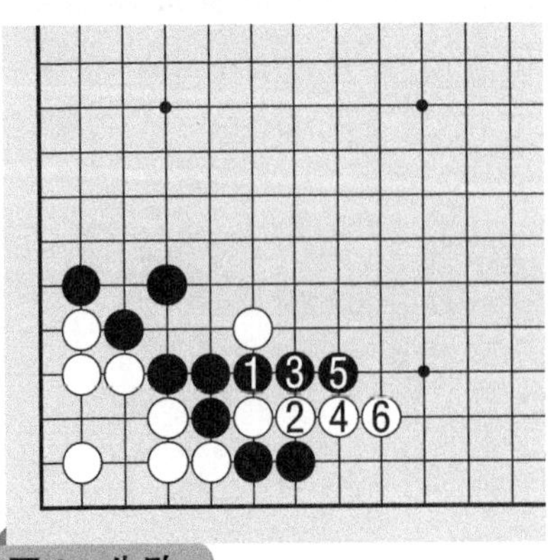

图 3 失败

图 3 失败

黑 1、白 2 时，黑 3、5 的下法非常不好，白 6 长后，黑棋毫无所获。

问题 104

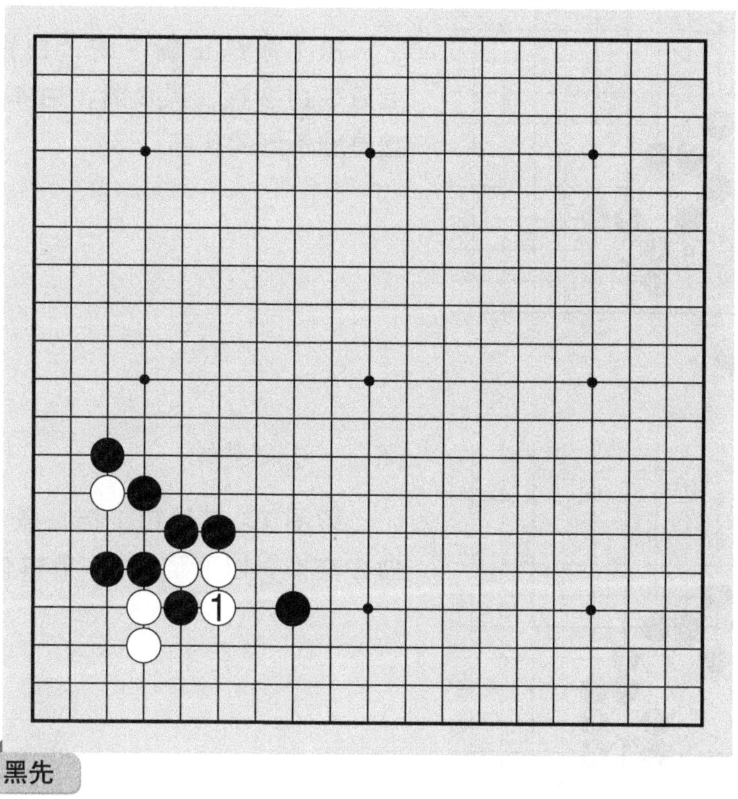

黑先

白 1 打吃后，黑一子虽然跑不掉，但黑棋仍有利用手段。那么请问黑棋应如何选择?

问题 104 解答

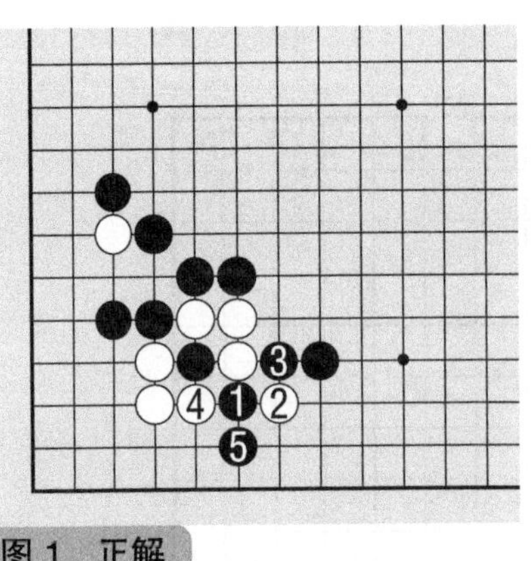
图 1　正解

图 1　正解

黑 1 扳是正确下法，白棋在气势上只有白 2 扳，黑 3 断，白 4 时，黑 5 立是准备好的次序。

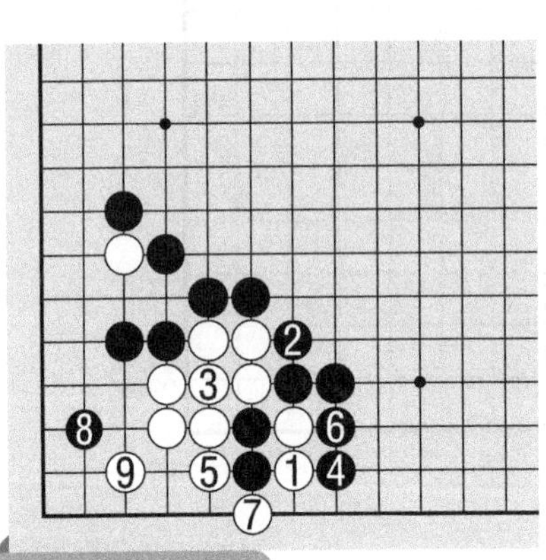
图 2　正解继续

图 2　正解继续

续图 1，其后白 1 挡，黑 2 先手与白 3 交换，以下至白 9，黑棋有利。

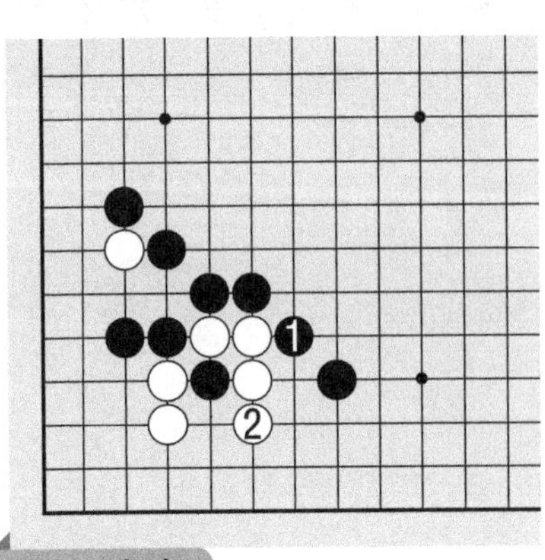
图 3　失败

图 3　失败

黑 1 扳，意在封锁中腹，但白 2 后，黑棋收获不大。

问题 105

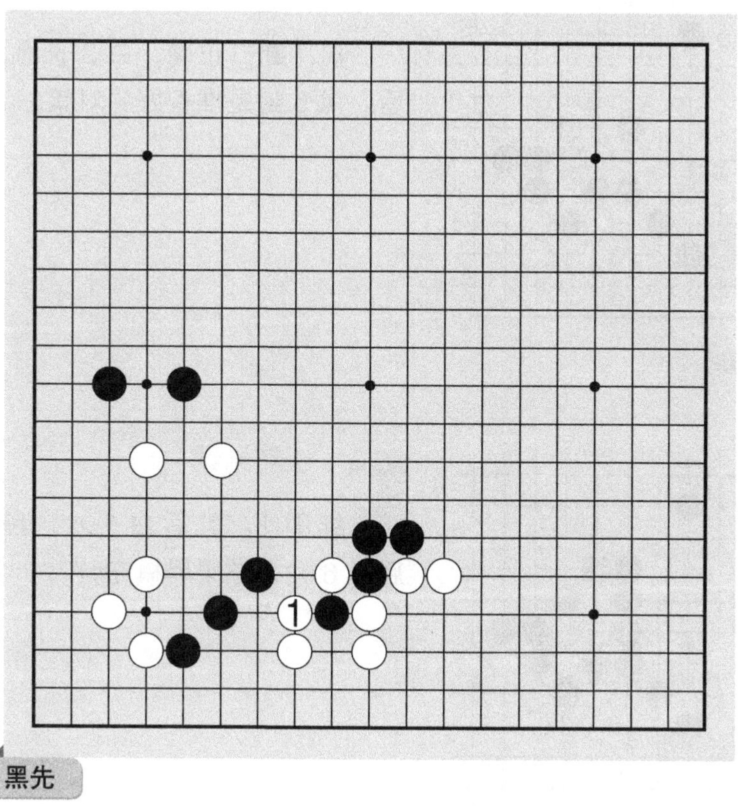

黑先

白 1 打吃时，黑棋应该处理左侧的黑三子，请问黑棋应如何下?

问题105解答

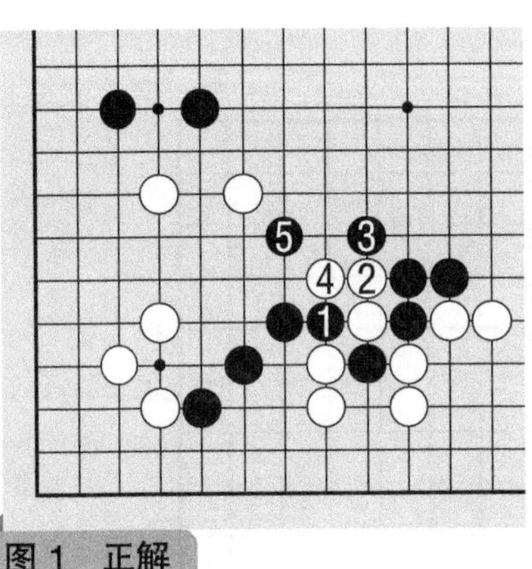

图1 正解

图1 正解

黑1断打正确，白2长出，黑3打后，黑5封是准备好的对策。

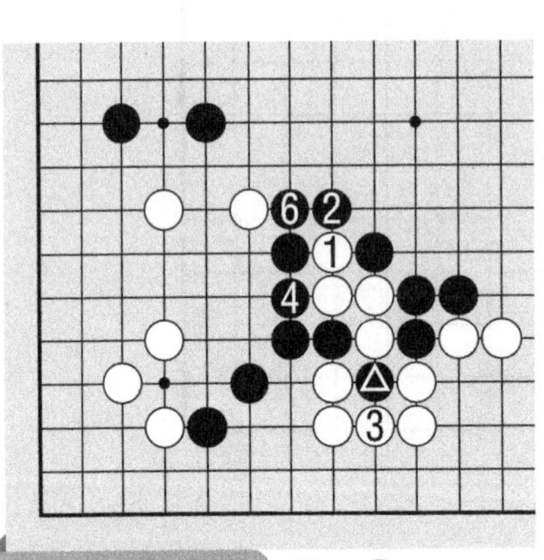

图2 正解继续

图2 正解继续

续图1，其后白1冲，黑2、4打后黑6粘，结果黑棋充分。

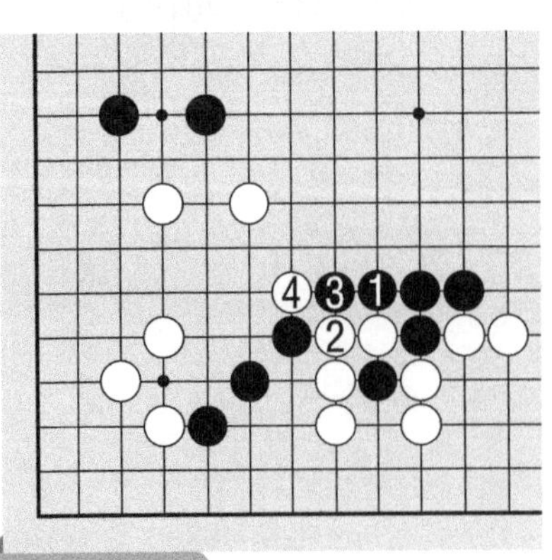

图3 失败

图3 失败

黑1单打，白2、黑3、白4之后，黑棋失败。

问题 106

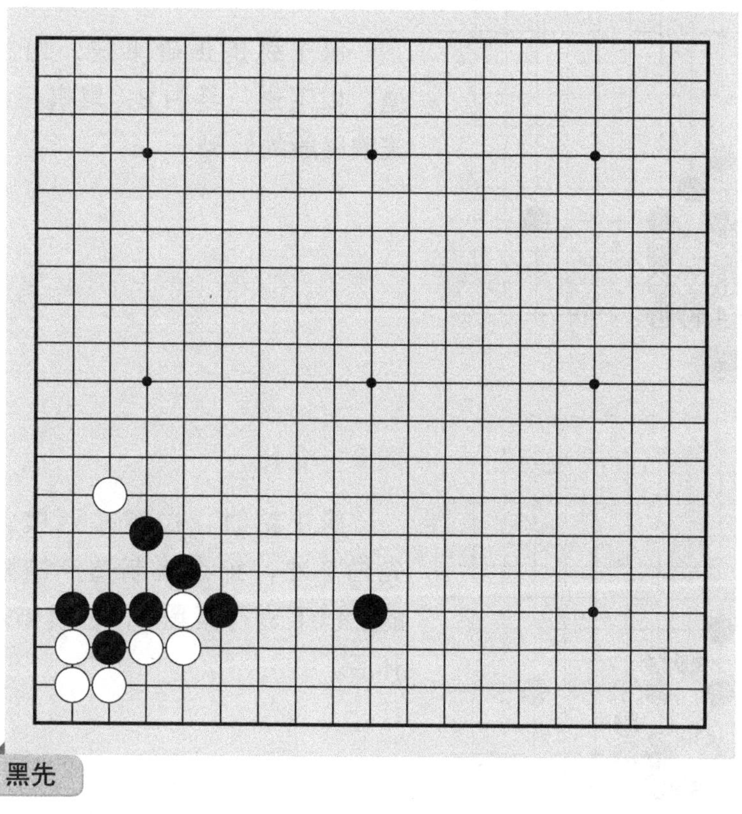

黑先

黑棋如何利用白棋的弱点来整形？其最佳方法是什么？

问题 106 解答

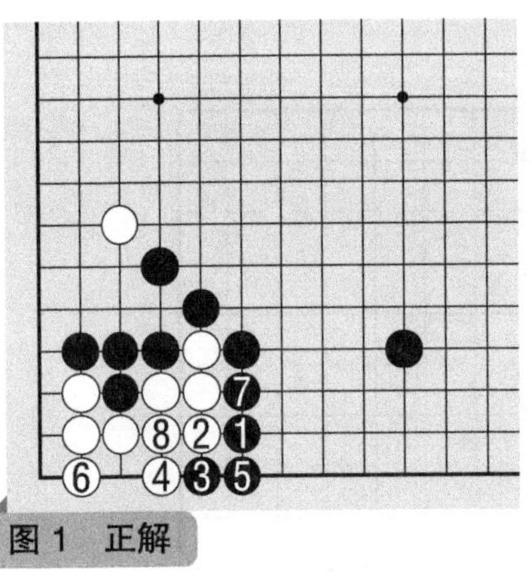
图 1　正解

图 1　正解

黑 1 跳是正确下法，白 2 只好后退，以下进行至白 8，黑棋可以先手构筑铁壁般的外势。

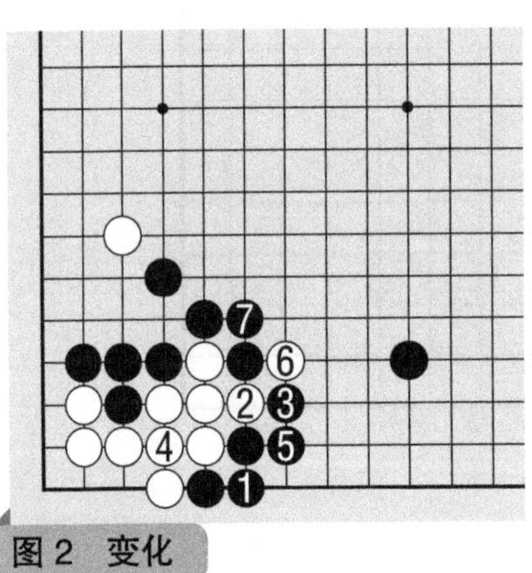
图 2　变化

图 2　变化

黑 1 粘时，白棋在活棋之前，首先白 2 冲，给黑棋制造点缺陷是正确的。以下进行至黑 7，白棋仍须在角上补活。

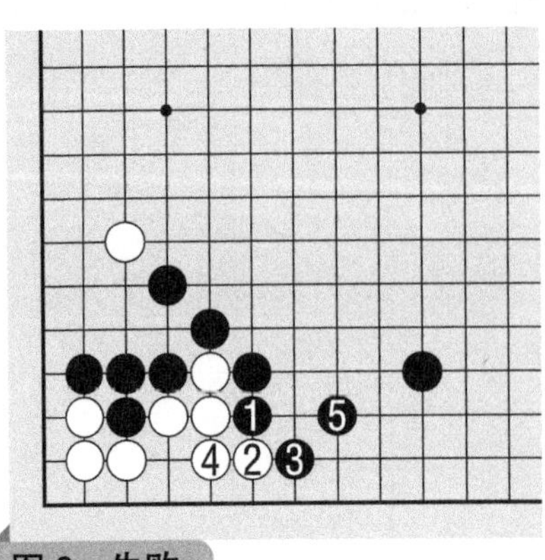
图 3　失败

图 3　失败

黑 1 挡多少有点令人不满，白 2、4 扳粘之后，黑棋在目数上受损。

问题 107

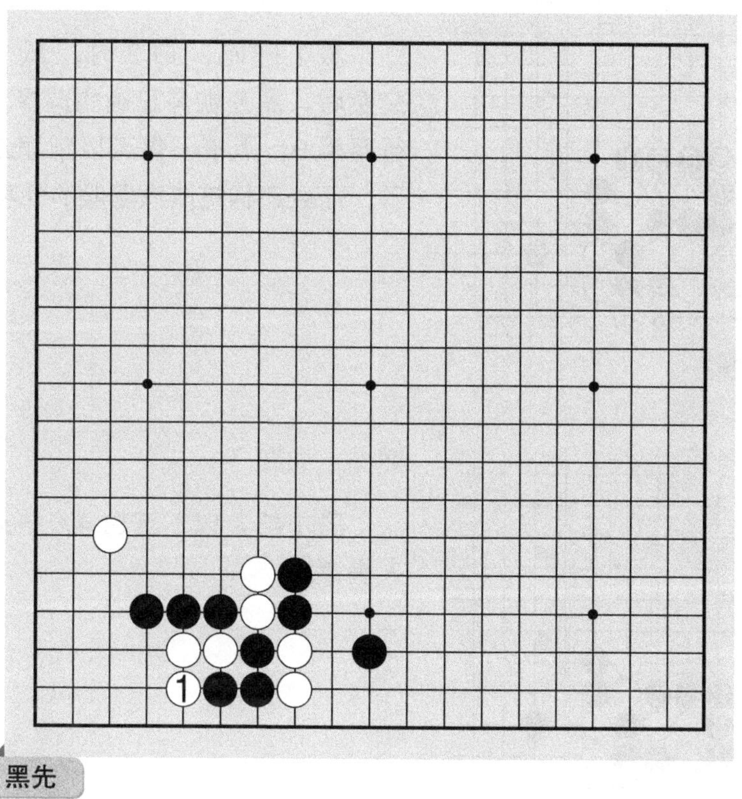

黑先

白 1 挡攻击黑三子，黑棋由于征子不成立，因而面临危机。那么请问黑棋应如何选择?

问题107解答

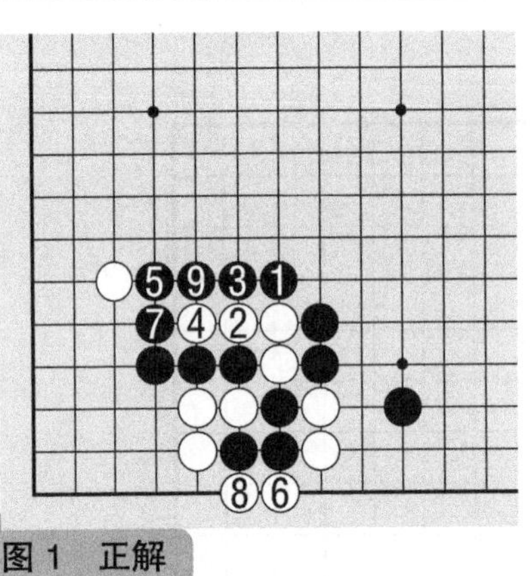
图1　正解

图1　正解

黑1打吃，白2时，黑3与白4交换后，黑5枷是正确的选择。以下进行至黑9，黑棋不仅可以削弱左侧白一子，而且还构筑成铁壁般的外势。

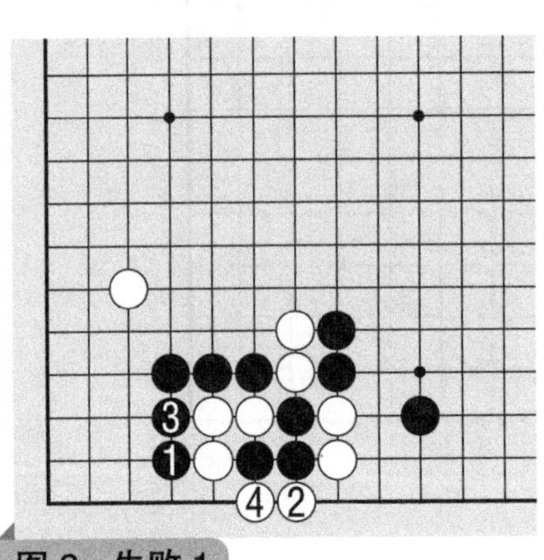
图2　失败1

图2　失败1

黑1挡，以下至白4，结果不能令人满意。

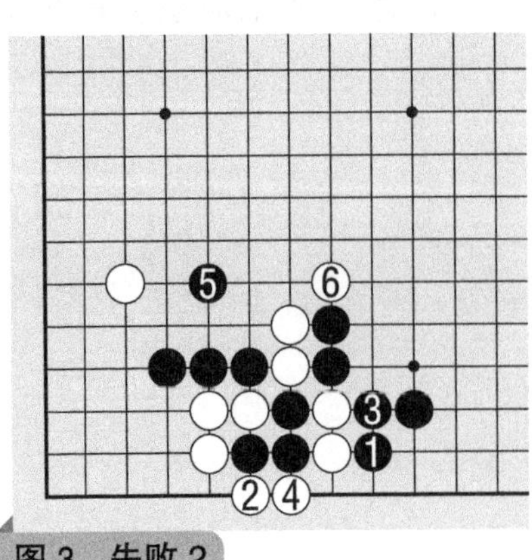
图3　失败2

图3　失败2

黑1挡，同样不能赞许。以下进行至白6，黑棋不满。

问题 108

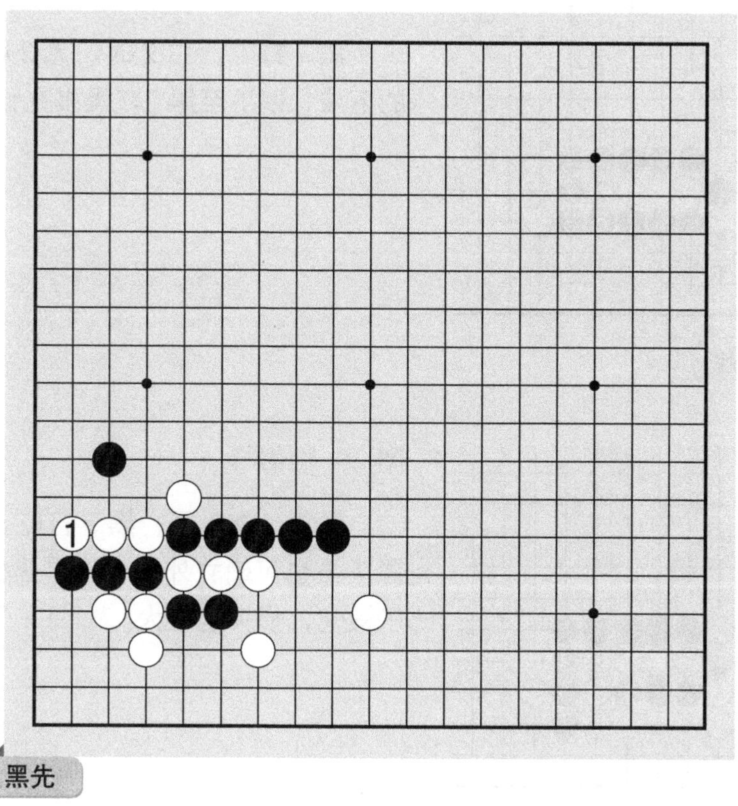

黑先

白 1 挡后，角上黑三子已不可能活，但黑棋却可对其进行充分的利用，以获取收益。请问黑棋应如何选择？

问题 108 解答

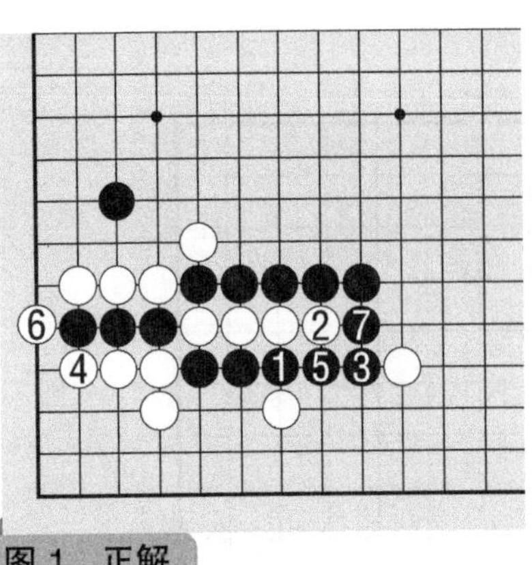

图 1 正解

图 1 正解

黑 1 打吃，白 2 时，黑 3 枷是正确的下法，以下至黑 7，黑棋充分。

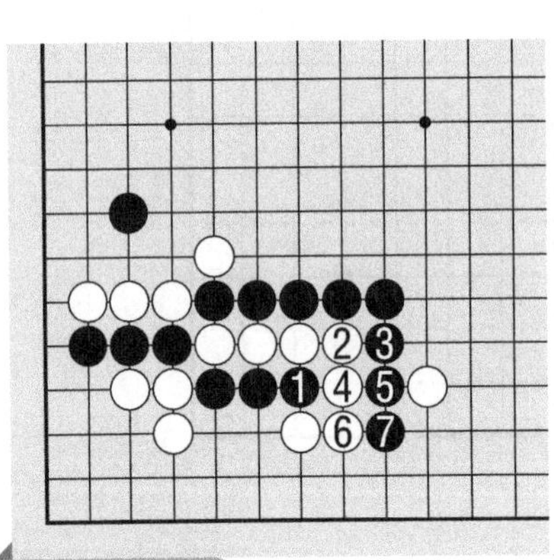

图 2 失败 1

图 2 失败 1

黑 1、白 2 后，黑 3 打吃，以下至黑 7 虽也可确立外势，但是黑棋又有三子被吃，损失也很大。

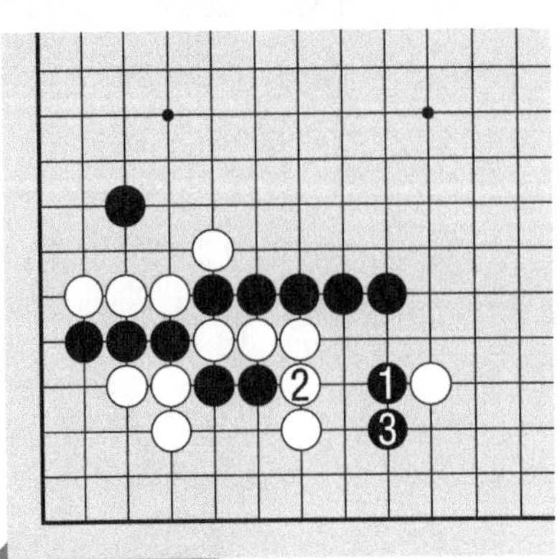

图 3 失败 2

图 3 失败 2

黑 1 靠，虽然也是手筋，但白 2 连接之后，结果与图 2 大同小异。

问题 109

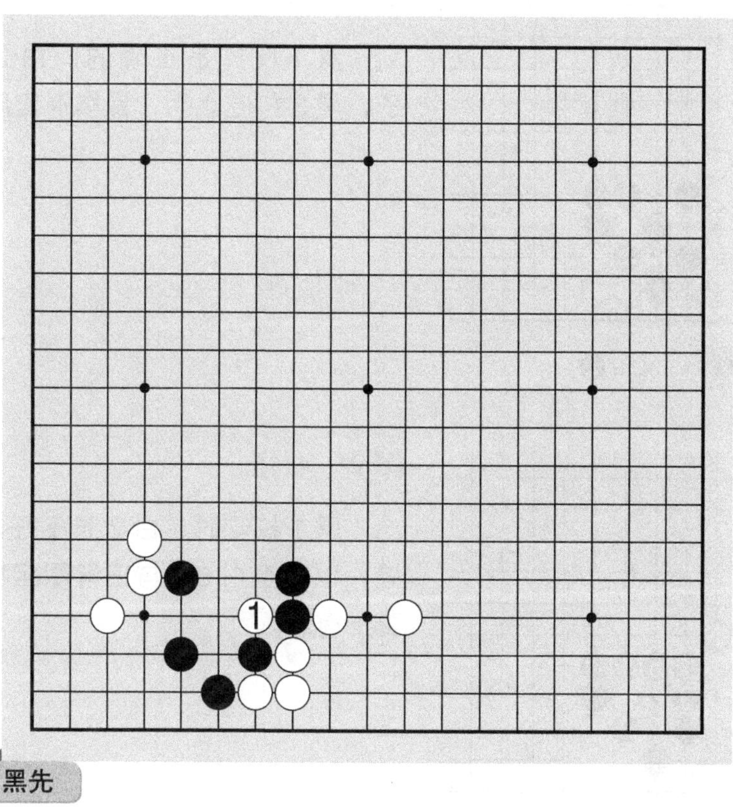

黑先

白 1 打吃，黑棋是接上还是寻求其他手段？请问黑棋应如何选择？

问题 109 解答

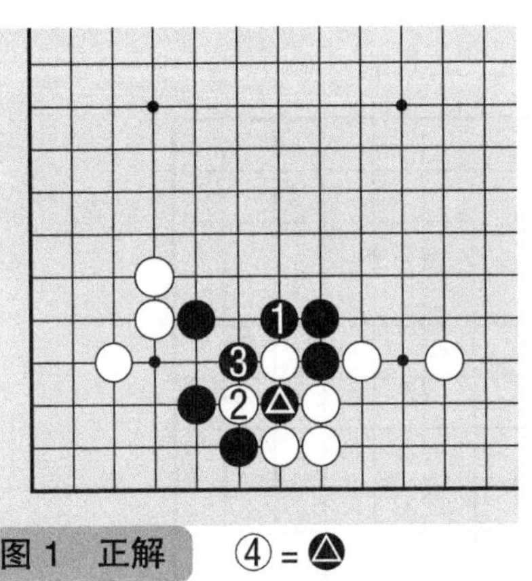

图 1　正解　④ = ▲

图 1　正解

黑 1 反打是正确的，白 2 如果提子，黑 3 打吃之后，黑棋形坚厚。

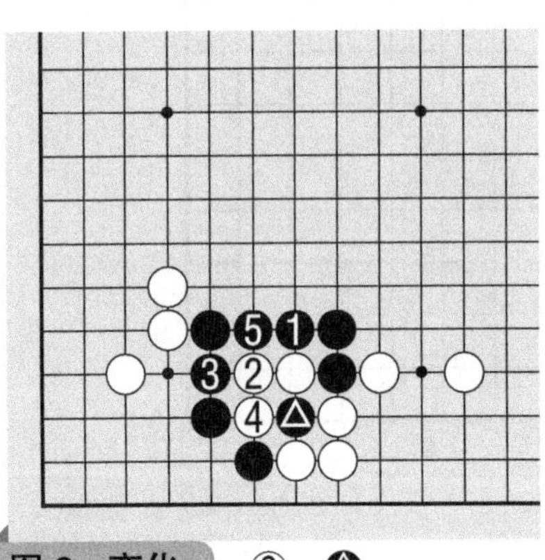

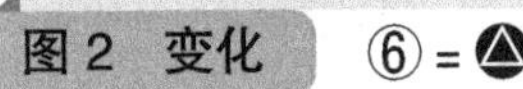

图 2　变化　⑥ = ▲

图 2　变化

黑 1 打吃时，白 2 长不好，黑 3 连接，以下至白 6，与正解图相比，黑棋更加有利。

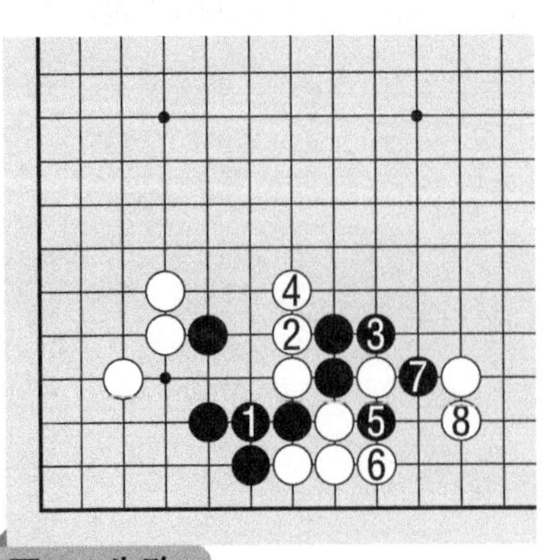

图 3　失败

图 3　失败

黑 1 粘时，白 2 可以出动，其后黑 3 时，白 4 长，以下进行至白 8，黑棋难受。

问题 110

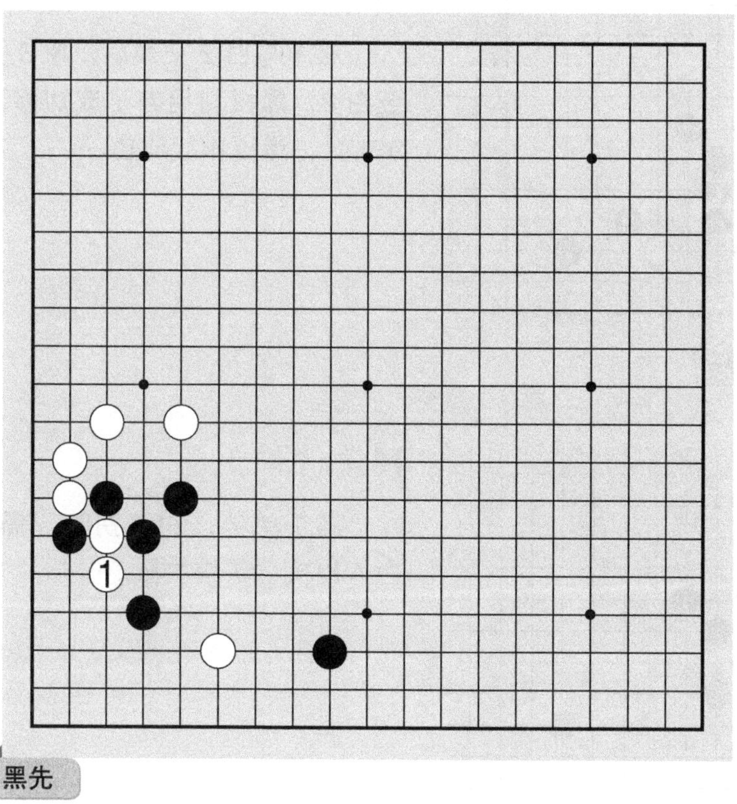

黑先

白 1 长时，黑棋应该利用被白棋吃掉的黑一子来整形。请问黑棋应如何选择？

问题 110 解答

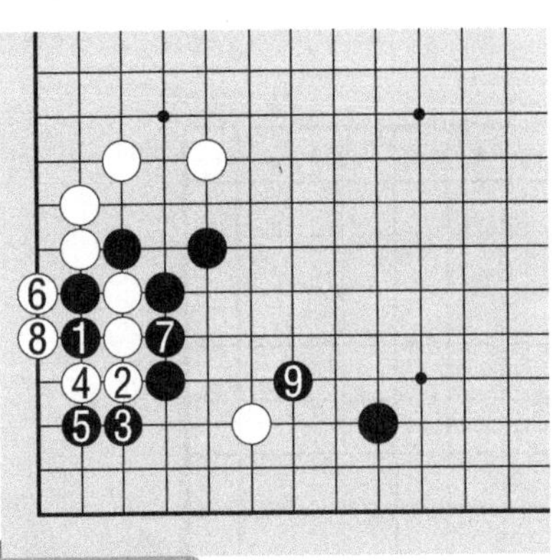
图 1 正解

图 1 正解

黑 1 与白 2 交换后，黑 3 扳，以下至白 8，黑棋利用弃子成功整形后，黑 9 飞封，黑棋作战成功。

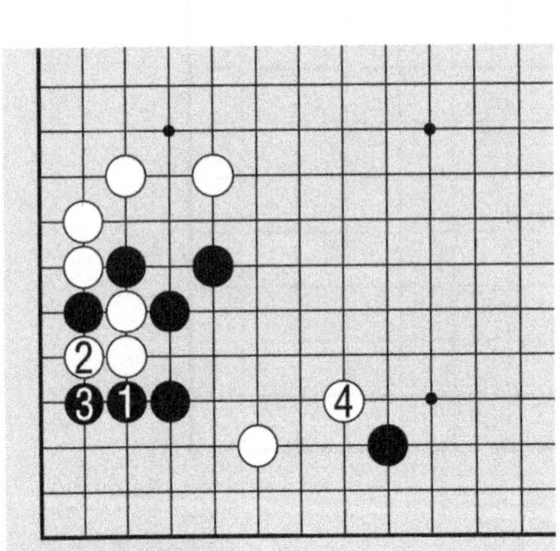
图 2 失败 1

图 2 失败 1

黑 1 单挡，白 2 拐吃，黑 3 挡时，白 4 出头，黑棋失败。

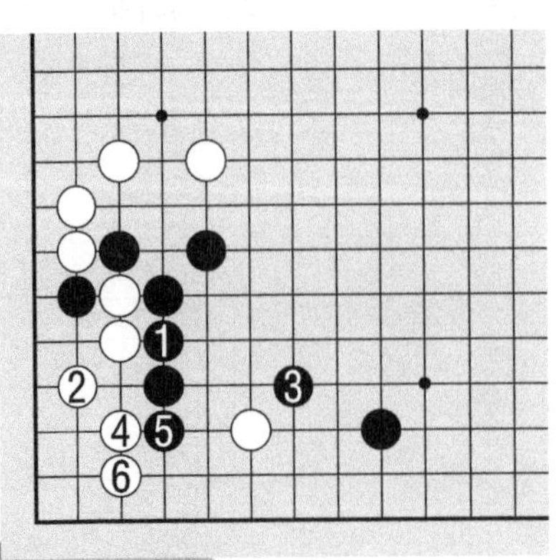
图 3 失败 2

图 3 失败 2

黑 1 连接同样不可取，白 2 尖，以下至白 6，白棋占取很大实地。

问题 111

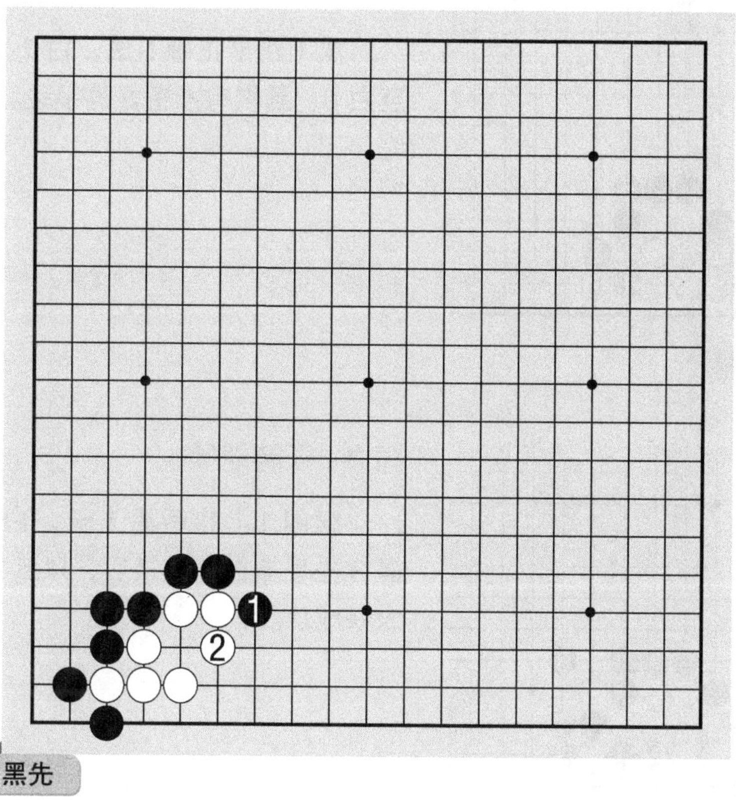

黑先

黑 1 扳时，白 2 做眼，其后黑棋如何利用白棋的弱点来整形？其正确下法是什么？

问题 111 解答

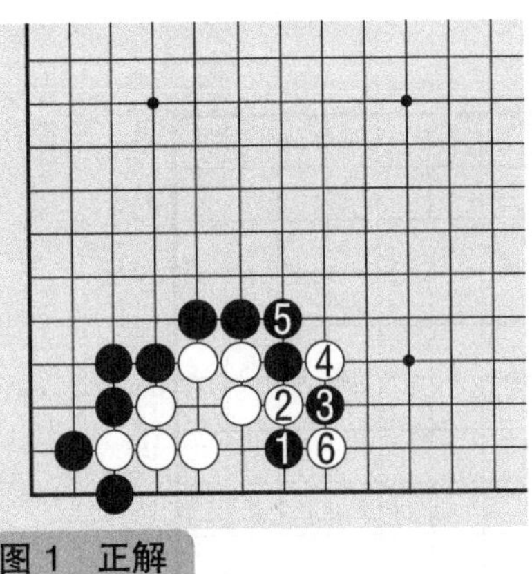
图 1 正解

图 1 正解

黑 1 跳是正确下法，白 2 冲，以下至白 6，黑棋有准备好的手段。

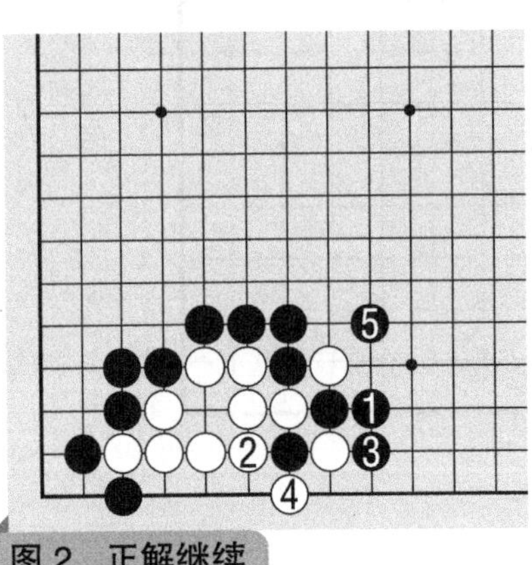
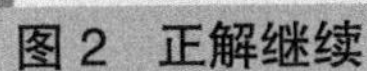
图 2 正解继续

图 2 正解继续

续图 1，其后黑 1 长，白 2 打吃，黑 3 先手与白 4 交换后，黑 5 枷，黑棋大获成功。

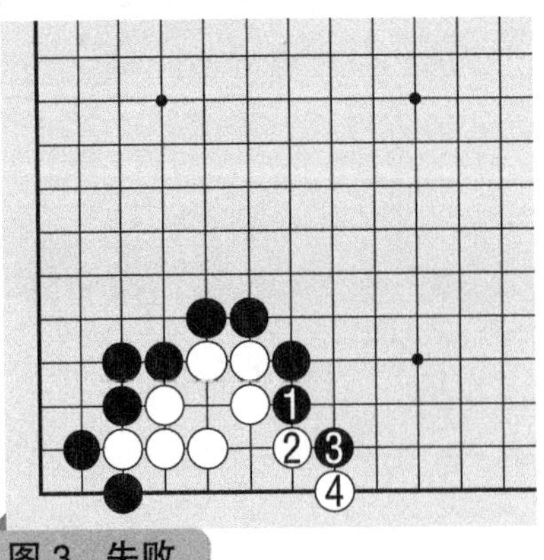
图 3 失败

图 3 失败

黑 1 挡，被白 2、4 扳后，黑棋失败。黑棋到处都是断点，这是本图与图 2 的差别所在。

问题 112

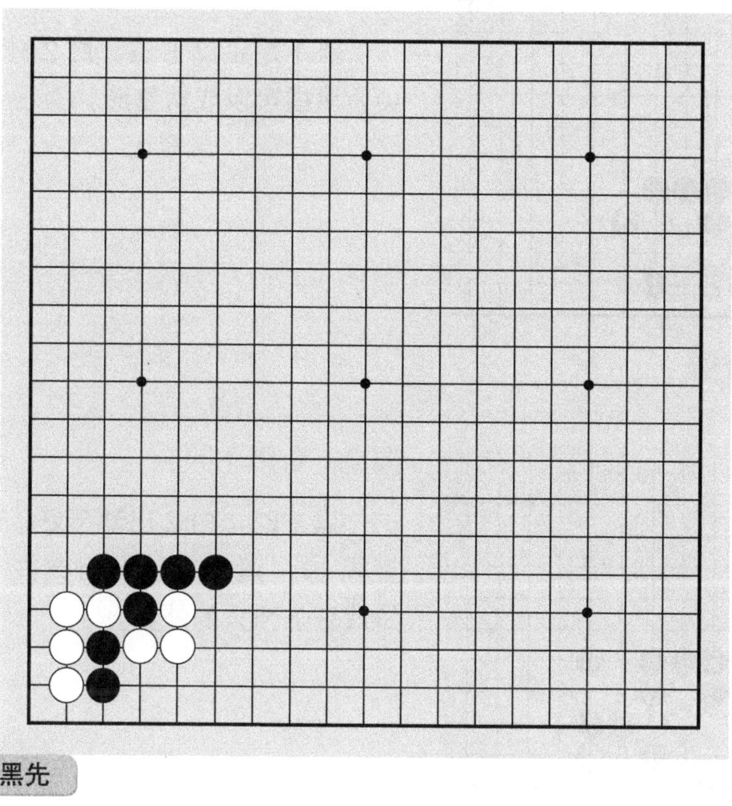

黑先

角上黑棋二子已肯定不能活，那么请问黑棋如何利用这二子来整形?

问题 112 解答

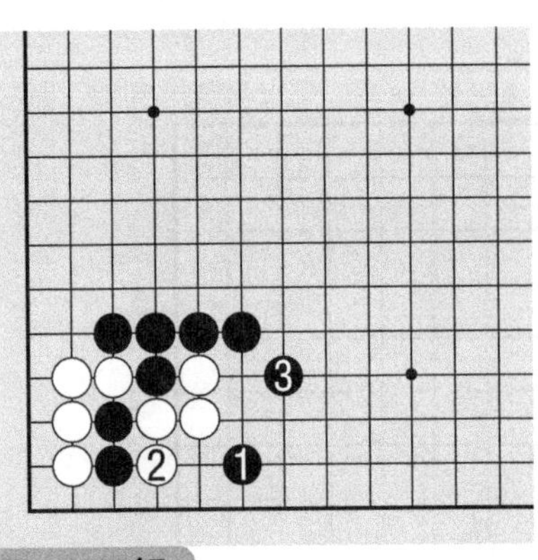

图 1　正解

图 1　正解

黑 1 是正确下法，白 2 打吃，黑 3 尖，黑棋可以成功整形。

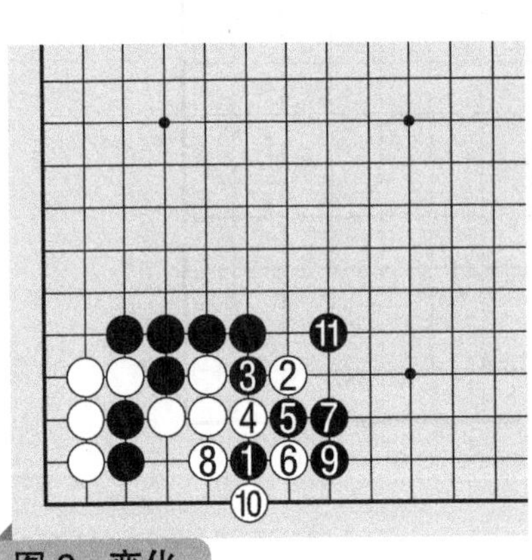

图 2　变化

图 2　变化

黑 1 时，白 2 出动不好，以下进行至黑 11，黑棋可以利用弃去一子，构筑成更加强大的外势。

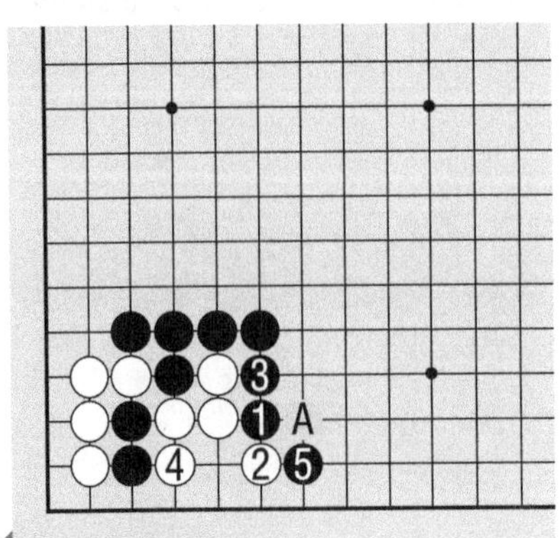

图 3　失败

图 3　失败

黑 1 虽然也是一种下法，但白 2 扳，以下至黑 5，A 位的弱点将成为黑棋的负担。

问题 113

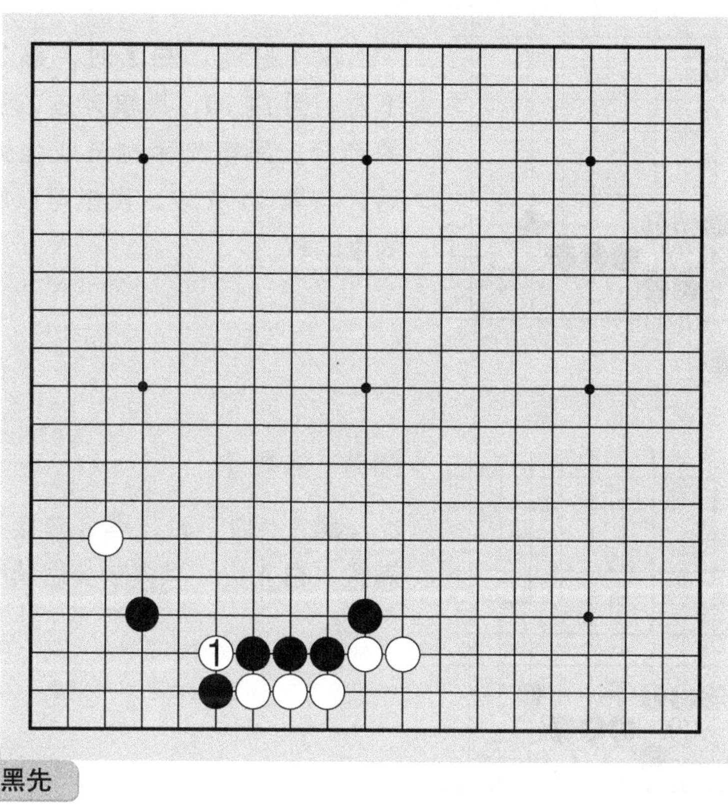

黑先

白 1 断时，黑棋明显没有吃住这个白子的有效办法，但黑棋实际上存在准备好的手段。请问黑棋应如何选择?

问题 113 解答

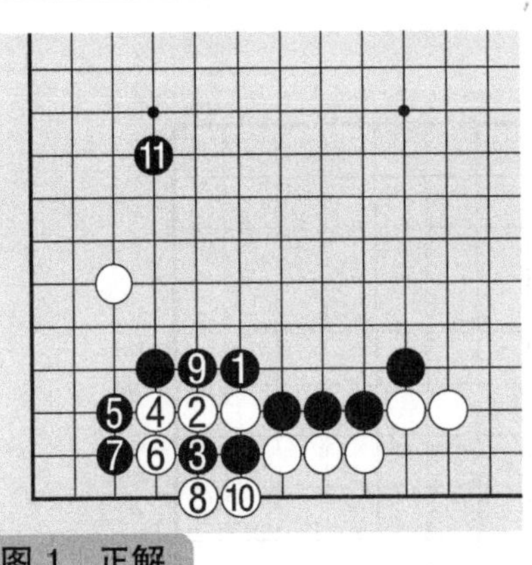
图 1　正解

图 1　正解

黑 1 打吃，白 2 时，黑 3 长，以下进行至白 10，黑棋弃去二子是正确的选择。黑棋先手构筑成强大的外势后，与黑 11 夹攻，黑棋可以掌握大势的主动权。

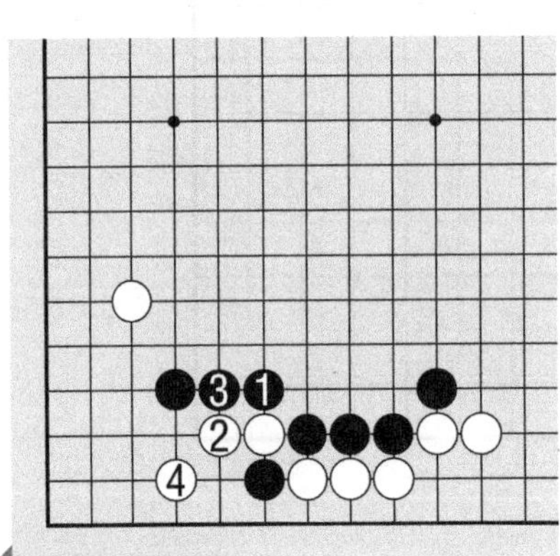
图 2　失败 1

图 2　失败 1

黑 1、白 2 时，黑 3 单接不能令人满意，白 4 尖，黑棋缺少后续手段。

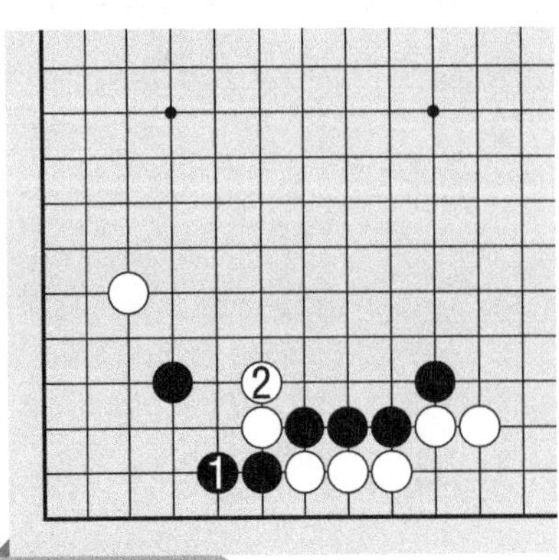
图 3　失败 2

图 3　失败 2

黑 1 退，白 2 向中腹长，黑棋被左右分断，非常难受。

问题 114

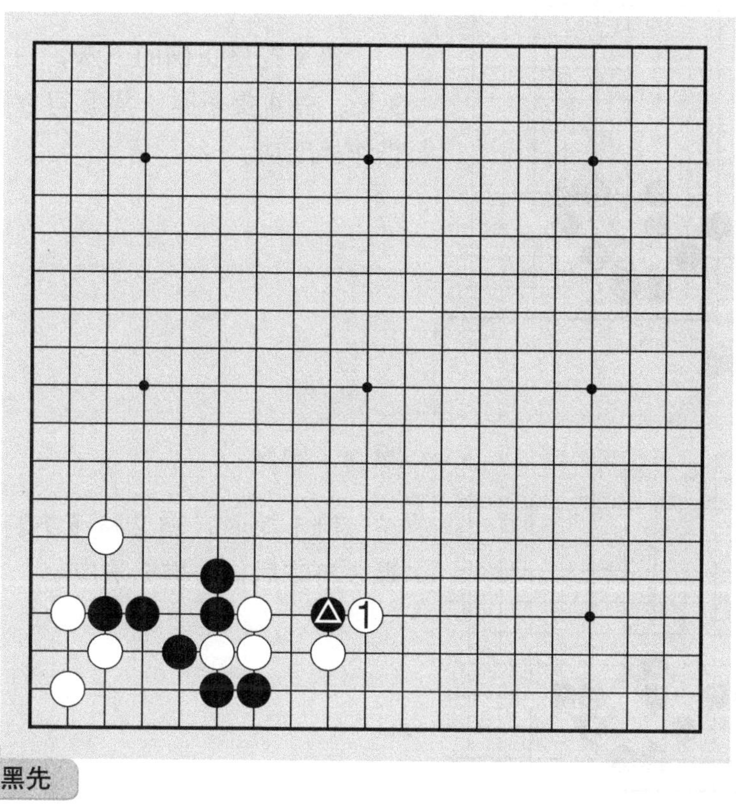

黑先

白 1 扳后，黑▲一子已很危险。在此形势下，黑棋应如何整形？其正确选择是什么？

问题 114 解答

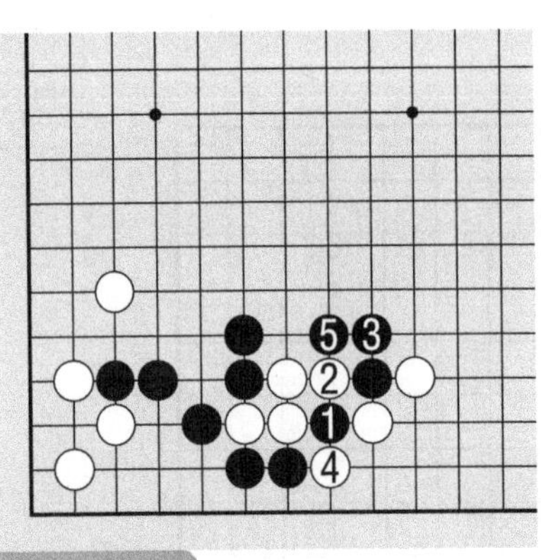
图 1　正解

图 1　正解

黑 1 挖是正确的下法，白 2 时，黑 3 长、白 4 提子时，黑 5 可以贴住，黑棋作战成功。

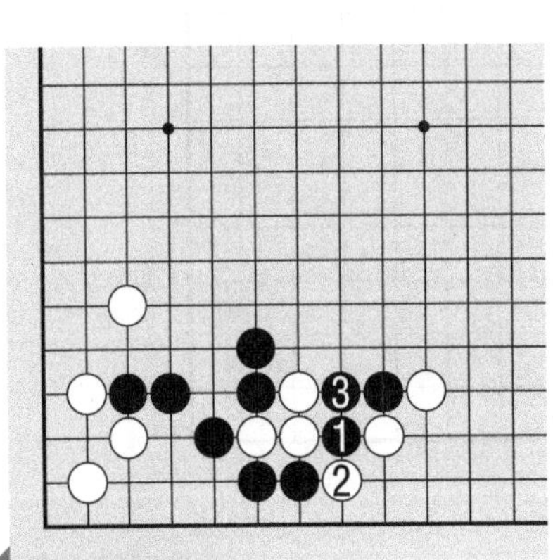
图 2　变化

图 2　变化

黑 1 挖时，白 2 从下方打吃不行，黑 3 打吃后，白棋无法应。

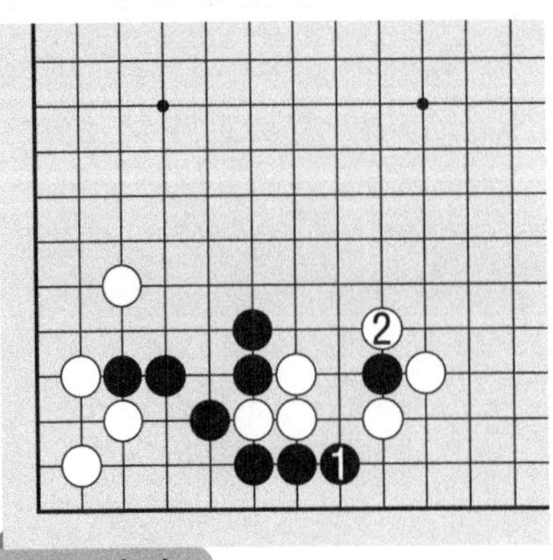
图 3　失败

图 3　失败

黑 1 长是受棋形束缚的俗手，白 2 打吃之后，黑棋已无手段。

问题 115

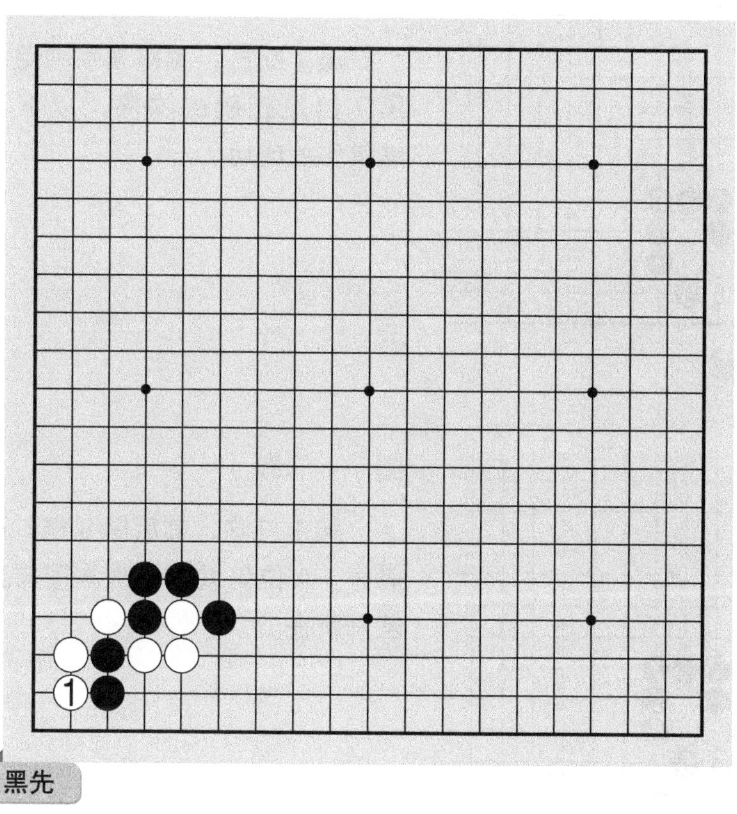

黑先

白 1 挡时，黑棋应利用白棋的弱点来整形。请问其正确的下法是什么?

问题 115 解答

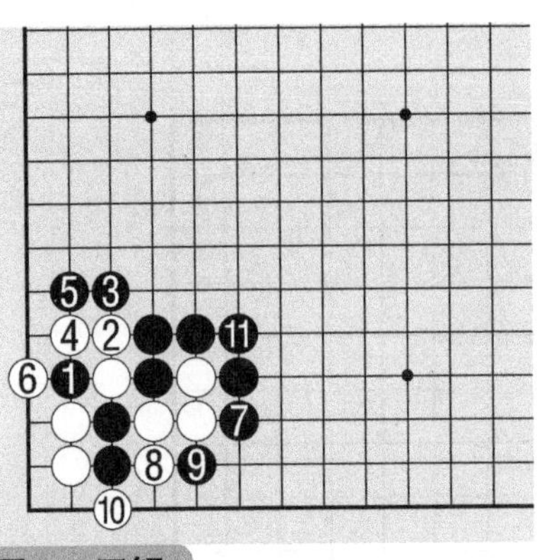
图 1 正解

图 1 正解

黑 1 断打，黑棋先手利用之后，再黑 7 挡是正确的次序，以下至黑 11，黑棋作战成功。

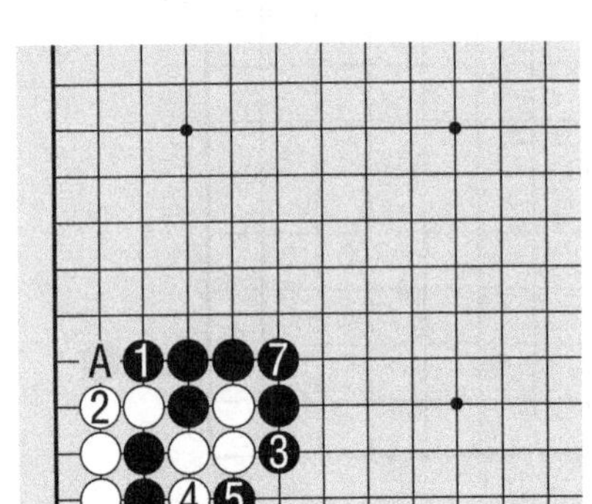

图 2 失败 1

图 2 失败 1

黑 1 打吃，其后黑 3 挡，不能令人满意。A 位仍漏风，是本图与正解图的差别所在。

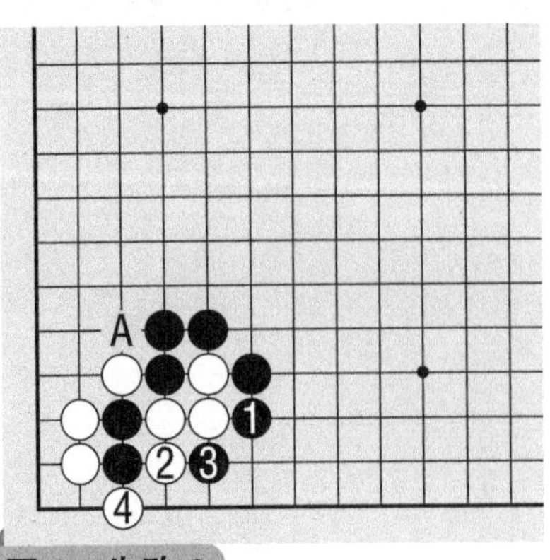

图 3 失败 2

图 3 失败 2

黑 1 挡，更不能令人满意。白 2、4 之后，黑棋 A 位的权利不复存在，结果比图 2 更坏。